THE BUILD
GUIDE TO
THE TECH GALAXY

99 Practices to Scale Startups into Unicorn Companies

制造独角兽

初创公司
如何指数式增长

［美］马丁·席林（Martin Schilling）
［美］托马斯·克鲁吉斯特（Thomas Klugkist）著

梁金柱 译

中国科学技术出版社

·北京·

The Builder's Guide to the Tech Galaxy: 99 Practices to Scale Startups into Unicorn Companies by Martin Schilling and Thomas Klugkist，ISBN: 9781119890423
Copyright © 2022 by Martin Schilling and Thomas Klugkist.
All Rights Reserved.
Authorised translation from the English language edition published by John Wiley & Sons Limited.
Responsibility for the accuracy of the translation rests solely with China Science and Technology Press Co.,Ltd and is not the responsibility of John Wiley & Sons Limited.
No part of this book may be reproduced in any form without the written permission of the original copyright holder, John Wiley & Sons Limited.
Simplified Chinese translation copyright © 2025 by China Science and Technology Press Co., Ltd.
北京市版权局著作权合同登记 图字：01-2024-0230

图书在版编目（CIP）数据

制造独角兽：初创公司如何指数式增长 / (美) 马丁·席林 (Martin Schilling), (美) 托马斯·克鲁吉斯特 (Thomas Klugkist) 著；梁金柱译 . -- 北京：中国科学技术出版社 , 2025. 1. -- ISBN 978-7-5236-0585-1

Ⅰ . F272.3

中国国家版本馆 CIP 数据核字第 20247QX632 号

策划编辑	何英娇　王碧玉		责任编辑	何英娇	
封面设计	奇文云海·设计顾问		版式设计	蚂蚁设计	
责任校对	焦　宁		责任印制	李晓霖	

出　　版	中国科学技术出版社
发　　行	中国科学技术出版社有限公司
地　　址	北京市海淀区中关村南大街 16 号
邮　　编	100081
发行电话	010-62173865
传　　真	010-62173081
网　　址	http://www.cspbooks.com.cn

开　　本	880mm×1230mm　1/32
字　　数	272 千字
印　　张	13.125
版　　次	2025 年 1 月第 1 版
印　　次	2025 年 1 月第 1 次印刷
印　　刷	北京盛通印刷股份有限公司
书　　号	ISBN 978-7-5236-0585-1/F·1325
定　　价	79.00 元

本书献给众多像苏珊娜（Susanne）和梅赛德斯（Mercedes）一样的企业家们，他们冒着个人风险，为数百万人创造新的工作机会，并致力于为当今时代最紧迫的一些问题提供技术解决方案。

建设第三条道路

　　欧洲正处于变成世界上最大的"露天博物馆"的危险中。在数字化的比拼中，欧洲的成绩确实惨不忍睹。独角兽公司虽然在哪里都很罕见，但欧洲的独角兽公司比其他地方更少。即便欧洲现在拥有全世界 33% 风险投资支持的初创公司，尚能令人振奋，但只有 14% 的独角兽公司在这片大陆安家落户。另一个令人震惊的数字是，世界上最有价值的 20 家独角兽公司中，只有两家是欧洲公司。简而言之，我们的占有率太低了。因此，每个人都需要更加努力：无论是创始人、金融家，还是国家，我指的是政府和立法部门。

　　这不是一个小问题。它是对我们的经济、社会和生活方式的一种威胁。在写作本书时，FAANG〔脸书（Facebook）、亚马逊（Amazon）、苹果（Apple）、奈飞（Netflix）和字母表谷歌（Alphabet Google）〕5 家公司中，光是最大的苹果公司，其价值就相当于德国 DAX 指数和中型公司指数（MDAX）中所有 90 家公司的总和。科技的超速发展在美国创造了历史。与此同时，中国正在进一步加快其技术进步。欧洲迫切需要"第三条道路"：一种可以摆脱这些主导者的欧洲战略。否则，欧洲在经济和政治上的影响力无疑会变得越来越小。我们不可能再有机会来重新掌握我们的数字和政治主权——这也是我们在全球舞台上的伙伴美国非常希望我们做到的一点。

作为政治家，我们肩负着重要的责任，以多种方式改善欧洲的监管框架，从而建立起这一第三条道路。因此，科技巨头的主导地位是我们需要解决的唯一的，也是最为重要的问题，我们需要迅速并严格地做到这一点。谷歌靠着充当在线服务的守门人，对依赖它的小型企业予取予求，同时拿走了它们的大部分利润。亚马逊正在逐步变成一个收税的"海关"，任何零售商都无法幸免。最后，瓦次艾普（后称 WhatsApp）是当下数字时代人们事实上的通信工具，几乎没有其他选择。

为了打破这些垄断局面，我们需要重获对最宝贵资源的控制权：我们的数据。我们需要出台法规，让谷歌和亚马逊等主导市场的企业，与所有竞争对手共享从欧洲用户那里收集来的数据，以创造一个公平的竞争环境。此外，我们还需要制定法规，促进 WhatsApp 等信使服务实现真正的连接，即人们应该能够与三马（Threema）或信号（Signal）等其他平台的用户毫无问题地交流。这种竞争既有利于使用者，或许更重要的是，也有利于所有参与竞争的公司。

然而，在互联互通方面，欧洲目前没有能够普及自己的技术标准和法规的科技巨头，只有在欧洲开始制定自己的数字标准时，互用性的威力才会得以显现。我们应该授权像欧洲标准化委员会（CEN/Ceneleg）和欧洲电信标准协会（ETSI）这样的组织，来开发共享的开放标准。这将为更广泛的互用性铺平道路，并以更低的成本让政府机构和公司更有效率。其结果是：为欧洲科技产业在全球舞台上提供强劲的竞争优势。

此外，欧洲国家本身也需要变得更好、更快（越快越好）。缺少了数字化和现代化的公共管理流程，私人市场根本无法蓬勃发展。不仅如此，我们还需要更多的资本。欧洲缺乏金融主权，特别是在后期风险资本和特殊目的收购公司（Special Purpose Acquisition Companies，SPAC）方面。我们应该出台更多的激励措施，效仿挪威或瑞典的方式建立国家养老基金，对风险投资基金免征增值税，通过欧洲投资银行的股权投资，推动初创企业的退出机制，并广泛推广初创企业基金，让所有员工广泛、低风险地参与其投资。

最后，我们需要更多的专业知识。一旦欧洲各国政府建立起了一个功能性的框架，那么对于那些雄心勃勃的初创企业来说，竞争环境将是开放的，他们将在一个动态和复杂的技术生态系统中不断面临着管理未知因素。这就是《制造独角兽：初创公司如何指数式增长》一书的作用。将一家拥有不足百人团队的小型初创企业，变成一家拥有超过一千名员工的规模化公司所需的专业知识既稀有又无形。

这些知识无法通过立法或政策来"创造"，而且在学术环境中了解到这些技能和见解的机会微乎其微。《制造独角兽：初创公司如何指数式增长》的大胆目标是收集公司建设的秘诀，以一种可消化的形式来组织它们，并使它们为广大读者所知。

在欧洲，我们需要更多像《制造独角兽：初创公司如何指数式增长》所描述的这样的项目：由一群创业者打造，为更多创业者所共享，汇集了众多资深的企业领导者们的集体经验，并有可能加快欧洲追赶美国和中国的进程。我希望并相信，本书提供的许多切实可行和有理有据的见解，能为未来的创始人们提供启发和指导，有朝一日，欧洲也会诞生像脸书一样的巨头企业。待到那一天到来时，《制造独角兽：初创公司如何指数式增长》一书便成功地完成了其宏伟的使命。

托马斯·海尔曼（Thomas Heilmann），德国议会议员

加强欧洲在数字转型时代的地位

现代技术在无数方面改变了我们的生活，持续不断地彻底改变着我们的沟通、工作和生活方式。它还对教育、健康、福祉以及我们的生产力产生了重大影响。

按照这一趋势，欧洲的技术领域提供了有吸引力的投资机会，许多公司的估值和增长前景都很被看好。然而，随着欧洲生态系统的成熟，更加凸显的问题是，欧洲仍然缺少一个强有力的支持系统，以促进、挑战和培养本土的创新者们，使他们的企业能从初创企业发展成为上市公司。而我们在日常生活中使用的技术，也缺少欧洲的价值观和理念。

如果欧洲想要提供资金来打造蓬勃发展的科技景象，并促进数字主权的发展，它就需要一个繁荣的金融领域。目前，

欧洲的科技公司还无法像美国或亚洲的公司那样获得资本。欧洲迫切需要采取行动，为年轻的初创公司——尤其是处于成长阶段的公司——提供必要的资本。资本会最终决定年轻的初创公司是否能够成为独角兽和全球先锋。

我们成立莱克施德（Lakestar）投资公司的目的，是为解决这个问题做出贡献：发现、资助和培育能够重塑我们现代生活的欧洲技术公司。通过对欧洲公司的成长阶段和上市前的生态系统的深入了解，我们知道初创公司需要什么。作为一家风险投资公司，你必须在整个成长历程中支持欧洲的技术创业家。一方面，你必须同时进行天使投资和战略种子投资，以便从早期阶段就开始培育技术生态系统。另一方面，你必须提供一条从私人市场过渡到公开市场的捷径——就像专注于技术的特殊目的收购公司那样。然而，扩大的投资范围不仅为创业者提供了机会，投资者也可以从合作中受益，他们的投资对象不仅能够历经整个商业生命周期，而且会将创新、资本市场发展和资本退出机制放在首位。

我坚定地认为，欧洲需要建立自己的数字主权，以减少对外国资本的依赖，并加强对其科技创新的掌控。通过特殊目的收购公司上市，可以帮助我们弥补欧洲一直以来在为本土公司提供充足资本方面的差距。对资本需求最大的公司，是那些需要2亿到3亿欧元资本以继续增长的公司。因此，我们的目标是投资于那些原本需要从美国市场筹集资金的欧洲公司。这是我们能够防止欧洲公司被美国市场进行结构性收购的唯一途径。我们希望在实现这一目标方面贡献自己的力量。

我们的目标是对公司进行投资，帮助它们发展成为有能力实现欧洲独立的科技巨头。在这个数字化转型的时代，《制造独角兽：初创公司如何指数式增长》一书为加强欧洲在数字转型时期的长期地位做出了不可或缺的贡献。

克劳斯·霍梅尔斯博士（Dr. Klaus Hommels），

莱克施德公司首席执行官

规模化企业是我们经济的未来

初创企业和规模化企业是我们未来经济的关键。它们创造新的就业机会，为可持续繁荣铺平道路，并确保我们的技术主权。如果欧洲要应对未来主要的全球挑战，并为所有人建设一个更健康、更繁荣的世界，这些企业也是至关重要的。

要做到这一点，初创企业创始人本身需要一个充满活力的初创企业生态系统。特别是，我们需要为欧洲的初创企业提供工具，以更好地吸引世界级人才。在我们的初创企业生态系统中，孵化现有的技术也是至关重要的。此外，我们必须无差别地在所有年龄段和所有性别的人中培养人才。

我们必须消除人才瓶颈，否则我们有可能让欧洲科技公司近年来建立起来的奇迹般的势头付之东流。下一个谷歌、亚马逊、脸书或奈飞，很可能诞生于欧洲，但要实现这一点，其他事情先不论，首要的是我们需要将对员工所有权的监管提高到新的水平。

德国初创企业协会的使命是为创始人和初创企业创业者提供支持，给他们提供有关初创企业不可或缺的知识，使欧洲成为开放和创新的大陆。《制造独角兽：初创公司如何指数式增长》决心在这方面发挥关键作用，对于正在扩大企业规模并建立优秀工作团队的初创企业创业者们来说，本书中汇编的知识将为他们提供宝贵的帮助。

最重要的是，本书回答了一些关键问题：创业公司如何确定其方向？雇主如何才能吸引最好的团队？初创企业领导人如何打造关键部门的卓越运营？获得资本增长的最佳方式是什么？

无论是现在还是将来，这些问题的答案都很重要。我很高兴看到这些核心课程被出版。我相信《制造独角兽：初创公司如何指数式增长》将激励许多未来的独角兽建设者获得成功。

克里斯蒂安·米勒（Christian Miele），

德国初创企业协会主席

伙伴关系是强大的欧洲技术生态系统的驱动力

欧洲的初创企业生态系统正在悄悄地从东方和西方同行主导下的阴影中走出来，并显示出成熟的前景和独角兽的潜力。2021 年第一季度，欧洲初创企业的投资额为 214 亿美元，每个阶段的投资都呈现上升趋势。

事实上，初创企业的生态系统在某种程度上是由其独角兽公司集群的规模决定的。虽然我们也在不断发展，但我们的差距依然很大。尽管全球正规资金来源的初创企业中，有36%诞生于欧洲，但它只创造了世界上14%的独角兽。问题是：为何会出现这种比例失调？

虽然欧洲的广袤和多样性为初创企业提供了温床，但这也是我们的致命弱点。由于缺少一个作为灯塔的中心，我们的初创企业往往会失去方向、失去动力和战斗力。这就是为什么现在会出现一种明确而迫切的声音，呼吁所有利益相关方能够伸出援手，促进增长，帮助欧洲社会团结起来。

《制造独角兽：初创公司如何指数式增长》是在建设这一经验和指导中心方面迈出的重要一步，它提供指导，帮助创始人们缩短学习曲线，确保欧洲能够应对全球创业生态系统中出现的差异性挑战。

建立一个强大的欧洲生态系统的愿景，是我们西科卢姆（后文称 Ciklum）公司一切工作的核心。即可食（JustEat）外卖平台和 e 投睿（eToro）社交投资平台便是快速增长的初创企业的两个成功案例，我们支持他们重新定义创业的方式，并在未来更好的版图中留下永久印记。我记得他们和其他许多公司一样，在 Ciklum 加入他们的旅程时，只有十几名员工，而我们一直陪伴着他们，帮助他们从创业初期一直成长为独角兽企业。

我设想的市场是，更多来自欧洲生态系统的创始人，将对标美国西海岸同行，并成功发展成为具有相同的国际主导地位的公司，建立有意义的多产品平台业务，与谷歌、亚马逊、脸书、腾讯等企业比肩而立。

在与一些最具启发性和成功的欧洲创业公司领导人的合作中，以及从我自己不走寻常路的经历中，我明白了伙伴关系的重要性。我深知，开辟自己的道路是多么重要——想想"戈尔迪之结"①——毕竟，如果你走的是千万人走过的道路，又怎么能真正创新呢？

上面提到的那些企业，它们的创新和成功，部分在于找到了合适的人才。道路总会有崎岖坎坷，无论是内部团队还是外包团队，他们的韧性和力量将决定你在领先的产品工程或是持续的产品开发中的反应速度。这事关能否在一个永恒变化的市场中拥有不断发展的能力。你肯定不希望被锁定在一项两年后就会过时的技术上。

以e投睿为例，他们将传统上享有特权的交易机会民主化；再比如即可食，他们在疫情封控期间，为千家万户送去餐厅级的食物。他们开辟了自己的道路，与对的人合作，发挥自己的潜力，扩大规模，最重要的是，他们从未停下过脚步。

现在，我们即将开启一个更大的旅程：在这个旅程中，整个欧洲地区的领导人、思想家和经营者们将聚集在一起，建立一个重要的神经中枢，打造下一代的独角兽公司。对于那些欧洲本土企业的创业者来说，他们是幸运的，他们有义务承担

---

① 比喻缠绕不已、难以理清的问题。——译者注

起责任，将这一势头反馈给系统，并将其向前推进。

《制造独角兽：初创公司如何指数式增长》一书，对于那些正处于快速扩张过程中的公司创始人来说将是必不可少的。书中介绍的切实可行的做法，将有助于推动下一代初创企业实现全球目标，并建立起一种永久的探索实践，让你不光是在今天，更关键的是在明天，都能保持在该领域的领先地位。

库拉吉·斯马（Kulraj Smagh），Ciklum 公司首席执行官

让欧洲产生更多独角兽企业成为可能

靠投资者资助建立初创公司，一直是一个异类为王的行业。风险投资者清楚，可能会存在那么一两个出类拔萃的异类，使自己的投资大获成功，所以他们才会甘愿掏出真金白银。然而，大多数初创公司要么业绩平平，要么完全失败。这就需要十亿美元的公司，或者人们所说的"独角兽"，来弥补在失败者身上损失的投资。独角兽公司与主要的规模经济和所有经济因素息息相关——就业、社会影响、创业公司数量等。

鉴于此，投资者自然会优化他们的投资行为，以尽可能准确地识别出那些异类的投资对象。然后，一旦有异类进入他们的视野，他们就会加大投资力度。换句话说，初创企业融资市场主要是为了增加投资于有潜力的异类公司的回报，并押注于它们的成功，而不是支持普通的初创项目。

最近的历史表明，在初创企业的创建方面，欧洲一直做

得有声有色，但在打造独角兽企业或十角兽企业（估值上百亿美元的公司）方面，则完全没能跟上步伐。任何能够帮助提高初创企业与独角兽企业比例的机制，对改变欧洲现状来说都是至关重要的。

《制造独角兽：初创公司如何指数式增长》一书，在这一问题上做出了贡献，它将成功的创始人的经验转化成了深入浅出的体系。其他公司可以借鉴书中的经验、关键绩效指标和最佳做法，来增加自己成为令人羡慕的独角兽企业的机会。虽然我们无法控制运气和时机等因素，但正如书中所阐述的那样，过程中所有的运营要素都是可以控制的。在一个以 GAFA（谷歌、苹果、脸书和亚马逊）为主导的环境中，软件初创企业正以前所未有的方式实现强大的规模经济，因此《制造独角兽：初创公司如何指数式增长》这样的工具书是非常重要的。值得强调的是，创业不应该像欧洲人所说的那样，把增长作为目的本身。相反，创业的本质在于增加企业真正的价值和可持续性。增加这种可能性是本书的一个核心内容。理想情况下，它不仅会吸引追随者，而且会产生更多关于其中有价值内容的讨论。

乔尔·卡兹马雷克（Joel Kaczmarek），

Digital Kompakt 公司总经理

让欧洲更加成熟

我们生活在一个前所未有的时代，不仅充满了不确定性，也有巨大的机遇和突破性的技术进步。新冠疫情加快了数字转型的速度，更加凸显了技术创新在我们这个时代的重要性。我们比以往任何时候，都更接近使乘坐飞机旅游成为常态，无人机送货无处不在。政治和监管措施正在改变消费者的行为，并推动公司以更加可持续的解决方案来应对全球变暖。作为一个社会，我们拥有比以往更好的工具通过虚拟空间进行互联、工作和沟通。

因此，作为一个风险投资人，特别是一个在欧洲的风险投资人，能够站在这场创新革命的最前沿，绝对是一种荣幸。欧洲的科技行业一直在经历着非凡的增长。过去 10 年间，其对初创企业的投资增长了 14.5 倍，在 2021 年达到 1160 亿美元。欧洲的独角兽企业比以往任何时候都多，2021 年成长阶段的投资比前一年增加了两倍多。欧洲科技行业状况报告显示，在过去 25 年中，欧洲风险投资的回报率已经超过了美国的同类投资。我们看到数量空前的美国基金进驻欧洲，以抢占这一波上升趋势。

出现上述情况并不奇怪，欧洲拥有一些最大的人才库和世界级的学术机构，为孵化下一代的创业者和发明家创造了条件。由于欧洲的分散性和多样性，企业家知道如何驾驭复杂的法律系统、文化和语言上的微妙差异，来发展他们的业务。欧洲拥有比美国更多的软件开发人员，可以说其就业成本仍然低于竞争异常激烈的硅谷。

作为一家独角兽公司的前创始人和早期员工，我发现了一些进一步改进的机会。欧洲可以通过更多有利于创业者的法律。欧洲投资者在很大程度上仍然是保守的，他们的动力更多是来自各项指标而不是远见，这使得更有抱负的创始人别无选择，只能求助于美国的资本。在文化上，欧洲企业的销售技巧比较保守，他们可以在向欧洲以外的世界推销自己的超级明星企业时更加自信一点。硅谷投资人的开放性，意味着他们似乎比欧洲的投资人更容易接触。

瑞达平（后文称 Redalpine）公司见证了欧洲科技行业在过去 15 年多的时间里发生的令人振奋的蜕变。作为曾经的创业者和创始人，我们以向西海岸更有经验的同行学习为荣，同时利用欧洲初创企业生态系统的许多积极因素，提升我们的本地人才。我们将投资重点放在未来的超级明星企业上，通过种子期和 A 轮投资，帮助他们在增长和规模上实现飞跃。随着市场的动态变化，我们也认识到提供后续和增长资金的必要性。这意味着我们可以指导我们的投资公司和投资对象，共同走完其发展的每一个阶段，直到完成投资使命。

　　我们正处于欧洲科技和风险投资的拐点，作为投资者的我们以及政治家和学者，必须共同培育欧洲所拥有的美妙的多样性和创造性。我们仍然能够影响和塑造这个行业，使其成为在全球科技领域最具竞争力的行业。《制造独角兽：初创公司如何指数式增长》无论是对现在的企业家们，还是对立志成为其中一员的人，都是一个很好的帮助，使他们的独特创新更上一层楼，鼓励他们敢于去想。欧洲拥有在国际舞台上保持竞争力的所有必要因素，本书就如何充分利用这一机会提供了实用的建议。

亚历山大·拉斯卡（Aleksandra Laska），

Redalpine Venture Partners 公司合伙人

　　1971 年，一个晴朗的夏夜，一个微醺的年轻人躺在奥地利因斯布鲁克附近的麦田里，仰望星空。在他身旁放着一本偷来的《欧洲漫游指南》（*The Hitchhiker's Guide to Europe*）。在凝视星空的时候，这位年轻人决定，应该有人写一本《银河系漫游指南》（*The Hitchhiker's Guide to the Galaxy*）——一本关于"生命、宇宙和万物"的答案之书。这个人的名字叫道格拉斯·亚当斯（Douglas Adams），他的这本小说于 1979 年出版后畅销至今，已被翻译成 30 多种文字。

　　你手中的这本书并没有涵盖那么宏大的主题。但对于那些有志于扩大技术创业公司规模的人来说，它提供了一个打造"独角兽"公司的起点——这些公司的估值超过 10 亿美元，雇员有数千人。

　　作为本书的作者，多年来我们共同帮助了各种科技初创公司成长，包括金融科技公司 N26、互联网供应商行星网络（Planet Internet）公司和电子商务公司生存家（Vivere），以及几个文化平台和麦肯锡公司的各种风险投资项目。在运行这些项目的过程中，我们意识到一件事：在扩大创业公司规模时，团队不得不走他人的老路。这方面虽然有很多著述，有的是关于如何找到产品和市场的契合点的，如埃里克·莱斯（Eric Ries）的《精益创业》（*The Lean Startup*）；有的是关于商业模式创新的，如里德·霍夫曼（Reid Hofmann）的《闪电式扩张》（*Blitzscaling*），但很少有专注于如何在组织上扩大科技创业公司规模的实用手册。

那些想要了解扩大科技公司规模的知识的人，很快就会迷失在各种问题的迷宫中——确定公司的方向、打造一个人才招聘团队、建立一个既可靠又能提高开发人员生产力的技术平台、激活一个营销团队、建立一条功能性的供应链。以上只是简单举例而已，技术文献中充满了这些问题，人们在某些时候，无法从中找到自己的出路。大多数初创企业的领导者根本没有时间阅读 100 多本书和 100 多篇博客，或是听 100 多档播客来寻找答案。这正是我们写作本书的原因。

不仅如此，我们还总结了自身在公司建设方面的综合经验，并采访了近 100 名顶级企业发展专家，他们来自世界各地成功的技术公司，包括爱彼迎（Airbnb）、图钉网（Pinterest）、N26、佐兰朵（Zalando）、赛富时（Salesforce）、声云（SoundCloud）、家居营（Wayfair）、亚马逊云科技（AWS）、目的地（GetYourGuide）、卡拉玛（Klarna）和核心地带（HubSpot）。我们共同创作了本书，这本手册的目标读者是创业公司员工、领导者和（未来的）创始人、投资者，以及任何希望在几个月而不是几年内才能实现科技公司规模化的人。这是他们在扩大公司规模时希望读到的书。这些见解对科技公司尤其重要，包括那些专注于软件服务、电子商务、金融科技和医疗保健的公司。

本书是一本好的指南。它不是永恒真理的集合，也不是生命、宇宙和万物的答案，而是一个起点，你可以从这里出发，探索建设和扩大技术公司规模的道路。本书内容主要是作为建立规模化公司时的参考，而不是一个严谨的蓝图。

我们既不关注如何创建一家企业，也不解决将独角兽企业上市的问题。相反，我们的重点是从创业到上市之间的过程，即规模化阶段——将一个志同道合的海盗船团队升级为太空飞船团队。这种转型并不是要把一个初创公司逐渐变成一个传统公司。相反，它既要保留典型初创公司的优点，如行动导向、快速转向的能力，以及屡败屡战的精神和快速学习的意愿，同时又能够用最简单的结构和流程来实现快速扩展。实现这一目标的基础有四大关键要素（见图 1）：

1. 清晰的北极星目标、3A 级团队、卓越运营和增长资本。

2. 北极星目标对指明公司的方向是必要的，这反过来将会吸引 3A 级的团队。

3. 员工将在高度专业化的团队中实现卓越运营，这有助于通过卓越的业务表现来吸引增长资本。

4. 能够调用充足的资本，为扩大规模，实现更宏伟的目标铺平道路。

本书将按以下顺序介绍这四大要素。

● 第一，找到你的北极星目标：公司的发展方向，包括宗

图 1　组织规模的四大要素

旨、商业抱负、价值观、公司价值取向、对应的目标和
关键成果（第1章）。这也是建立健全的环境、社会和
治理（ESG，Environmental，Social and Governance）的
最初时刻，这会使一个有抱负的独角兽公司在未来的员
工和客户面前脱颖而出（第2章）。

- 第二，招募一支具有正确思维模式的3A级团队是关键。
  为了实现这一目标，人力资源部门需要建立一个人才招
  聘机制，并提供卓越的员工体验（第3章）。树立一种
  专注于客户、"无所不学胜于无所不知"的意识和主人
  翁心态，有助于在部门之间建立起桥梁，避免形成"孤

岛"（第 4 章）。

- 第三，在早期创业阶段，聪明的多面手是最重要的，而扩张阶段则需要专家带领每个职能部门实现专业化。我们在以下章节中重点介绍了各个职能部门典型的目标与关键成果、组织结构和主要做法：产品管理（第 5 章）、技术（第 6 章）、B2C 营销（第 7 章）、B2B 销售（第 8 章）、以联络中心和后台服务为重点的服务运营（第 9 章）和供应链运营（第 10 章）。

- 第四，为了获得增长资本，创业者必须了解投资者在每个增长阶段提出的 6 个问题（第 11 章），以及谈判中关于投资条款清单的 15 个关键问题（第 12 章）。

本书的大部分内容不仅对初期创业公司有帮助，而且对接近或达到产品市场契合的公司也特别有意义。这类处于创业初期和后期的成长型公司，通常拥有 50 至 1000 名员工（见图 2）。

阅读这本书有两种方法。第一种是从头到尾阅读，从书中获得灵感，理解各个章节之间的联系和本书结构。理想情况下，本书将帮助你深入了解各个差异巨大的部门的工作情况，并获得从更广泛的角度看待问题的能力。第二种是有更明确的重点来阅读这本书。我们把每一章都设计得自成一体（这就是为什么书中的信息可能会反复出现）。这使得我们更容易找到关于特定领域的具体知识——无论是市场营销、软件开发、产品管理、服务工具，还是其他领域。

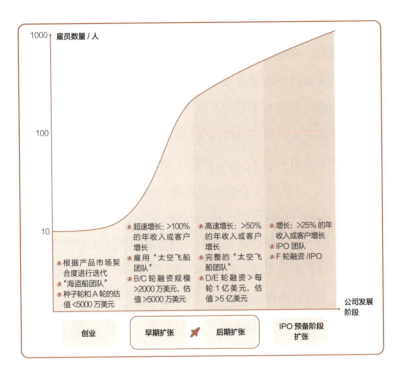

图 2　处于不同时期的公司

　　我们坚信，初创公司的建设者们是 21 世纪的发明家。他们是创造数以百万计的未来就业机会的主力军。他们在捍卫自己国家的技术主权，并做出了巨大的贡献，以解决人类最紧迫的问题——减轻气候变化的影响，确保能源和水资源的供应，为所有人提供平等的机会，确保持续的经济增长，以及在面对大流行病时保障全球健康。他们敢于冒险进入未知领域，探索新天地。**他们往往能达成壮举，使看似不可能的事情成为可能，使看似不现实的事情成为现实。**通过本书，我们希望鼓励和启迪任何正在考虑创办公司或加入一个蓬勃发展的创业公司的人。商业世界并不一定是由养老金、公司配车和丰厚的薪资编织的金丝笼。当你搭上创业公司的火箭时，有时可能会感觉到压力大到无法承受，你正在应对自己无法完全控制的力量。然而，这也是一个千载难逢的机会，让你在通往成功的旅途中，充分挖掘自己隐藏的才能和潜力。

马丁·席林　托马斯·克鲁吉斯特

目 录
CONTENTS

01
第一篇
北极星目标 —————→ 001

第 1 章 方向的 6 个维度 003

第 2 章 环境、社会和治理的标准是企业成功的驱动力 025

02
第二篇
人力资源和思维模式 —————→ 043

第 3 章 卓越人才（人力资源） 吸引、培养和留住 3A 级员工 045

第 4 章 规模化公司的思维模式 消除组织隔阂的原则 087

03
第三篇
规模化企业的卓越运营 —————→ 103

第 5 章 卓越产品管理 推出为客户创造价值的产品 105

第 6 章 卓越技术 为未来发展创建可扩展和安全的技术平台 155

第 7 章 B2C 卓越营销 通过最小的成本和最大的客户留存率来实现规模扩张 212

第 8 章　**B2B 卓越销售**　创造品牌拥护者和充满销售机会的管道　255

第 9 章　**卓越服务运营**　优化客户咨询，同时提供令人惊叹的亮点　293

第 10 章　**卓越供应链**　始终如一地为客户带来快乐　322

04   ↑   第四篇

增长资本   ——————→ 347

第 11 章　每个成长阶段的投资者都要问的 6 个问题　349

第 12 章　增长条款清单的 15 个关键问题　366

第一篇

北极星目标

第1章

方向的 6 个维度

！ 规模化发展阶段的主要误区

● **太过依赖创始人的个性和创业神话来确定公司发展方向**

个人魅力和创始团队的信念在公司扩大规模阶段很少能够保持经久不衰的势头。团队规模越大，"方向的 6 个维度"（北极星目标）就越重要。

● **将愿景和使命宣言与北极星目标混淆**

关于使命和愿景的描述有时不仅会混为一谈，而且往往会充斥着过多的时髦术语。单靠它们，不足以在一个快速发展的公司中激励员工和客户（见做法 4）。

● **执着于商业目标，却忘记了使命**

许多企业家和创业公司的领导者都喜欢确定一个商业目标，如"在全球范围内拥有 1 亿日活用户"，但他们未能通过做公益（如碳中和、为不受重视的群体赋权）来激励更多人（见做法 1）。

● **公司的价值取向模糊不清**

许多初创公司设计的价值取向都过多地关注实现客户利

益。最好的公司只专注于少数未被满足的需求（最好是
1~2个），并明确地支持满足这些需求（例如，爱彼迎
公司提出"我们让旅行者获得真正的本地体验，让房东
获得额外的收益"）（见做法5）。

● **没有向员工、投资者和客户充分宣传北极星目标**

在扩大规模阶段，许多团队不注意加强对北极星目标的
完善和宣传。随着每年数百名新员工的加入，在本章所
述"方向的6个维度"上加大投入是必要的。

在将初创公司发展为规模化公司时，领导人往往会忽略
的一件事是什么？答案是一个统一的方向。虽然领导人自己对
公司的发展方向有着相对清晰的理解，但是当有100个运营突
发事件让他们手忙脚乱时，他们往往会忽略与团队成员共同制
定和统一发展方向。在创业初期，团队通常规模很小，创始人
和领导者可以直接与所有员工互动，但当一个"海盗船"式的
初创公司（<100名全职员工）成长为"宇宙飞船"式的规模
化公司（>1000名全职员工）时，一个明确且统一的方向——
一个共同的北极星目标——会决定企业的命运。

为什么？

↑ 一个清晰的北极星目标有助于推动公司增长和赢利

在方向和目标方面得分较高的公司，与那些得分较低的

公司相比，前者成为股东总回报率最高的公司的可能性是后者的 2 倍以上。而在"组织健康"指标（如价值观、文化、方向一致性）上得分高的公司，其息税前利润（EBIT）是指标低的公司的 2 倍。

✦ 一个清晰的北极星目标有助于吸引投资者

在初创公司能够显示出强大的业务指标之前，许多投资者尤其看重方向的明确性，将其作为评估顶级团队实力的一个象征。许多顶级投资者甚至将"缺乏愿景"或"缺乏使命"视为投资初创公司时的一个排除标准。

✦ 一个清晰的北极星目标有助于组建一支 3A 级团队

千禧一代的员工尤其看重雇主的使命和价值观是否明确。例如，有明确使命的公司的报告表明，其员工留职率比其竞争对手高 40%。

确定有意义的北极星目标，有 6 个相辅相成的维度，许多独角兽公司至少部分地遵循这些维度。很少有初创公司同时遵循所有这些维度，但拥有的维度越多，他们的北极星目标就越闪亮。

✦ 第一，从"为什么"开始

除了提高利润之外，你的公司的使命是什么？为什么你的公司能让地球变得更美好？具有明确使命的规模化公司是吸引顶尖人才的磁石，其股东回报高于平均水平的可能性是其他企业的 2 倍。

✦ 第二，明确公司的价值观

团队统一思想的指导原则越清晰，需要对"怎么做"和

"做什么"的解释就越少。

↑ 第三，建立一个清晰的长期商业目标

这既是投资者的要求，也是团队的期望。锁定真正重要的商业成果，并确定未来 10 年的目标（例如，"给 1 亿人提供就业的机会"），让团队有实实在在的可为之而奋斗的目标。

↑ 第四，从商业目标中确定一个北极星指标

如果必须为实现这一商业成果选择一个最高目标，会是哪一个？

↑ 第五，确保清晰明了的客户价值取向是实现商业目标的前提

客户有什么未被满足的需求（选取 1~2 个），你的公司能很好地解决这些需求吗？解决这些需求就是增长的动力。

↑ 第六，以季度、年度目标和关键成果作为工具，共同塑造公司的发展方向，并使团队在前进的道路上保持一致

爱彼迎公司是一个很好的例子，它是一家拥有所有这些维度的公司（见图 3）。

利润之外的使命

做法 1：一家让地球变得更美好的公司

所有爱彼迎公司的办公室都有一块大牌子，上面用暗红色的字写着"在任何地方都有归属感"。这是创始人布莱

维度	关键问题	成功案例 🅰 爱彼迎公司
1. 利润之外的使命	为什么该公司能让地球变得更好?	我们想要创造一个人人都有归属感的世界。
2. 公司价值观	统一团队方向的指导原则是什么?	* 做主人翁。 * 每一刻都很重要。 * "麦片"精神。 * "冒险"精神。
3. 商业目标	从长远来看,你渴望实现什么样的商业成就?	我们为 1 亿人提供就业的机会,并设计出一种独一无二的体验,让客户迫不及待地想与他人分享。
4. 北极星指标	当下最重要的指标是什么?	每晚的客人数。
5. 价值主张	公司能很好地解决哪些客户未被满足的需求?	我们提供无可比拟的各种民宿,使旅行者能够真正感受到当地的生活,这些住处不仅比同类酒店房间更便宜,而且能建立更个人化的客主关系。
6. 目标和关键成果	如何能实现这个目标?	目标:为房东建立一个大平台。 关键成果:活跃房东和活跃房源的数量翻倍。

图 3　确定方向的 6 个维度(以爱彼迎公司为例)

恩·切斯基(Brian Chesky)、乔·吉比亚(Joe Gebbia)和内森·布莱卡斯亚克(Nathan Blecharczyk)设定的使命,或者说初心。他们这样做的原因是,有明确使命的规模化公司,其股东收益高于平均水平的 2 倍(见波士顿咨询公司的出色分析)。

此外，一个除了追求利润以外的使命，对许多员工来说也同样重要，而且可能是留住他们的必要条件。在 2018 年的"爱德曼信任晴雨表"（Edelman Trust Barometer）中，来自五大洲 28 个国家的 79% 的受访者希望公司的首席执行官能将公司的使命人格化。

如何判断你是否设定了一个好的使命？一个好的使命通常要满足以下 3 个特征：

● 使命是一项**永恒的社会公益**，其受益人群应该覆盖员工、客户和投资者以外的人。例如，如果公司为碳中和、机会平等、知识普及、反对食物浪费或释放人类创造力做出了贡献，那么由此带来的影响就能造福整个社会，甚至是全人类。谷歌公司的使命"整合全球信息，供大众使用，使人人受益"便是一个很好的例子。

● 使命**独立于利润或增长**，因此它通常不能描述一个可量化的（商业）目标。当 N26 或外旋金融（Revolut）等金融科技公司努力想要达到每月数百万的金融活跃客户时，他们是在定义一个商业目标——这是必要的，但不能取代使命。漫踪（Monzo）网上银行的使命是一个很好的例子——"让资本为每个人服务"，他们对如何达成这个使命有很好的解释。苏黎世的深度技术初创公司狄安娜科技（Synthara.ai）除了财务目标之外，也致力于实现团队对公司使命的认同——"通过与身体有关的智能设备，如助听器和虚拟语音助手，丰富人类的感官"。

● 使命**永远不可能被完全实现**。它的时间跨度是无限的。例如，声破天（Spotify）公司的使命是释放人类创造力的潜力，而这将永远无法完成。又如金融科技公司智明（Wise）的使命是"金钱无国界——即时、方便、透明，并最终免费"。耐克公司的使命是"将灵感和创新带给世界上每一个运动员（这世上人人都是运动员）"，这也永远不会被完全实现。谷歌公司的使命也是一个典型的例子，"整合全球信息，供大众使用，使人人受益"。史蒂夫·乔布斯也为苹果公司拟定了一个使命，"通过为思想进步创造工具，为世界做出贡献"。

如何磨砺一个公司的使命？

首先，领导人可以进行"初创企业者思想实验"。想象一下，一个投资者愿意以高出已知的市场价值的数倍价格来购买公司。创始人和股东都皆大欢喜，所有员工的薪酬也都将保持不变，甚至有所增加。不过，这一切的代价是公司的所有的服务和产品将被终止，品牌也将被取代。那么你能拿出拒绝这桩交易的理由吗？公司使命的核心就在这个问题的答案中，如碳中和、知识获取或医疗保健。

其次，围绕这个核心主题起草一份宣言，这非常有用——最好是提供一个真正的理由，说明创始人或领导团队希望达成这个使命的原因。一个远离办公室的地方是做这件事的理想场所。公司以外的起草者、顾问或机构，或许也能对此有所帮助。

最后，你可以与你的员工一起完善这个使命，让他们有机会对使命宣言发表意见。一个检查你的员工是否有主人翁意识的好方法是：在周日下午的休息时间，让前台员工讲一讲他们到初创公司来上班的理由。如果你的使命是有说服力的，他们将能够用简单的语言说出为什么到你的公司来上班是有价值的。

对于初创公司来说，一旦超过 40 名员工，并开始雇用更多的高层管理人员（通常不晚于 A 轮融资），以上几步是必不可少的，因为清晰的使命有助于他们为团队确定方向。

关于 B2B 公司的使命，我再说明一点，对于为其他企业服务的公司来说，使地球成为一个更好的地方通常是比较困难的。甚至存在着一个 B2B 公司的"使命悖论"。根据美国国家广告商协会的数据，86% 的 B2B 公司认为使命很重要，但其中只有 24% 的公司将使命嵌入到商业经营中。美国的 B2B 支付供应商 Square 是一家抓住了这一点的公司。"让每个人都有能力参与到经济中来，并茁壮成长"。他们"让电工有权开发票，帮助服装精品店支付员工工资，给连锁咖啡店提供资金以开辟分店。"德国 B2B 软件公司思爱普也建立在一个强大的使命之上："使可持续性有利可图，使赢利能力可持续"。思爱普公司是联合国可持续发展目标的公开支持者，并致力于在 2023 年底实现碳中和。另一家体现了如何将使命付诸行动的 B2B 公司是赛富时。他们致力于"利益相关者资本主义"的理念，或"企业的使命是基于对所有利益相关者——客户、员工、合作伙伴、社区、地球和社会——的基本承诺，而不仅仅是股东"。他们通过 1—1—1 模式等举措来实现这一承诺，将其股权、技术和员工时间的 1% 用于改善教育、促进平等和保护环境。赛富时公司还鼓励其客户和合作伙伴也这样做。迄今为止，已经有 12000 多家公司加入了这个"1% 承诺"的运动。

公司价值观

做法 2：统一团队方向的指导原则

"别毁了公司文化。"这是彼得·泰尔（Peter Thiel）在向爱彼迎公司投资 1.5 亿美元后，给该公司创始人的建议。为什么？因为他知道，公司的价值观是商业成功的强大驱动力。根据麦肯锡的研究，在"组织健康"指标方面得分高的公司，其息税前利润率是指标低的企业的 2 倍。公司的价值观越清晰，越是日复一日地践行，需要实施的控制机制就越少。以下 3 个原则对许多初创的科技公司在确定公司价值观时很有帮助：

↑ 创建具有亲和力和独特性的公司价值观

人人都应该诚实和努力地追求卓越。理想情况下，初创公司团队应该能够用他们自己的语言确定公司的价值观，使公司与众不同，并让每位员工都奉行这些价值观。一个例子是爱彼迎的"做一个从卖麦片起家的创业者"，这是指创始人在公司早期欠下巨额债务时，出售早餐麦片。另一个例子是美国云通信公司云通（Twilio）的"画猫头鹰"，它提醒所有员工，他们被赋予了权力，并被期望为不常见的问题找到自己的解决之道。

设计一个兼收并蓄的过程

塑造价值观不应该是一个自上而下的过程：管理层和有代表性的员工应该共同塑造公司的价值观。例如，云通公司组建了一个由关键职能部门的 12 名员工组成的多元化小组，起草了第一个版本的公司价值观，然后通过调查收集了 100 多份意见。最后，创始人和管理层将这些想法归纳为 9 个公司价值观。氧气测试（这些价值中的哪个不能没有？）帮助他们排除掉非必要的价值观。

进行价值差距分析

另一种结构化的制定公司价值观的方法是，让员工和高层管理人员从一组约 100 个可能的价值观中进行选择。巴雷特文化价值评估（Barrett Culture Value Assessment）的要素（见图 4）是一个有用的参照系。其中包含了 3 个重要的问题："最能代表你是谁的 10 种价值观是什么？"（个人价值观）；"哪 10 种价值观最能反映我们目前的公司文化？"（目前的公司价值观）；"哪 10 种价值观对激发我们团队的真正潜力最重要？"（期望的公司价值观）。测试结果显示了大家对于公司理想价值观的认识差距，可以作为进一步完善公司价值观的基础。

图 4　价值观初选清单

资料来源：巴雷特价值观中心。

商业目标

做法 3：立足长远的商业成果

一个没有商业目标的初创公司就像一枚没有方向的火箭。爱彼迎公司是这方面的一个绝好例子。它的商业目标是："为 1 亿人提供就业机会，并设计出一种独一无二的体验，让客户迫不及待地想与他人分享"。爱彼迎公司使用客人的净推荐值和房东的收入作为其基本的关键绩效指标。奈飞公司的早期商业目标也是一个很好的例子："在拥有宽带或电视的每个市场中，每一个拥有有线电视或卫星电视的家庭都会订阅我们的服务。"在这种情况下，订阅率是关键的商业成果。为了确定这样一个明确的目标，有必要关注 1~2 个最重要的可衡量的商业成果，这些成果通常侧重于增长、财务目标和客户体验，以及设想公司在 5~10 年内的最佳经营情况。与使命不同的是，商业目标应该在有限的时间范围内可以被实现。

北极星指标

做法 4：当前阶段最重要的指标

许多成功的初创公司将他们的商业目标浓缩为一个"北极星指标"。这是一个团队需要熟记的指标。正如创业公司投资者肖恩·埃利斯（Sean Ellis）所说的那样，这个指标应该体现出产品或服务能为客户提供的核心价值。许多成功的规模化公司在其早期就明确定义了它（见图 5）。

一个正确的北极星指标需要实现 3 个功能：促进创收、反映客户价值和易于统计。最好远离华而不实的指标，如页面浏览量、新注册用户或总注册用户，因为它们通常不会推动长期的商业价值。每当领导者面临一个关键的决策时，应该问的问题是：它能提升北极星指标吗？

公司	北极星指标	原因
facebook	日活用户数量	推动广告收入
LinkedIn	注册用户数量	吸引付费方——招聘人员
ebay	上架商品数量	为平台吸引更多的交易价值
Medium	阅读的分钟数	鼓励用户转化为付费用户
zoom	每周举行的会议数量	增加流量，将 Zoom 打造为用户首选的视频会议平台
slack	在一个组织内发送的信息数量	加快转化付费升级用户的速度
solvemate	每天的客户询问数量	鼓励迅速解决

图 5　北极星指标

价值主张

做法 5：解决客户未被满足的需求

　　为了实现初创公司的商业目标和北极星指标，价值主张需要非常清晰，因为它表达了客户应该选择初创公司的产品或服务的主要原因。这是替客户解决 1~2 个亟待满足的关键需求的独特承诺。定义价值主张的一种方法是完成以下的价值主张公式（见图 6）：

目标群体　　待满足的关键需求　　产品或服务

我们帮助商家创建能够面向任何地方的所有人进行销售的平台，他们可以在平台上进行数字营销活动，通过简单的控制面板管理自己的商店，最终能够实现更多的在线销售。

图 6　价值主张公式（以 Shopify 为例）

这句话概括了 Shopify 的价值主张［详见史蒂夫·布兰克（Steve Blank）的博客］。虽然一个公司或许能解决他们客户的许多亟待满足的需求，但他们需要尽可能简单地说明他们能与众不同地为客户解决的 1~2 个关键需求。然后将价值主张浓缩为一个标题，用一个副标题来说明 1~2 个待满足的关键需求，用 3~5 个辅助性的小标题来说明最重要的产品和服务。印象笔记（Evernote）提供了一个很好的例子（见图 7）。

关键的待满足需求通常从客户的角度会被表述为"我想要……"，并且这一待满足总是对客户有利的结果。对于 B2B 和 B2C 初创公司来说，关键的待满足需求通常属于图 8 中的某个类别。

注意：价值主张不是像"耐克——放手一搏"或"阿迪达斯——没有不可能"那样的口号。这样的口号固然很好，但

**用更好的笔记完成
更多的工作**

印象笔记帮助你捕捉想法并快速找到它们。

随时随地工作

通过将你的笔记同步到你所有的设备上，使
重要信息随手可得。

保存重要的文件

将文本、图像、音频、扫描件、PDF 等文件
添加到你的笔记中。

你的笔记，你的风格

用风格化的工具表达自己，帮助你记录自己
的想法。

快速搜索

随时获得你所需要的东西。边输入，边显示
搜索结果。

图 7　印象笔记的案例

它并不能取代价值主张。

　　B2B 公司待满足的关键需求通常围绕着节约成本、时间
和麻烦，同时增加收入、改善客户体验和减少商业风险。对
于 B2C 公司来说，找到客户待满足的关键需求往往更为复杂。
客户的需求通常可以分为以下 4 种类型：①功能性需求，如省
钱、省时或省事；②情感性需求，如社会联系、感觉良好或获
得乐趣；③改变生活感受的需求，如被他人所喜爱、实现个人
目标；④社会影响需求，如实现零碳排放（见图 8 和图 9）。

节约成本	**云时代的数据保护** 通过 Druva，你可以获得本土云架构服务的强大功能和效率，因此你可以简化你的云数据保护并减少管理费用。	druva
节约时间和省去麻烦	**自由职业者和个体经营者的银行** 使用唯一能实时计算税款的银行，帮你节省税款、时间和金钱。	Kontist
提升客户体验	**运用客户的语言，建立更好的关系** 通过将人工智能翻译的效率和速度与人工翻译的高质量结合起来，我们的端到端翻译产品使企业级的翻译无缝衔接。	Unbabel
减少商业风险	**为每个人提供安全的访问** 不仅是为普通人。无论您是一个寻求创新的开发者，还是一个寻求减轻压力的安全专业人员，我们都会为您服务。	Auth0
增加收入	**不管您在任何地方销售，只要有 Shopify 就够了** 创建一个由强大工具支持的电子商务网站，帮助你寻找客户，推动销售和管理日常事务。	shopify

图 8　B2B 初创公司客户待满足的需求及案例

目标和关键成果

做法 6：使方向具有可操作性

当你的初创公司快速成长时，执行方面的挑战会迅速增加。突然间，你失去了方向，责任模糊不清，团队形成了孤岛。你陷入了一个执行的死结。有没有一个突破的方法呢？答案是目标和关键成果。从领英到星佳（Zynga）到谷歌，世界上最成功的一些高科技公司都在倡导这种公司目标设定的框

省钱	**划算的日抛隐形眼镜** 我们创办 Hubble 是为了让您不必在健康和钱包之间做出选择。我们的日抛隐形眼镜每天的成本几乎不超过 1 美元,您可以尽情地佩戴隐形眼镜了。	HUBBLE
节约时间和避免麻烦	**用更好的笔记完成更多的工作** 印象笔记帮助你捕捉想法,并快速找到它们。	EVERNOTE
减少个人风险	**随时随地 0 元看医生** 为您专属定制,从不搞一刀切。	oscar
更多选择的机会	**为你的生活配乐** 声破天为你带来适合每种心情和时刻的音乐,无论是锻炼、夜生活还是差旅,都有合适的歌曲与你相伴。	Spotify
社会联系和归属感	**让你离你所爱的人和事更近** 我们致力于为每个人建设一个安全、互助的社区。	Instagram
玩得开心	**最好的足球平台** 我们提供一切能让足球迷心跳加速的东西:比分、新闻、转会消息、直播、比赛集锦、视频功能等。我们为新一代"移动优先"的足球迷提供他们所需要的一切,让他们全天候了解精彩的比赛。	1.
精神愉悦	**寻回呼吸的力量,平静的心态,更好的睡眠** 我们提供不含药物和经过验证的睡眠解决方案,缓解压力和焦虑,让失眠者获得更好和更深的睡眠。	somnox
品尝、欣赏、聆听美好的事物	**体验新的烹饪** 激发灵感的食谱,精心搭配的原料,高超的烹饪技艺,怎能不爱?	MARLEY SPOON
彰显独特的地位或愿望	**无尽的奢华享受** 购买、出售和交换最令人羡慕的设计师手袋和配件。	REBAG
为他人所羡慕	**天然秀发的代表** 源自海洋和热带超级食物的秘密,我们的天然护发产品给你带来神奇的效果。是时候拥有美人鱼般的秀发了。	MERMAID + ME
实现个人目标或自我提升	**使你更接近于释放你的人类潜能** 为你提供每日个性化的健身、睡眠和恢复的实时数据。	WHOOP
为社会做出贡献	**让我们种树吧!** 使用 Ecosia 搜索,你的搜索可以植树——免费!	EC SIA

图 9　B2C 初创公司客户的待满足需求及案例

架。目标和关键成果也是欧洲最先进的一些公司的标准，包括
N26 公司。

目标指的是"做什么"——与公司的商业价值相关的宏伟
而又现实的目标。例如，金融技术公司 N26 的目标之一，是
在全球范围内改变零售银行业务，而零售公司佐兰朵的目标是
成为"时尚的起点"。

关键成果指的是"怎么样"——可衡量的里程碑，一旦完
全实现，目标也就完全达到了。关键成果只有实现或未实现两
种结果。例如，N26 在公司层面的关键成果，是将银行服务带
给全球超过 5000 万客户；佐兰朵通过在 2025 年前将其平台上
的总商品价值增加到 300 亿欧元，来衡量其是否成功。其他典
型的关键成果可以是"净推荐值增加 10 分"或"员工敬业度
得分从 3.0 增加到 4.0"。

一个规模化公司的管理层最好在每个季度定义 3~5 个公司
最高目标，每个目标设定 3~5 个关键成果，均以最高值计算。
以一家网上银行为例，它的年度目标和关键成果可以如下：

↑　**目标 1：成为欧洲最大的中小企业网上银行**

关键成果：在德国达到 20 万客户，在意大利推出测试版
产品，并将月平均客户流失率从 3.5% 降至 2.5%。

↑　**目标 2：成为欧洲最受欢迎的中小企业网上银行**

关键成果：净推荐值提高 10 分，从注册到完成的转换率
提高 5%，净收入留存率从 110% 提高到 120%。

✦ **目标 3：建立一个安全和合规的网上银行**

关键成果：减少机构欺诈的可能性，并处理上次审计中的所有监管意见。

✦ **目标 4：雇用和留存最好的团队**

关键成果：雇用 5 名首席和高级管理人员，将员工敬业度得分从 3.0 提高到 4.0。

顶级公司典型的目标和关键成果通常分为以下几类：增长和财务业绩（如每月的经常性收入）、销售和营销（如客户获取成本）、客户体验（如净推荐值）、流程优化和成本节约（如产出时间）、团队（如员工净推荐值）、产品和服务（如亚马逊上的平均评分）、合规性（如未解决的审计后问题）、安全性（如平均检测时间）、技术平台性能（如正常运行时间）和可持续性（如废物回收率）。

管理层必须明白，出色的执行力始于公司有一个明确的北极星目标。毕竟，目标和关键成果使方向变得具有可操作性。我们认识的一家欧洲旅游公司，采用了非常简洁的目标和关键成果。在每个季度的第一周，管理层会在周二之前制定公司的最高目标和关键成果。然后，每个部门（如产品、技术、营销和运营部门）通常在星期四，根据公司的方向确定各部门的目标和关键成果。最后，在周五的全员会议上，公司上下对所有目标和关键成果达成一致意见，因此，这个过程总共需要一周时间。

在建立目标和关键成果系统时，主要的误区如下：

↑ **目标和关键成果不够宏伟**

雄心勃勃但又具体的目标，可以带来无与伦比的业绩——这是从超过 1000 项研究的管理学文献中得到验证最多的假设之一。理想情况下，团队能够实现约 70% 的目标和关键成果。如果他们每次都能 100% 地实现目标和关键成果，那说明他们设定的目标很可能不够远大。

↑ **关键成果被表述为活动，而不是可量化的产出**

用"分析"、"评估"或"探索"这类词描述的关键成果并不理想。基于活动描述的关键成果，如"分析提高转换率的方法"，不如以产出为重点的关键成果。这些关键成果要么是基于定量指标（例如，"将净推荐值提高 10 分"），要么是基于定性评估（例如，"在美国推出封闭测试产品版本"）。

↑ **自上而下设定的目标和关键成果**

让创始人为营销团队制定目标和关键成果，或者让首席营销官为营销人员制定目标和关键成果，会让团队的主人翁意识消失。目标和关键成果的起草人应该是实现目标和关键成果的人。然后，相关部门的经理应该一起会商修改目标和关键成果。

↑ **关键成果太多**

为每个目标定义 5 个以上的关键成果，有可能会让团队精力分散。完全实现目标所需的关键成果越少越好。

↑ **没有建立目标和关键成果跟踪机制**

在绩效期结束时（如每个季度），每个团队最好与他们各自的经理一起，对每个关键成果的进展进行评分。

↑ 目标和关键成果与奖金挂钩

如果把奖金的发放与目标和关键成果的实现挂钩，会打消团队将目标定高的积极性。如果你想了解更多关于如何将你的初创公司的执行能力提高到一个新水平的内容，一定要看看约翰·多尔（John Doerr）的《这就是OKR》（*Measure What Matters:How Google,Bono,and the Gates Foundation Rock the World with OKRs*）。

定义

- **公司对公司（business-to-business，B2B）**：B2B公司是向其他企业提供产品或服务的公司。

- **公司对消费者（business-to-consumer，B2C）**：B2C公司是向个人消费者提供产品或服务的公司。

- **公司使命（company purpose）**：描述公司如何能让地球变得更美好的声明。

- **北极星指标（north star metric）**：确定公司重点方向的主要指标，概括了你向客户/终端用户提供的关键价值；例如，房间预订的天数或每日活跃用户数。

- **独角兽（unicorn）**：一个源自风险投资行业的术语，用来描述估值在10亿美元以上的初创公司。

- **价值主张（value proposition）**：描述产品和服务的声明，这些产品和服务能很好地解决特定目标客户未被满足的少数关键需求。

- **目标和关键成果（objectives & key results，OKRs）**：一种设定目标、内部协调和提供透明度的方法，为定义目标（目的）和评估实现这些目标（关键成果）的进展提供一个框架。

第 2 章

环境、社会和治理的标准是企业成功的驱动力

合著者：约翰尼斯·伦哈德（Johannes Lenhard）、
汉娜·利奇（Hannah Leach）

> ! **规模化发展阶段的主要误区**

- **不重视环境、社会和治理问题，甚至完全忽视它**

  如果一家初创公司在早期未能将环境、社会和治理因素纳入其战略决策过程，那么在扩大规模时，公司就很难重新调整其价值观和运营方式，来体现其对环境、社会和治理的重视。虽然这样做的后果可能需要很长时间才会显现（例如，等到公司上市或出售时），但它对公司的文化、团队结构和内部流程的腐蚀是立竿见影的，而且可能是难以逆转的。许多研究表明，一个公司在环境、社会和治理方面的坚定姿态，往往会带来更高的股票收益。

- **通过表面行动或宣传进行粉饰**

  诸多案例证明，将环境、社会和治理视为是应付检查、

合规性问题或表面报告问题，会为规模化公司埋下许多公共隐患。因此，必须要注意避免只将环境、社会和治理作为营销手段，而陷入光说不做的误区。

● 不注重全面分析和不断改进

对于初创公司和规模化公司来说，环境、社会和治理可能是一个动态的目标。虽然本章介绍了截至本书出版时的最佳做法，但这是一个快速发展的领域，因此，在环境、社会和治理上保持与时俱进更显重要。

Deliveroo 在 2021 年 3 月进行的首次公开募股，是伦敦证券交易所 10 年内最令人期待的（也是最大的）科技首次公开募股之一。这家快递公司一直走在将零工经济引入欧洲的前沿，其当时的估值（暂时）接近 100 亿英镑。但是，这次首次公开募股最终却成了一场灾难：Deliveroo 的股票在第一天就下跌了 30%，公司的价值蒸发了近 20 亿英镑。原因何在？包括安本标准投资公司（Aberdeen Standard）和英杰华集团（AVIVA）在内的机构投资者担心该公司存在长期风险，直接拒绝购买该股票。他们认为 Deliveroo 无论是在其收入模式方面，还是在其"自由劳动者"（即没有社会福利，只赚取最低工资的个人）方面，都没有建立起一个可持续的业务，而后者更为重要。安本标准投资公司的英国股票主管安德鲁·米林顿（Andrew

Millington）表示："我们认为 Deliveroo 员工的聘用方式是不可持续的。"米林顿话里的意思很明确：投资者现在更加看重在环境、社会和治理方面投入更多的企业——正如 Deliveroo 后来才发现，他们在首次公开募股时没有考虑到"社会"方面的因素。

什么是环境、社会和治理？

环境、社会和治理原则关注的是在建立公司时对这 3 个方面的考虑。可以做进一步的细分：

- E——环境（Environmental）：到目前为止，环境方面的考虑主要被分解为碳排放（例如由能源消耗和旅行政策驱动）以及废物管理过程和供应商对环境造成的影响。重点常见于图 10 中的 3 个相关领域。
- S——社会（Social）：社会考虑的核心重点是公司在多样性、公平性和包容性（diversity，equity and inclusion，DEI）方面的做法，其中一部分涉及组建多样化的团队，这个团队要能真正包容所有文化背景、性别和年龄的人。除此以外，还有对产品或服务的非预期（社会）后果的考虑。爱彼迎公司是一个具体的例子，他们为了消除种族偏见而推行的政策，反而使得美国黑人更难通过他们的平台租到房间。社会方面的考虑，还包括在团队和工作环境层面更普遍的考虑（薪酬差距、对当地社区的影响等）。

- G——治理（Governance）：这指的是影响决策的公司内部"治理"，包括股东权利的分配、董事会的作用和组成、公司的既定使命和利益之间的冲突。治理还包括透明度和问责制，并涉及一些措施：如保持账户的良好秩序，并定期向投资者公布，以及坚守透明和道德的底线。大众汽车排放丑闻和脸书滥用用户数据及涉嫌选举操纵是缺乏正确内部治理的两个例子。

具体到初创公司和规模化公司，"环境、社会和治理"涉及九大领域（见图 10）。

为什么环境、社会和治理对成长型公司来说很重要？

近年来，环境、社会和治理原则在建立和投资科技公司时的重要性进一步凸显。根据最近的一项民意调查，超过 70% 的主要风险投资公司和 60% 的天使投资人表示，他们在决策过程中，会明确考虑环境、社会和治理方面。例如，在柏林，包括 Cherry Ventures、Earlybird 和 Holtzbrinck Ventures 在内的 30 家风险投资基金更新了他们的条款，在其中加入了"可持续性条款"，要求他们的投资组合公司评估和改善他们的环境影响。同样，主要的规模化公司，如 DeliveryHero 和 BlaBlaCar，也签署了"绿色公约"。

初创公司应该认真对待环境、社会和治理，原因如下：

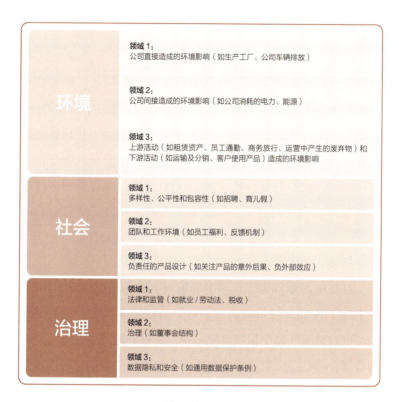

图 10　环境、社会和治理的领域

✦　环境、社会和治理可以提升财务业绩

　　在环境、社会和治理方面评价高的公司，在财务层面的表现优于其同行。晨星公司（Morningstar）在 2020 年针对近4900 个欧洲基金所进行的一项研究证实了这一点。根据麦肯锡的另一项研究，积极的环境、社会和治理主张，也与更高的股票回报密切相关。通过减少能源消耗来节约成本，通过发布可持续产品来提高公司在客户中的声誉以及积极主动的员工，

是通过环境、社会和治理提升财务业绩的重要驱动力。

↑ **在环境、社会和治理方面表现优秀的公司能吸引 3A 级人才**

气候变化和保护环境是新一代最关心的问题，排名高于收入不平等和失业。在德勤（Deloitte）的调查中，42% 的 80 后表示，他们更愿意为产品或服务对环境或社会有积极影响的企业工作。在这个焦点人群中，10% 的人甚至表示为环保型公司工作，他们愿意减薪 5000~10000 美元。包容性和多样性是其他备受关注的方面。Glassdoor 网站发现，三分之二的求职者在考虑工作机会时，认为多样性是一个重要标准。

↑ **环境、社会和治理是客户增长的驱动力**

对环境商业行为表示明确的重视有助于吸引客户。例如，根据波士顿咨询公司的调查，95% 的消费者认为，他们的行为可以对减缓气候变化和解决可持续发展问题产生影响。许多消费者公司已经采取了行动来回应客户的价值取向。时尚零售商巴塔哥尼亚（Patagonia）——该公司一直旗帜鲜明地倡导强有力的环境政策，并且是一家经过认证的 B 型企业（也称"共益企业"指在全球经济的背景下，推动商业成为向善的力量的企业。）——在不断扩大其社会使命的同时，取得了惊人的增长。同样，麦肯锡发现，在消费选择方面，客户越来越愿意使用环保产品。在他们调查的客户中，超过 70% 的人愿意为更可持续的产品（包括汽车、建筑或电子产品）多付 5% 的价格。

↑ **在环境、社会和治理方面表现出色，会增加获得风险投资（和收购）的可能性**

截至 2020 年，欧洲 10 家主要风险投资公司中约有 7 家将环境、社会和治理纳入其投资决策过程，而超过 60% 的公司使用环境、社会和治理指标衡量其业绩。基金或股东出于对环境、社会和治理相关的担忧而放弃投资的典型案例包括，上文提到的 Deliveroo 案例，还有优步（Uber）公司因被指控存在性别歧视和种族主义而在上市后股价下跌，以及 WeWork 的首次公开募股失败。同时，对"可持续投资"的需求正在迅速增加。2020 年，超过 250 家欧洲风险投资基金和私人股权投资基金改变了他们的策略，将重心放在"可持续投资"上面，将"可持续发展"的资产配置推到了 11000 亿欧元的历史高位。贝莱德集团（BlackRock）的首席执行官拉里·芬克（Larry Fink）甚至声称："随着时间的推移，那些不回应利益相关者的诉求、不解决可持续发展风险的公司和国家，将遭遇市场越来越多的怀疑，进而导致资本成本上升。"

↑　在发展过程中牢记环境、社会和治理，减少监管风险

更加全面的监管使得不论是投资者还是公司，都更加看重环境、社会和治理方面的考虑、实施和公开报告。欧盟的监管机构已经朝着这个方向迈出了步伐。其中一个监管机构规定英国的公共供应商需要遵守社会价值框架，该框架与环境、社会和治理原则紧密结合。在欧盟，投资者必须根据《可持续金融信息披露条例》（SFDR）做出报告，该条例于 2021 年 3 月推出（要求参与的风险投资公司报告各项指标，如温室气体排放、性别薪酬差距、董事会多样性、举报人保护和人权表现）。同时，在美国，美国证券交易委员会（SEC）也已经宣布了进

行全面的环境、社会和治理监管。

归根结底，坚持环境、社会和治理原则不仅是做正确的事情，而且有助于打造成功的商业案例。接下来，我们深入探讨几个可以直接实施的具体做法。

环境

做法 7：测量、减少和补偿公司对环境造成的影响，并明确责任和目标

2019 年，大型科技公司和规模化公司（包括佐兰朵、TIER Mobility、Flixbus 和 Delivery Hero）的创始人和高管齐聚德国，开会讨论各自公司对环境的影响。与会者希望为实现世界的气候目标和再生经济做出贡献，于是名为"气候行动领袖"的社区就此诞生了。该社区由大约 1000 家科技公司和风险资本投资者组成，他们致力于测量、减少和消除他们的碳足迹。他们为规模化公司建立了一个绿色公约，包括一套有约束力的行动（每年报告和审查），这些行动构成了良好的环保措施的核心，包括数据收集、碳足迹测量和碳消除。该公约还包括一个明确的中期减排行动。Ecosia 是世界上最大的搜索引擎之一，当然也从中受益。该公司成功地利用了自己的地位，成为谷歌和必应的可持续替代品。Ecosia 将广告带来的收入用于在世界各地种植树木——在你阅读本页的时间内至少种下了 2

棵树。

费里·海勒曼（Ferry Heilemann）出版了一本关于公司如何实现气候目标的优秀著作《气候行动指南》（*Climate Action Guide*）。我们鼓励每个初创公司的建设者阅读这本书。以下措施可以提高一个规模化公司在"环境"方面的表现：

↑ 把碳减排目标作为年度目标和关键成果的一部分

从苹果到亚马逊，从谷歌到微软，许多大型科技公司都宣布了其业务和供应链的碳中和与净零目标。例如，苹果承诺到 2030 年实现供应链碳中和。微软的目标是到 2030 年实现碳排放为负。许多规模化公司也正在朝这个方向努力。美国滑板车巨头 Lime，已经在其业务所在的 30 个国家设定了 2030 年的净零目标，计划将其整个充电网络过渡到可再生能源，并在其运营团队的车队中完全使用电动汽车。2021 年年初，总部设在阿姆斯特丹的 WeTransfer 平台宣布，它计划在未来 5 年内将其碳排放量减少 30%。虚拟化技术公司 VMWare 开发了一个监测表，客户可以用它来监测其数据中心的能源使用和碳足迹，该公司还与一个环保组织合作，以实现公司的植树目标。

↑ 任命一位气候官员、可持续发展主管，或组建一支"可持续发展黑客"团队，让责任更明确

仅在去年，德国滑板车公司 Tier、时尚转售应用 Depop、代餐初创公司 Huel 和健身服装品牌 Gymshark，都任命了可持续发展领导者并组建团队。可持续发展黑客团队（或称"碳足迹黑客团队")是一个跨部门的团队，涉及产品、人力资源和供应链。该团队与气候官员或可持续发展领导人一起工作，后者负责推动该项事业的发展，并直接向最高管理层报告。明确的责任和细分的目标和关键成果，高层领导的管理和组建一个专门负责的团队，将会成为推动变革的关键。

识别、测量和制定关键（碳）足迹驱动因素的基准

计算一个公司的碳足迹被称为"碳会计"。直到最近，大多数公司都还在使用Excel表格来进行非常简略的估计。今天，Planetly 和 PlanA 等公司提供的工具不光可以做到这一点，还可以建立一个持续测量、报告和评估的系统。理想情况下，公司应该为生产的每一种产品计算碳足迹，从而为每一种产品建立明确的减排目标。最高管理层的注意力应该集中在这些数字上，并至少每季度商定一次目标。任何对外发布报告中都应该包含这一部分，从而建立一种透明和负责任的文化。

减少碳足迹

减少碳足迹是一项长期的任务，可以通过各种方式来实现。在某些情况下，使碳足迹减少 15%~30% 的快速方法是专注于能源使用效率和节约，这包括选择可再生能源供应商，鼓励员工在夜间关闭所有设备（包括取暖和照明设备）或采用智能取暖。其他值得尝试的选项，还包括购买节能的设备（例如通过欧洲 AAA 认证、美国能源之星认证的产品），采购绿色云服务（例如可暂停使用的数据中心）和购买可再生能源信用额度。此外，无纸化政策也值得一试。在西方高收入国家，如

美国、德国或英国，普通员工每年打印的纸张消耗量相当于
0.5~1棵树。通过改为无纸化办公，可以从根本上减少这种情
况。最后，重要的是重新审查公司的旅行政策，看看是否有可
以改进的地方。例如会议都应该默认为远程会议。对于必要的
出差，要建立明确的规则，比如选择乘坐火车而不是飞机，或
把国外的小组会议集中在一起。另一项措施是激励人们改用自
行车而不是汽车出行（例如，骑车上班计划或使用共享单车）。

↑　减少供应链的碳足迹

碳足迹是由供应链驱动的，因为产品和服务的购买和使
用都会对环境造成影响。一个好的做法是审查供应商在其自身
气候行动方面的情况。美国环境保护局为此制定了一份科学的
调查问卷。在整个供应链中需要考虑的两个具体方面是：尽
可能在当地采购（确需进口物流时，优先使用轮船，其次火
车，最后飞机）和减少包装的碳足迹。后者适用于整个供应
链，当涉及包装和塑料的使用量时尤其重要。沃尔玛已经推出
了"可持续包装"的综合指南，越来越多的初创公司也正在提
供这一领域的解决方案。

↑　制定内部碳定价

在公司规模化扩张过程中，推动变革（和划分责任）的
一个好工具是"内部碳定价"。到目前为止，整个欧洲有28%
的公司在为各自职能部门的碳排放（和减排）设计内部预算。
这些预算应和财务预算获得同等对待，成为公司内部各部门义
不容辞的责任，以避免让减排成为气候主管一个人的工作。这

种做法的关键在于内部碳定价——每单位碳排放的自愿货币成本——允许公司通过碳排放活动在内部产生收入。然后，这些财政资源可以再投资于碳排放项目。内部碳定价已被证明可以减少碳排放活动，因为它首先是对开展此类活动的一种抑制作用。微软公司施行了内部碳价政策——要求其业务职能部门将碳成本纳入其年度预算——这改变了公司各部门的行为，因为各业务职能部门会积极寻求减少排放。

↑ 消除公司的碳足迹

公司关于碳足迹的一般规则需要非常清楚。最常见的消除碳足迹的手段是植树造林和森林保护，以及许多帮助"自动"消除碳足迹过程的（软件）解决方案。最佳的做法是尽可能在当地开展这类活动，以最大限度提高对当地社区的积极影响。一些规模较大的公司和初创公司，已经实施了消除碳足迹政策，作为一种对客户的回报，这是将这一工作推向下一步的举措。例如，Shopify 推出了一个应用程序，允许商家选择对其交货方式的碳排放进行设定。同样地，Stripe Climate 公司鼓励其客户将他们通过 Stripe 产生的部分收入直接捐献给碳清除项目。

社会

做法 8：建立一种鼓励多样性和包容性的文化

为了推动多样性、公平性和包容性，一个成长型公司的领导者甚至不需要一个非常高尚的理由——只需相信损益表就够了。一家公司担任领导的女性和来自不同种族背景的人越多，其息税前利润率就越高。麦肯锡公司的几项研究已经证实了这一点。根据这些分析，在高管团队性别多样性方面处于前25%的公司，比处于后25%的公司更有可能拥有高于平均水平的利润率。对于种族多样性，其影响甚至更高。在种族多样性高管团队中处于前25%的公司，其赢利能力高于平均水平的可能性高出36%。

德勤观察（Deloitte Insights）创建了一个四阶段模型，显示了一个成熟的多样性和包容性驱动的公司的可能路径（见图11）。该领域的领导者将提高多样性、公平性和包容性（DEI）视为是利用团队内部的思维差异来创造商业价值的运动。

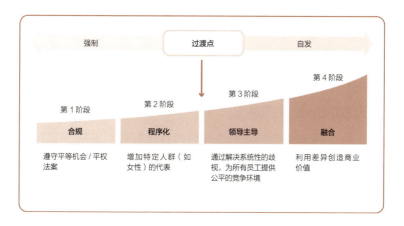

图 11　德勤多样性、公平性和包容性成熟度模型

资料来源：《德勤观察》。

几个可以帮助公司成为一个由多样性、公平性和包容性驱动的公司的措施：

↑ 尽早聘请一位专门负责保证公司多样性、公平性和包容性的人员

作为人事团队的一员，这位 DEI 专家，可以参与 DEI 战略的设计，培训招聘经理消除无意识的偏见，编写包容性的职位描述，并发起倡议和开展辅导项目。

↑ 设定可量化的多样性、公平性和包容性目标

例如，市值数十亿美元的规模化公司 Gusto 在公司初创早期就将多样性、公平性和包容性作为最高行政优先事项。他们定期发布专门的报告，并制定了整个团队中具体和可量化的多样性、公平性和包容性目标。2016 年，他们的目标是"将非洲裔和西班牙裔的员工比例提高到 10%"。此外，他们还积极致力于消除薪酬差距。特别是，创始团队制定的优先事项将 Gusto 公司带入了德勤所称的"融合阶段"，即整个组织都团结在多样性、公平性和包容性议程的背后。

↑ 透明地报告进展情况

重要的多样性、公平性和包容性指标包括各职能部门的高管和非高管的员工在性别、种族多样性和社会经济背景等方面的比例。对多样性、公平性和包容性问题的评估，如特定职位的女性申请人数不足，也算在内。CultureAmp 是一个与企业合作收集、了解和处理员工反馈的平台，其建议将多样性、公平性和包容性问题整合到常规的员工敬业度调查中（例如，

"我可以发表相反的意见，而不用担心有后果"和"和我相同的观点被纳入决策中"）。他们还为回答设定了一个目标基准分数，并建议密切关注不同群体之间的差异。所有这些数据都应该透明和公开地分享，以促进沟通。

✦ 尽早将人才招聘重点放在多样性、公平性和包容性上

网商平台 Etsy 在扩大规模时，在招聘（性别）多样化的工程团队方面面临着巨大的挑战。为了解决这个问题，他们不仅调整了面试流程，重新培训了招聘人员，还与工程师社群 HackerSchool 合作，为女性工程师提供免费培训。主要做法包括：在营销、发布公共信息和招聘中进行包容性的公共宣传，以及发布面向所有性别和种族背景的职位描述。

✦ 解除员工在育儿方面的后顾之忧

解除员工在育儿方面的后顾之忧，是保证性别平衡的一个特别重要的因素。让有孩子的员工既能在工作中发挥才干，又能有时间陪伴家人，有助于吸引 3A 级人才。可以采取以下做法，例如，首先让所有领导人都能兼职工作，每年给予最多两个月的无薪假期。而且，特别是在新冠疫情期间，是成为一家"远程办公优先"的公司的最好时机。例如，德国软件服务创业公司 Solvemate 保留了其在柏林的总部，但允许所有员工在任何地方办公。每隔 8 周，他们会组织一次为期 3 天的"回公司"活动，进行规划和团队调整。他们根据德国标准和欧洲范围内的不同国家的雇主社会保险缴款来支付工资总额。这样做的好处是，如果你不局限于特定的城市，人才招聘池的规模会突然成倍增长。反之，你不仅需要在当地开设一个业务部门，还要在该国交税。数字化的团队协作作用更大：员工可以自发地在虚拟的公司茶水间里见面，更新人员工作状态，可以显示谁现在有空，或者在会议中规定"打开摄像头"。瑞典的音乐流媒体服务商声破天最近也宣布了其"在任何地方工作"的倡议，让员工选择自己的工作模式（远程或在办公室工作）和工作地点。许多美国的大公司，如爱彼迎、谷歌和 Shopify，也在去年过渡到了远程优先或分布式办公模式。公司出资开办的托儿所、办公室内的母婴室和临时保姆（例如，在新冠疫情期间，人力资源公司 Personio 为员工托儿所提供经费支持）这样的政策，都可以帮助有孩子的员工在工作上发挥得更出色。

治理

做法 9：建立有利于公司发展、合规性和员工代表制的内部治理

共享办公公司 WeWork 在首次公开募股时将公司治理的设置和结构向公众公开。一些观察家认为："WeWork 在公司治理方面一团糟。"结果是：WeWork 取消了首次公开募股。创始团队的自利行为（例如，创始人将"We"的商标租给自己的公司）以及董事会缺乏多样性和独立性是更深层次的原因。WeWork 提供了一个典型案例，说明为什么规模化公司必须积

极主动地实施强有力的公司治理。良好治理的目标不仅是将内部和外部风险降到最低，还包括保持公司的长期价值和增长。

以下是企业在扩大规模时打下良好治理基础的一些推荐做法：

✦ 建立一个独立和多元化的董事会

2015 年，一项对超过 6000 家美国初创公司的研究表明，对公司进行一定程度的独立控制，这样做的价值变得愈发明显。创始人仍然控制着董事会或担任首席执行官的初创公司，其价值明显低于创始人放弃某种程度控制权的公司。创始人的控制权每增加一级，如控制董事会和担任首席执行官，都会使融资前公司的估值减少大约 20%。对于 3 年以上的初创公司，情况尤其如此。一定程度的外部控制和"善意的挑战"，通常有助于提高招聘标准，并更明确地围绕战略选择进行权衡，如市场和产品扩张。一个有能力的、有一定控制权的董事会，可以更迅速地引进企业所需的不同技能，以适应在监管、融资、组织扩展等方面的各个增长阶段。一个多元化的董事会也是有意义的。董事会层面的多样性不仅对确保 DEI 战略的一致性很重要，而且还有助于实现更普遍的多样性，并延伸到更好的决策。

✦ 在工作场所内保护员工并赋予其权力

亚马逊和谷歌公司都因为缺乏对其员工的关怀而饱受诟病。谷歌因其"两级员工制度"而受到批评，根据这项制度，谷歌约 50% 的员工是承包商和临时工，他们的工资较低，同一个工种的待遇不同，而且不能享受谷歌为其直接聘用的员工所提供的福利。亚马逊的仓库员工也在对不安全的工作条件和缺乏劳动保护表示抗议。这些问题的主要解决办法是让员工有发言权，这样才能留得住人，并能确保快速做出决策。一个正式的工会，其"决策周期"往往是几个星期，虽然这对大企业而言很正常，但对于一个快速发展的初创公司来说，往往不是最好的选择。尽管如此，忽视员工的代表权也会产生很大的反作用。

前台或后台服务团队是与此特别相关的部门，例如客户服务。一些初创公司通过让每个客户服务团队选举一名"员工代表"来解决这个问题。这些员工收集对工作环境的改进建议，每月与客户服务领导层会面一次，讨论关于如何改善工作条件的具体建议，包括在安排轮班时考虑个人喜好、儿童托管或免费午餐等。这些可能看起来是小事，但它们却很重要。除了受法律监管的工会，德国电子商务公司佐兰朵还在 2015 年设立了员工参与计划（ZEP）。这是一个自愿的员工参与委员会，使员工能够参与与他们的工作和公司文化有关的商业决策。该计划被设计成一个没有偏见的平台，员工和企业可以在这里讨论和解决问题。员工参与计划是佐兰朵公司管理委员会的"顾问"，而不是共同决策者。这样的志愿机构可以帮助公司尽早发现员工的需求和关注，并采取积极的应对措施。

第二篇

人力资源
和思维模式

第 3 章

卓越人才（人力资源）

吸引、培养和留住 3A 级员工

合著者：康斯坦泽·布克海姆（Constanze Buchheim）、

曼朱里·辛哈（Manjuri Sinha）、

克里斯·贝尔（Chris Bell）

> **！ 规模化发展阶段的主要误区**

● **不懂得 3A 级团队是商业成功的最佳预测指标之一**

一些科技公司的团队认为，成功主要来自好的产品和技术。虽然这很重要，但组建和留住一个优秀的团队也是不可或缺的。从一个初创公司发展到一个规模化的公司，需要团队在一个资源有限的环境中迅速获得影响力。如果没有 3A 团队，这个增长阶段可能会昙花一现。

● **由于时间压力而降低招聘标准**

迅速填补空缺职位的压力可能会导致一些规模化公司选择不够资格的求职者，而这些求职者没有足够的潜力来扩大公司规模。特别是高级领导人，在被聘用之前，最好要有在扩大科技公司规模方面的成功经验。有些公司把没有领导经验的人放在高级管理职位上。这种做法成功的前提是，被选上的人必须特别有才干，并需要接受强化训练（见做法 12）。

● 照搬大公司在人才和文化方面的"最佳做法"

照搬奈飞或亚马逊公司所采取的措施，往往不会创造出下一个独角兽公司。关键是要了解公司具体的业务目标，然后设计一个有助于实现这些目标的人才观。

● 在招聘和组织发展方面未能调动组织的积极性

一些人事团队试图利用自身的有限资源，来解决规模扩张中的各种人员需求。他们没有意识到扶持和支持业务职能部门在整个公司建立伙伴关系的重要性。特别是，聘请更多的女性领导和树立多样性、公平性和包容性的文化，应该是每个领导者的责任，而不仅仅是人事团队的责任。

● 未能发挥出优秀的"人力资源"寻源能力

一些处于规模化发展阶段的公司过于依赖求职者的主动申请。成长型公司的人事团队最重要的优势是能够找到优秀的求职者（见做法 13）。

● 因为担心"尾大不掉"，而忽视价值观、流程或结构的建设

敏捷创业公司特别注重行动导向，一些创业公司对不符

合这一导向的价值观、流程和结构大加排斥。然而，所有这些因素都很重要。为了避免组织的混乱和低效，明确的公司价值观以及一些结构和流程是必要的。这一点在上市前的准备阶段尤其重要。

如果说初创公司的成长类似于从悬崖上跳下来，一边坠落一边组装飞机，那么是否拥有一个3A团队就是生与死之间的区别。3A团队可以在触地之前安装好机翼，并启动引擎。在建立一个规模化的公司时，最大的误解之一是，只要能做出一个伟大的产品，由一个好的商业模式驱动就够了。未来的独角兽公司在培养他们的领导人时，尤其要加大人才投资。来自Notion Capital的一项研究表明，在一轮300万~1500万美元融资后的头两年，未来会成长为B2B独角兽公司聘用的领导人，比不太成功的公司多6倍，领导团队平均从5人增加到11人。

组建和留住一个3A级的团队，往往取决于实现以下4个目标。第一个目标是迅速聘用人才——特别关注优秀的领导者。第二个目标是尽一切努力，确保这些人在几周内（而不是几个月内）就能产生效益。第三个目标是避免出现漏桶（此处指高管跳槽）的情况。第四个目标是继续努力建立一个强大的雇主品牌。这在以人才为主导的增长公式中有所体现（见图12）。

接下来，我们用这个公式创建了一个典型目标和关键成果的示例表格（见图13）。

图 12　以人才为主导的增长公式

目标和关键成果

做法 10：制定正确的人力资源目标和关键成果

　　为了创建自己的目标和关键成果，你需要做出正确的选择，并根据实际情况选择适当的目标。以下做法可以为如何做到这一点提供一些启发。

↑　人才招聘：你是否能迅速招聘到高质量的领导和专家

　　对于德国电子商务公司佐兰朵来说，2016 年至 2017 年是其增长的巅峰。客户的大量增加，使该公司在一年内增加了约4000 名员工，员工总数达到 15000 人。这一时期的目标之一

202×年的典型目标			
01 人才招聘 吸引和留住最好的团队	**02 人才发展** 打造一支行业领先的团队	**03 人才保留** 创造尽可能好的员工体验	**04 雇主品牌** 打造本行业最佳雇主品牌

202×年的典型关键成果			
将开放的领导职位数量从40个减少到20个	在员工敬业度调查中，将领导人的信心得分从3.2提高到4.2	将产品和技术部门的年减员率从15%降至10%	将招聘平台上的评级从3.5提高到4
聘请50名后端工程师和50名前端工程师	将试用期通过率从93%提高到97%	将遗憾离职者比例从15%降低到10%	将求职者净推荐值从35提高到60
将非行政职位招聘周期的平均天数从25天减少到20天	将参加培训或具备认证资格的员工比例从30%提高到50%		将担任领导职务的女性比例从20%提高到40%
将技术和产品部门的平均工作邀请接受率从60%提高到75%	将敬业度调查中对员工发展的评分从3.1提高到4	将员工敬业度的得分从3.5提高到4	将招聘页面的点击率从2%提高到5%

图 13 规模化企业中人力资源团队的典型年度目标和关键成果

是额外聘请 1000 名工程师。佐兰朵的成功秘诀是，他们更明确地定义了求职者的角色，引入了分析求职者条件的工具，相应地根据这些人才重新制定了职位描述，并采用了面试安排工具。此外，他们还使婉拒信息对求职者来说更易接受。结果，新员工收到工作邀请的时间从 52 天减少到 32 天，求职者净推荐值从-7 提高到 33，工作邀请接受率提高了 30%。

在扩大规模时，公司的招聘团队需要在领导层（高管和所有人事经理）和专家层都能出色地进行高质量招聘。对于这两个层面，招聘团队需要清楚地了解关键筛选步骤中每个职位的求职者数量（见图 14）。

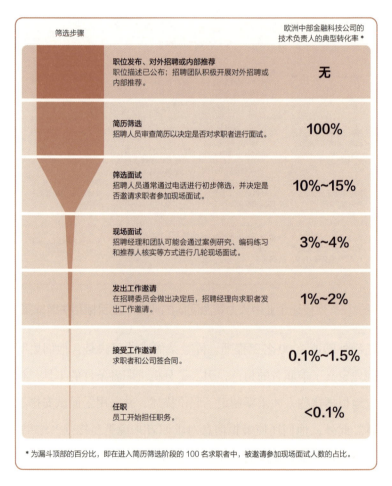

图 14　典型的求职者筛选漏斗（针对欧洲中部的技术负责人）

这里**典型的关键成果**包括招聘量、速度和转化目标。公开（领导）职位和聘用人员的数量是衡量大批量招聘成功与否的一个标准。速度可以通过求职申请处理时间、职位聘用时间和职位填补时间来跟踪。"申请处理时间"指的是新的求职者从申请职位到收到面试邀请或拒绝的天数（3~4 天比较理想）。"职位聘用时间"是指从求职者申请职位到签订合同之间的平均天数（对于处于规模扩大阶段的公司，理想目标是 20~25 天）。"职位填补时间"是指从职位发布到求职者开始工作的天数。保持求职者对工作邀请的接受率和面试录用率（受邀参加现场面试的求职者中被录用的百分比）也很重要。在欧洲，技术负责人的工作邀请接受率比较理想的情况是在 90% 以上。同样的职位，面试录用率为 20%~40%。

✦ 人才发展：你的团队是否在几周内而不是几个月内变得富有成效

谷歌公司采用"及时制"的方法，让新员工在入职的一个月内充分提高生产力。在新员工到达办公室的前一个星期天，招聘经理会发一封电子邮件提醒，要求他们完成 5 项小任务，这些任务对提升新员工的生产力很有帮助——包括进行分工和责任讨论，为新员工分配一个伙伴，帮助他们在公司内部建立社交网络，在入职的前 6 个月每月安排一次入职检查，并创造一个公开对话的氛围。入职培训包括为期两周的关于谷歌工作方式和专业话题（如"广告的生命"）的强化培训，以及为增进感情而在工作之余举行的聚会。

谷歌公司的业绩是一个最好的例子，说明投资于入职培训并确保新员工在短时间内富有生产力是多么重要。关键的一点是，要把入职培训看作是一个庆祝活动或扩大的欢迎仪式，而不是一个行政程序。在新员工入职方面有两个特别有效的做法——导师/伙伴系统和"走动管理"（Gemba Walks），将新员工安排在联络中心或仓库工作，以获得对产品的全面了解。其他有用的做法还包括与高级领导的"知无不言"会议（特别关注公司的价值观），精心设计的内部指南和个人单页目标及优先计划，以建立共同的期望。此外，新员工最好在入职第一天就与招聘经理见面，然后在每周的一对一面谈会上再次见面，并作为入职前 6 个月的 2~3 次反馈会议的一部分。

这里**典型的关键成果**包括评估员工对领导者信心的员工调查得分（例如，"我对 × 公司的领导者有信心"）。在入职 6 个月和 12 个月内离职者的百分比也很重要。欧洲中部优秀的规模化公司，在试用期后都能留住 95% 以上的员工。员工对工作和发展的满意度也很重要。员工调查中一个应该问的好问题是："× 公司是我提升职业发展的理想之地吗？"

↑ 留住人才：你是否避免了人才桶漏水的情况

2013 年，一个传言让软件服务行业炸开了锅。据称，赛富时公司的 3000 人销售团队流失了 750 人。由于更换销售人员的平均成本差不多接近 10 万美元，仅这一年的员工流失估计就使公司损失了近 7500 万美元。7 年后的 2020 年，赛富时公司在《财富》杂志的"100 家最适合工作的公司"排行榜中排名第 6。这一巨大转变背后的原因是什么？答案是：清晰的职业发展路径、与领导层的紧密联系、严格的招聘程序以及最重要的是，一个重在留住人才的弹性薪酬奖励方案。

鉴于一个团队可能需要长达一年的时间才能进入状态，因此留住员工是重中之重。这尤其适用于那些从事产品岗和长期 B2B 客户关系的团队成员。在员工从科技公司离职的原因中，排名前 3 位的是文化和管理风格（例如，与直属经理的矛盾、缺乏自主权和信任），职业发展空间不足（例如，缺乏个人职业发展计划、行动反馈和培训），以及奖励和报酬不足。

典型的关键成果包括每季度或半年一次的员工调查中，评估员工换工作的可能性的得分（例如，"我几乎没考虑过去另一家公司工作"）和整体敬业度得分。这些都是员工流失的首要指标。我们的目标是尽量减少年度减员，许多科技公司认为 15% 至 20% 的流失率尚能接受。遗憾离职者的百分比是另一个重要指标——这些是主动离职的员工（即他们不是被公司辞退的，也不是被评为低绩效的员工）。

✦ 雇主品牌：你的公司是科技星河中一颗闪亮的明星吗

德国 B2B 软件公司思爱普赢得了 200 多个雇主奖项，被 Glassdoor 评为 2018 年最佳雇主，96% 的员工会向朋友推荐该公司。以下是思爱普公司的做法：首先，他们有一个包容性的员工价值主张，即"发挥你的一切潜力，成就你心中所想"。从 2018 年开始，他们允许两名兼职员工分担单一管理职位所涉及的责任。此外，所有广告招聘的领导职位均能以兼职身份担任，同时还设立了一个女性卓越领导力加速计划（LEAP），赋予思爱普公司的女性更多权力，使她们具备担任领导职务所需的技能和知识。

在扩大规模过程中，对雇主品牌的投资可以助推人事部门所做的许多工作。根据领英的数据，与雇主品牌薄弱的公司相比，拥有强大雇主品牌的公司在招聘人员向潜在求职者直接发送信息时，得到的回应会比其他公司多 30%。这意味着，发布公司的文化手册十分必要（例如核心地带或奈飞公司），它可以让大众更了解公司的价值观和文化，例如关心并确保领导职位的性别平衡，聘请来自不同国家的员工，工作安排体现出对带孩子的员工的照顾，如提供兼职领导职位和远程工作等。这种类型的公司每个职位收到的求职申请要比其他公司多出 2.5 倍，其人才库也要比雇主品牌薄弱的公司多出 20%。

衡量雇主品牌的**典型关键成果**包括 Glassdoor 或 Kununu 发布的求职者和员工体验排名、女性在领导岗位上的百分比（性别平衡）、公司内代表不同国家的员工数量以及公司领英页面的关注者数量。

组织结构图和角色

做法 11：定义人事部门的角色和责任

对于一个具有产品市场契合度的规模化公司来说，设置人事部门的一种方式是找到各个职能部门的"人事伙伴"（或业务伙伴），从而与各关键职能部门合作，协调各职能部门的团队资源。人事部门的职能来自各个卓越中心，包括人才招聘、整体薪酬、人员运营和人力分析。为提升主要新市场的影响力而组建的团队对这一职能进行了补充（见图15）。

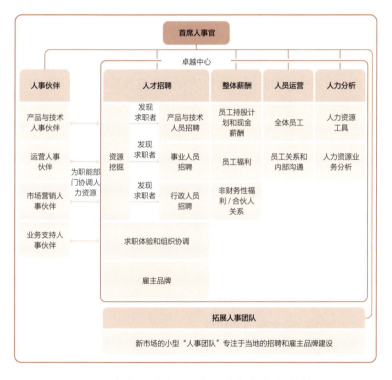

图 15　（金融科技公司）人事部门组织结构图

要组建的典型团队包括：

"人事伙伴"

虽然他们在业界被称为"业务伙伴",但这些团队与各职能部门的领导密切合作,完成员工职位评级、晋升和评估,不断完善组织结构和运营模式,以及解决任何临时的人员问题,如绩效管理或性骚扰案件。

人才招聘:资源挖掘

许多科技公司会建立单独的"资源挖掘"团队,通过个性化的外发信息(例如,在招聘网站上发布招聘信息)接近求职者。资源挖掘团队的工作价值有时可能被低估,在人事团队中工资较低。这就是为什么一些公司试图打破这种成见,给负责寻找人力资源的员工支付比人事团队其他成员更高的基本工资。理想情况下,资源挖掘是人事团队最强大的力量之一。一种可行的运作模式是建立一个特别资源挖掘团队,专注于为首席和高级领导职位以及所有职能部门人才储备有限的关键职位寻找理想人员。资源挖掘团队与雇主品牌合作,进行强有力的人才招聘宣传,分析人才市场,并在专业的招聘平台和专门的内容平台上发现人才。在成功的筛选和面试后,资源挖掘团队会将理想人选转交给招聘团队。

人才招聘:招聘

对于招聘部门而言,一种好的组织形式是为各业务职能部门(如营销和运营)及高管招聘组建单独的团队。招聘团队负责在各个筛选步骤中创造尽可能好的求职体验。这包括向未录用的求职者发送婉拒信(见做法 14)。

✦ 人才招聘：求职体验和组织协调

如果一家科技公司每月组织几百次现场面试，而没有做到按标准行事，从求职者的角度来看，招聘过程可能会显得杂乱无章。组织协调团队通过保证求职者可以确定合适的交通方案，确保招聘时间始终符合计划（例如，不超过 25 天）。可以使用专业工具来自动安排面试，现场面试一定要严格按照时间表进行。

✦ 人才招聘：雇主品牌

雇主品牌团队确保公司的声誉在求职者心目中是好的，以带来尽可能多的求职申请。他们向外部人才市场展示公司是发展个人事业的最佳场所，实现这一目标的做法，可以是通过组织雇主活动（如定期聚会）、回复招聘平台上的评论、高调宣传公司的性别比例，并将求职者的反馈意见发送给人力资源挖掘、招聘人员和求职体验团队，以改善求职者的求职体验。

✦ 整体薪酬

在一个跨国公司中，在处理奖励、补偿、合同和签证问题时，情况可能非常复杂，这就是为什么整体薪酬团队要制定规则，并确保它们得到遵守。在人力资源挖掘和招聘团队努力寻找人才的同时，薪酬团队往往要确保新员工的报酬保持在议定的限额水平内。除了向新员工分配员工股票期权外，薪酬团队还将管理财务性和非财务性的员工福利（例如，社会保险缴款、学生贷款偿还、签约健身房、陪产假）。

✦ 人员运营

负责确保员工得到稳定和可靠的报酬的薪资管理团队，

通常属于人员运营的范畴。同样，内部沟通团队负责定期向团队发送最新信息，或安排和组织"知无不言"会议。

↑ 人员分析

当一个公司开始每月收到数千甚至数万份求职申请时，自动化的人员运营就成了一个必不可少的团队。他们负责安装和维护处理人力资源挖掘和求职申请的工具、人力资源信息系统、求职者人才评估或机器学习驱动的面试安排工具。评估员工敬业度的工具或在线薪资工具对规模化公司也很重要。人员分析团队可以与中心数据团队合作，进一步支持创建快捷控制面板。

↑ 国际人事团队

拓展主要新市场的一个方法是建立一支国际人事拓展团队。这个团队的成员将在新市场上驻扎 3~6 个月，除了建立当地的招聘团队外，还要负责填补最初的 15~20 个职位。他们是确保公司文化被输出到新市场的人。作为新市场运营和数字平台的一部分，当地人事团队的活动通常侧重于招聘和培育雇主品牌。所有其他职能，如薪资和人员运营，往往可以由统一的全球团队来完成。

做法 12：适时扩展人事部门的职责

与其他业务职能部门一样，扩大人事团队的规模是一个专业化的过程。

✦ 初创阶段

这一阶段的招聘工作通常在创始人和高管的亲自管理下，由行政助理负责实施。在这一阶段，通过提高招聘团队的技能，雇用具有强大社交网络和经验的招聘人员来积极接触合适的求职者，迅速奠定人事部门的基础是当务之急。与招聘流程外包商合作以获得额外的招聘人员是一种方法，同时还可以与高管招聘机构合作以填补领导职位空缺。另一个关键因素是在坚实的基础上建立人员运营团队（尤其是薪资团队）。

✦ 早期成长阶段

这个阶段的重点是建立一个全面的人才招聘团队——从挖掘的求职者资源中进行招聘。加强雇主品牌建设，在人才市场上建立强大的外部声誉，并加强完善整体招聘过程，以减少招聘所需时间，同时使初创公司能够在市场上获得最好的人才。这个阶段，设置1~2个人员分析职位对此也有帮助。

✦ 后期发展阶段

这是建立"人事伙伴"，使其与各职能部门保持协调的最后阶段，也是加强建设透明的职位级别、系统评估和晋升过程的最后节点。这一阶段，通过人员扩张团队在新市场建立团队的系统方法也很重要。在这个阶段，人事部门通常需要足够强大，因此不再需要利用外包商进行招聘——与高管招聘机构的合作，只需要关注人才库有限和招聘网络不健全的职位。理想的情况是，内部高管招聘团队在这方面已经很强大，不再需要依赖外部招聘机构。

一旦组织结构搭建完毕，我们就可以转向"人事管理"，以顺利过渡到一个运作良好的规模化公司。人事管理的关键做法包括招聘和求职体验，重点是人力资源挖掘、求职者评估和"签约"、组织发展、员工体验和员工股票期权计划的设计。

招聘和求职体验

做法 13：组建求职者寻源团队

寻找高质量的求职者是招聘团队的核心附加价值。人事团队需要成为猎头，而不仅仅是招聘过程的管理者。在招聘筛选漏斗的顶端获得大量高质量的求职者很重要。没有足够多的高质量求职者怎么办？一个答案是积极拓展求职者资源。领英的数据显示，平台上 85% 的用户愿意考虑新工作机会。换句话说，如果求职者对公司发出的主动询问的回应率只有 30%，或者如果公司收到的职位申请数量非常少，这就表明寻找资源的工作可能出了问题。

以下是要避免的典型误区：

↑ "求职者录用过程"既仓促又简陋

如果招聘团队没有准确地获知确切的职位和理想的求职者类型，那么公司最终要么收到的求职申请不足，要么会得到一大批技能不足的求职者。以下是招聘经理在开始招聘过程之前，通常需要与招聘人员开会讨论的关键问题。

○ **基本信息**

该职位的头衔是什么？谁是招聘经理？工作地点在哪里？我们愿意支付的工资范围是多少？该职位需要向谁汇报？该职位要领导的团队有多大（目前和将来）？

○ **目标**

该职位的目标和关键成果是什么？在任职的头 6 个月和第 1 年，公司如何评估岗位人员的业绩？

○ **职责和任务**

该职位主要的职责和任务有哪些？

○ **理想人选**

你能描述一下理想人选吗？他们需要哪些经验和硬实力？哪些是必要的，哪些是加分项？

○ **求职者备选库**

为了寻找理想人选，我们应该联系哪些公司？哪些公司是我们不应该联系的？是否有任何合适的内部人选？

↑ 招聘宣传信息不够个性化，过于事务性，或者没有在合适的平台上发布

公司总是在向求职者抛出橄榄枝。浏览一下传统的招聘网站，就会发现优秀的人总是很稀缺（如果有的话），而且几乎都已经被人捷足先登了，这就是为什么有必要在优秀人才活跃的平台上去主动联系他们。虽然领英是最重要的招聘平台之一，但技术和产品人才往往会经常去专门的招聘网站，以及技术网站的评论区。查询会议邀请的发言人名单也是很重要的。

给优秀人才发招募信息绝不应该是简单的复制和粘贴。信息应该体现出公司对他们个人情况的了解，表现出真正的兴趣，并认可他们的工作。最好的联系方式甚至可以采用简短的、个性化的视频形式（例如，"卡门你好，我看到了你最近发布的博客，我想和你探讨一下这个问题……"）。

↑ "倍增器"或"网络节点"在直接联系中使用得不够

地球上的任意两个人最多只需要经过 6 个中间人就能取得联系。这些人中有一些是"网络节点"，与相关的求职者有很多联系（被称为"小世界现象"）。通过询问这些"网络节点"是否认识有相关经验的人，可以帮助寻找潜在的求职者。虽然他们可能不认识某个具体的人，或者对所推荐的职位不感兴趣，但他们可以为其他人做推荐。这反过来又增加了找到合适人选的可能性。

↑ 职位描述乏味空洞，无法吸引求职者

一份好的职位描述需要具有吸引力，要能让求职者心动。职位描述的目的是吸引来自不同背景的优秀人才，同时从一开始就剔除不合适的求职者。这就是为什么职位描述应该非常清晰。以下是具体的做法：职位描述的长度应该限于一张 A4 纸。它应该提供必要的信息，而不要用冗长的术语来烦扰求职者。优秀的职位描述通常遵循以下模式（见图 16）。

↑ 没有充分利用推荐计划来扩充你的求职者库

优秀的人才总是能互相吸引。招聘网站的数据表明，推荐人是高质量招聘的首要来源。更重要的是，一旦被推荐人被

要点	内容	示例
有吸引力的头衔	创新、现代的头衔可以吸引那些希望在充满活力的环境中工作的求职者。对于工程类职位头衔,经验法则是保持明确和简单,以增加在网上被发现的机会。	客户服务人员 = 客户体验专员。 助理云技术员 = 云基础设施架构师。 事业发展实习生 = 驻场创业家。
公司的历程和使命	第一部分通常说明公司的使命。公司如何让世界变得更好?	HelloFresh 的使命是改变世界对家庭烹饪的看法。让人们不再为超市采购或安排每周膳食而烦恼。我们把所有的原料、食谱和烹饪方法送到你的家门口,让你在家里做美味的饭菜。(HelloFresh)
公司目前所处的关键节点	第二部分介绍公司目前所面临的挑战、成长历史和当前的需求。	现在,我们火力全开。指数级的增长,全球分销,除烤箱以外还有更多的产品组合,以及世界各地不断增长的奥尼社区用户。用户们热爱我们的产品,我们令人惊艳的比萨饼招待他们的朋友和家人。我们正处于成长阶段,小到足以让你做出重大改变,大到拥有足够的资源来做出伟业。(奥尼比萨炉)
行动召唤	这一部分用于号召来自不同背景的求职者提出申请。	确保一个多样性、公平性和包容性的工作场所,让我们互相学习,是 Slack 的核心价值观。我们欢迎具有不同背景、经验、能力和观点的人。我们是一个提倡机会平等的公司,也是一家融洽和互助的公司。来 Slack 这里做你人生中最好的工作吧。(Slack)
职责简介	这部分描述相关的、有趣的职责和任务。这些职责和任务应该足够具体,但又足够宽泛,以便求职者能够适应公司的动态发展。	▲设计、开发、发布和维护强大的数据管道,支持我们的拍卖和个性化系统。 ▲与数据科学家和经济学家合作,开发和制作估计和预测模型。 ▲创建实现数据工作流程自动化的工具。 ▲部署高性能和可扩展的数据处理系统。 (佐兰朵,数据工程职位)
所需技能经验	这里描述典型的"必须具备"或"希望具备的"经验和技能以及公司所使用的技术。需要注意的是,专业经验可以代替正式的学历,以帮助吸引求职者。	▲在 SQL 和 Python 生产环境中设计、实施和部署软件方面数年的实战经验。 ▲拥有大数据框架的生产经验,如 Spark、Flink、Airflow、Kafka 或 ElasticSearch。 ▲有能力像主人翁一样行事,并与团队密切合作执行整个数据工程工作流程。 ▲我们想强调的是,我们并不期望你满足以上列出的所有标准,如果你有其中一些方面的经验,我们也会很高兴。 (佐兰朵,数据工程类职位)

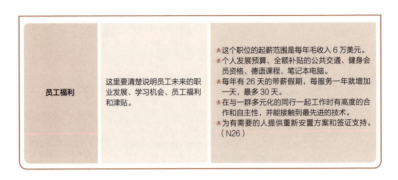

| 员工福利 | 这里要清楚说明员工未来的职业发展、学习机会、员工福利和津贴。 | ▲ 这个职位的起薪范围是每年毛收入 6 万美元。
▲ 个人发展预算、全额补贴的公共交通、健身会员资格、德语课程、笔记本电脑。
▲ 每年有 26 天的带薪假期，每服务一年就增加一天，最多 30 天。
▲ 在与一群多元化的同行一起工作时有高度的合作和自主性，并能接触到最先进的技术。
▲ 为有需要的人提供重新安置方案和签证支持。
（N26） |

图 16　典型的职位描述要点

资料来源：招聘网页。

录用，他们往往会在公司工作得更久，他们的工作满意度会更高，而且一般来说，他们往往会体现出工作质量更高、与公司文化的契合度更高。美国的招聘平台 Lever 在一项研究中发现，被推荐人被录用的可能性，几乎是直接申请人的 10 倍。一个正式的"员工内推计划"往往可以为此铺平道路。通常情况下，规模化公司会为每个通过试用期的推荐人奖励 1000~3000美元。

做法 14：迅速评估求职者，同时创造出色的求职体验

虽然公司可能会收到许多高质量的求职申请，但在评估阶段仍可能会流失求职者。超过 80% 的求职者表示，一次糟糕或愉快的面试经历，可以改变他们对一个自己以前喜欢或怀疑

的公司的看法。创造良好的求职体验，可以让所有的求职者，哪怕是最终没能被选中的求职者，都能成为公司的宣传者。

这一做法的主要误区包括：

↑ 招聘团队不适合求职者

如果求职者感觉不到面试是一个双向选择过程，会认为公司很傲慢。有些公司不明白，优秀的人才会受到许多公司的追捧。就像成长型公司在评估求职者是否适合公司一样，求职者也在判断公司是否适合他们。每个人——包括首席执行官在内的一众高管——都应该是公司的兼职招聘人员，并努力确保求职者能获得最佳求职体验。

↑ 重复面试，没有全面评估求职者

如果求职者在公司的每一次面试中都被问到类似的问题，而他们的技能和特质没有得到适当的评估，那么求职者的体验就会很糟糕。相反，每一次面试都应该测试一组不同的技能，在每一个后续流程中，面试流程都应该不断调整和改善。典型的面试题目应该包括文化和价值观契合度测试、技能测试、案例研究和编码练习的测试。亚马逊公司最后一轮面试的面试官被称为"抬杠人"。这轮面试会邀请多位来自不同业务部门的训练有素的亚马逊面试官，在面试中提供客观的意见。这些面试官会更加公正，可以更好地评估求职者是否真正符合公司的价值观。

↑ 招聘过程中的组织工作混乱

对许多求职者来说，最让人感到不舒服的地方莫过于雇主没有回应。其他常见的问题还包括面试被频繁改期，筛选面试和现场面试之间的间隔是以星期而不是以天计算的，求职者没有被告知是否报销差旅费，以及没有及时通知面试官的名字和面试所要求的案例研究。这就是为什么必须要有一个招聘协调小组，由专门的工作人员来监督这一过程。

↑ 以书面形式进行评估和做出招聘决定

如果面试结果只以书面形式在面试官之间分享，可能会影响招聘决定的质量。由所有面试官参与的现场讨论使他们能够交流和反思自己的评估，比较求职者，完善他们的判断，并达成共同的决定。这样才能发挥集体的智慧，更有可能聘用到理想的求职者。面试小组中至少应该有一名女性，这对消除对女性求职者的无意识偏见很重要。

↑ 初级团队因为求职者希望与招聘经理直接合作而否决他们

当招聘经理是首席高管、总监或主管和顶级人事经理时，这种情况可能发生。早期的"海盗船"团队可能想直接与求职者合作，并在这个过程中破坏了招聘流程。务必要防止这种情况的出现，要明确团队可以提出他们的建议，但招聘经理最终要对招聘决定负责。

↑ 缺乏人性化的婉拒信息

如果给求职者发送的婉拒信息，让他们感觉像是收到了一个没有人情味的模板，那么最终会对雇主品牌产生不利影响。一条人性化的婉拒信息向求职者传达的是，公司愿意就其他职位的申请与他们保持联系，感谢他们在求职过程中花费的时间和精力，并提供有助于求职者求职的资源链接。

♠ 缺少必要的支持工具

如果没有一个强大的招聘管理系统（ATS）和日程安排工具，就不可能大批量地招聘员工。招聘团队需要配备一个运作良好的求职者管理系统，它具有类似于客户关系管理系统（CRM）的功能，以跟踪和管理整个招聘过程中的求职者信息。他们还可以借助人力资源挖掘工具和职位发布工具，如各种招聘网站等。

做法 15：提高工作邀请的接受率

一个竞争性的人才库往往会造成求职者拒绝接受企业发出的工作邀请。这时，需要努力达成与求职者"签约"。尽管此时的雇主处于被动方，但是他们对这样做的重要性往往还是估计不足。求职者收到别的公司的工作邀请后，会把自己的情况告知现在的雇主，而他们现在的雇主可能会开出更优厚的条件来挽留他们。

这一做法的主要误区包括：

♠ 面对求职者的拒绝，没有坚持不懈地跟进

坚持不懈地跟进，表达出对求职者的欣赏，也许可以改变求职者最初的"拒绝"工作邀请的决定，成功将其转化为新员工。公司往往需要在几个月内都展示出这种求贤若渴的姿态。招聘经理可以通过电话和电子邮件（用欣赏的语气）定期与求职者保持联系，甚至可以与求职者分享相关的博客文章、播客或书籍。首席执行官或创始人也可以尝试主动致电求职者。

↑ 没有全面考虑到求职者的生活状况

如果求职者需要搬家、寻找新的住处，或帮助自己的伴侣寻找工作，公司能在这些方面提供帮助是很重要的。

↑ 在寻找求职者时，要充分利用中立方的力量

中立方是指从风险投资人到共同认识的人。如果风险投资人能与求职者分享他们决定投资该公司的原因以及他们对公司的信心来源，对于正式签约之前的求职者来说会是一个有力的推动。

↑ 对招聘团队的激励不够

如果用金钱的方法来激励招聘团队，那么就会促进竞争。一般来说，有效的做法是就明确的目标（如招聘目标）达成一致，并在定期的绩效和学习沟通会议上对其进行评估，这是考核和晋升的基础。然而，如果一个人事团队选择用奖金来进行激励，一种做法是每当有新招聘的员工通过试用期时，就在一个虚拟的存钱罐里放一笔钱。这笔钱一部分用于每 6 个月一次的团队表彰活动，剩余的钱则在招聘团队中进行分配。人事团队的领导可以单独得到奖励（例如，发放达成招聘目标的奖金）。举个例子，如果团队领导实现了本季度的招聘目标（并且试用期内员工合同签署数量 >95%），团队经理就可以获得 100% 的奖金。如果团队没有达到目标，奖金就只能按比例发放。

组织发展

做法 16：建立一个有明确的职位级别、职业生涯路径和方向的职级体系

在大多数关于千禧一代辞职原因的调查中，排名前 3 的原因之一是"缺少职业发展机会"。一旦公司进入后期增长阶段，通常会有超过 300 名全职员工，这时协调不同的职位及其工资水平开始变得更加重要。虽然在初创公司中，职级体系存在一定的混乱是常见的和可以理解的，但一家正在扩大规模的公司应该努力达到更高的标准。C 轮融资通常是开始调整的最佳时机，因为这个阶段往往是人事部门变得更加规范化的时候。利用职位等级划分来完善和精简职位结构是正确的做法，因为这能让员工的职业生涯路径更加透明，让员工感受到工资和晋升的公平性。职位等级划分是指将公司内的所有职位按照特定的等级进行分类，这个等级通常与工资等级和职位头衔（经理、高级经理、董事）相关。职位级别可以用来设定基础工资，并确定某个职位是否有资格参加各种短期和长期奖励计划、目标奖和股权赠予。

一个良好的职级体系有 4 个要点：

↑ **明确职级体系的关键维度**

　○**职位分类**

职位分类指将相近领域的职位划分为一类，它们所涉及

的工作内容、所需要的技能和知识是类似的。技术和财务是两个典型的大类，前端开发或会计就是这两个大类下面的小类。职位评估服务公司 Gradar 很好地总结了典型的职位分类。

○**职位名称**

职位名称指的是职位分类中员工的个人角色和头衔（例如，客户服务主管或营销高级经理）。

○**职位等级和相关薪酬等级**

每个工作职位都需要划定到一个特定的级别（例如，从 1 级到 10 级）。举个例子，客户服务主管可能是 6 级，而营销总监是 7 级，首席高管是 10 级。职位等级通常对应着交叉的薪资范围（即，一个高绩效的 6 级职位可能比一个入职不久的 7 级职位收入更高）。每个薪酬等级的中间值通常至少相差 10%~15%。

○**职业发展方向**

有些员工在自己的领域是杰出的专家，但他们要么不能，要么不想去管理别人。一些公司为这类员工设置了"技术岗"，让他们在职业发展和薪酬提升的同时，不会增加更多的管理任务（详见下文）。

↑ **建立一个统一的职位等级划分系统，使其覆盖所有职能部门的职位**

指的是将职位与相关的级别相对应。在运营等职能部门（员工的入门资格门槛较低）初级职位通常从 1 级开始。相比之下，在营销等职能部门（员工通常需要学士或硕士同等学力）初级职位的等级更高（见图 17）。

		技术类	营销类	运营类
企业领导岗	10级	首席技术官（CTO）	首席营销官（CMO）	首席运营官（COO）
	9级	工程部副总裁	市场营销副总裁	运营副总裁
管理岗和专业岗	8级	软件开发部总监	市场营销部总监	运营总监
	7级	软件开发部主管	市场营销部主管	运营主管
	6级	高级工程经理	高级营销经理	高级运营经理
	5级	工程经理	营销经理	运营经理
初级岗和辅助岗	4级	高级软件工程师	市场营销专员	运营专员
	3级	软件工程师	市场营销分析师	客户体验专员 /团队负责人
	2级	—	—	客户体验高级助理
	1级	—	—	客户体验助理

图 17　统一的职位等级划分系统

资料来源：Radford，2018；ONGIG 报告。

↑　确立管理岗位和技术岗位为两条同等价值的职业生涯路径

对于那些没有能力或不愿意领导别人的专业技术人员来说，技术岗位是一个很好的选择，因为它让公司能够留住顶级专家，而不会强迫他们担负管理职责。一个常见错误是把技术岗位视为"第二等级"。公司需要给选择技术岗位的优秀员工机会，让他们能够晋升到最高职级，相当于管理岗位里的首席职位，并提供与之相当的报酬（见图 18 中的技术岗位例子）。

职级	技术岗位	管理岗位
10	总工程师	首席技术官
9	杰出工程师	工程部副总裁
8	资深首席软件工程师	软件开发部总监
7	首席软件工程师	软件开发部主管
6	资深主任软件工程师	高级工程经理
5	主任软件工程师	工程经理
4	资深软件工程师	初级工程经理
3	软件工程师	

图 18　技术类职位系列的双轨制实例

资料来源：Brandwatch, 2020; Buffer, 2019; Levels.fyi, 2021; Radford, 2018; Proton, 2021。

↑　合理地划分职位等级

从长远来看，职位等级划分是有益的，但也会带来短期的弊端，因为它可能会引起争议，这种争议往往是关于职位等级划分的公平性和员工所感受到的公司对于自己贡献的认可。

第一次进行职位等级划分时，关键在于不要在职位等级划分的同时进行工资调整。后者可以在级别确定后再进行调整。可以按照以下步骤进行：

- 向所有员工透明地宣布职位等级划分的具体做法（包括目标和过程）。
- 制定一个等级评分表——上文的图可以作为参考。
- 将目前所有职能部门的所有职位添加到一个电子表格中（只填写职位，不涉及具体的人名）。
- 多次召开由职能部门领导和首席高管参加的职位等级划分研讨会，协商员工的新职位等级。
- 与首席高管们协调各职能部门的级别。
- 将新的职位等级划分通报给员工，如果出现较大的错误，员工可以合理（而非激进）地提出反馈意见。
- 在数据库中录入员工职位等级。

在为某个职位确定级别时，通常可以采用以下标准：

- 能力：该职位所需的专业知识或技术技能及掌握程度（例如，编码、编程语言等）。
- 范围和影响：该职位的责任和义务对公司整体的影响程度（例如，产品功能的重大变化、关于公司发展方向的决定等）。
- 领导力、影响力和协作力：该职位所需的管理能力、协作能力和对其他团队和职能部门的影响力。

做法 17：建立公平的考核和晋升流程

那些认为晋升机制公平和透明的员工，想要长期留在公司的可能性更高。反之亦然，糟糕的晋升机制和考核管理机制会迅速拉高员工的离职率。以下是在设计考核管理机制和晋升机制时需要避免的三大陷阱：

↑ **无法长期保持连续稳定的考核机制**

与公司所采用的评估机制的类型相比，确保其长期的一致性和稳定性更加重要。举个例子：亚马逊公司的 14 条领导力准则。虽然这可能不是有史以来最简洁的机制，但它们自始至终在招聘和晋升决策中得到了贯彻。公司会根据这一标准考核每一个求职者和每一个希望晋升的员工。这个广泛使用的考核机制根据员工在某个职位中获得的业绩与成长轨迹的对比对员工进行评估（见图 19）。业绩可以包括员工在多大程度上实现了自己认可的目标和关键成果，体现可量化的业务成果或领导一个敬业的团队。成长维度包括员工在多大程度上表现出有能力承担更加复杂和广泛的责任，这正是更高职位的要求（例如，在自己做出贡献的同时，还要组建和领导一个实习生团队）。虽然优秀的业绩应该得到更高的工资和奖金的奖励，但它不应该成为晋升的唯一原因——杰出的个人贡献本身还不足以让员工走上管理岗位。

↑ **晋升决定未充分利用多种信息来源**

考核和决定一个员工是否应该被提拔，绝不应该只是直

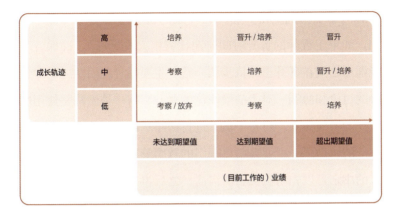

图 19　员工业绩和成长轨迹

资料来源：人才管理和开发公司 Cornerstone 的报告，2020。

属主管的责任。相反，考核过程应该围绕多个维度进行：与考核对象的同事单独谈话的直属经理、其他部门经理（如果有的话）和员工的自我评估。求职平台 Indeed 有一个很好的自我评估系统，其中包含了以下问题："在你的工作中是否有你希望可以少做或多做的部分？在考核期内，你做出了哪些贡献或成就？你是否有一些技能在你目前的职位中没有得到充分发挥？你将如何改进你的部门？你怎样才能提高自己的业绩？你最需要从经理那里得到什么东西来帮助你成长？你希望通过教育、培训或辅导来培养或提高什么技能？"当员工完成自我评估后，最好鼓励他们去听听 4~5 个同行和其他相关人士的意见。

⬆　未能与其他决策者共同完善考核过程

理想的情况是，在做出晋升决定时，所有职位等级都应该有一个类似的标准。否则，员工的敬业度可能会降低（例如，如果工程师的晋升时间普遍比营销人员更短）。确保各职能部门之间在晋升上保持步调一致，主要靠管理团队之间对晋升的讨论和协调。对于初级职位的晋升，有一种做法是使用所选择的考核体系，对每个员工进行两年一次的评估——在业务伙伴的协助下，由业务归口部门的首席管理人员审查。是否晋升的决定可以先与员工当面沟通，之后再以书面形式告知。晋升通常伴随着加薪（例如，业绩良好的员工加薪 5%~8%，业绩优秀的员工加薪 10%~15%）。一般来说，最好不要给业绩不好的人加薪，尤其是因为 1%~2% 的加薪可能会让人不快。

员工体验

做法 18：为价值体现、主动权、心理安全、自主权和社区赋能，以提升员工的幸福感

在一个处于蓬勃发展的成长阶段的创业公司工作，既有乐趣又有压力。毕竟，员工享有很高的自主权，学习曲线也格外陡峭。需要权衡的是，员工似乎随时都在通过各种渠道进行沟通，许多领导似乎都是随时在线，全年无休地在工作，而且交付的压力往往非常大。在这样的环境中，打造员工体验是留住你的团队和培养持久有益的价值观的关键。虽然这一过程对每个公司来说都是不同的，但为了提高员工体验，公司通常可

以在以下几个方面做出改进：

↑ **使命和工作的意义**

太空探索技术公司的使命是"让人类成为多行星物种"，耐克公司的使命是"把灵感和创新带给世界上每一个运动员（这世上人人都是一个运动员）"，美国 Square 移动支付公司的使命是"让每个人都能参与经济并能获得成功"，这些都是伟大使命的主要例子。根据多项调查，许多千禧一代的首要职业目标之一，是有机会参与解决社会和环境问题。重要的是要透彻理解这个问题：为什么公司能让地球变得更美好？领导者有必要将所有团队成员的工作与公司的使命联系在一起。你正在建立的是一个旨在让数百万妇女成为投资者的金融科技公司吗？举个例子，每个软件开发人员都应该明白，他们的每一行代码都有助于实现这一使命。北极星目标第 1 章中的例子（见做法 1）和第 2 章中概述的价值观（见做法 7、做法 8 和做法 9）都是非常好的切入点。

↑ **能力**

亚马逊承诺投入 7 亿美元，用于"2025 年技能提升计划"，该计划旨在为其员工提供未来急需的技能的培训，包括"机器学习大学"、亚马逊学徒制，以及亚马逊云计算服务的培训和认证。包括谷歌在内的公司已经投资创建大规模在线开放课程，向现有员工传授机器学习等领域的具体技能，同时从庞大的在线学习者中寻找潜在人才。人们总是希望成为更好的自己。根据一项调查，90% 的员工表示，每年提升技能是能够

在数字时代保持运营效率的最低要求。团队成员经常需要公司
为其提供不同的选择（发展预算、培训目录、辅导、指导、持
续的反馈），这能使他们培训自己获得相应的技能。

↑ 心理安全

　　根据谷歌公司的几项研究，心理安全是支撑任何高绩效
团队的头号因素。每个成员与团队其他人员在一起时，他的安
全感越强，就越有可能承认错误，在特定的关键任务上与他人
合作，并承担新的角色。谷歌发现，有心理安全感的团队能
在 4 个方面为公司带来益处：他们不太可能离开公司，他们更
有可能从团队成员那里寻求和吸收不同的想法，他们往往带来
更多的收入，高管评价他们的成效往往是其他人的两倍。奈飞
公司也得出了类似结论，所以其致力于打造一个团队成员人人
都努力帮助对方成长的环境，以实现团队成员的自我完善。能
够实现这一点的前提之一是诚实。公司要求经理们在员工犯错
时，不要责备他们，而是多做自我反省，思考在哪些方面可以
做出改进（例如，将员工工作与公司使命联系起来，指定一个
优先级别，关注一个关键指标等）。心理安全评估也很重要。
谷歌公司的一些团队通过调查来评估员工的心理安全，例如
"如果你承认错误或犯了错误，你有多大信心自己不会受到报
复或批评？"这类的问题。

↑ 自主权和明确的分工

　　在给予员工自主权方面，奈飞公司信奉的格言是"情景
管理优于控制管理"。以该公司的休假政策为例，它允许员工

在自己感觉需要休假时进行休假。这种无限制的休假政策听起来很激进，但奈飞、领英等科技公司都有这种政策。对这些公司来说，重点在于员工是否完成了任务，而不是他们工作时间的长短。需要应对的一个麻烦是，员工实际上不愿意休假——解决这一问题的办法之一，是明确每个人应该休假的最低限度。这种做法的要求是团队必须能够做到心无旁骛。例如，一个处于成长阶段的创业公司可以尝试"任务完成日"（设置专注于完成任务的时段，避免任何会议或电话的干扰，以及采取远程办公优先的政策）。当照片墙（Instagram）的工程主管注意到其快速增长的团队缺乏决策透明度时，他决定使用 RACI 框架，该框架预先定义了谁是项目的牵头人、责任人、咨询人和知情人。他们实施了一个责任分配矩阵。结果，工程部的分数提高了 10%，成为整个脸书公司得分最高的部门之一，而该部门的规模从 100 人扩大到了 600 人。

↑ 社区

打造一个员工强烈认同的社区是很重要的。许多处于成长阶段的企业，倾向于采取以下一些措施来加强这种社区认同：创造一种认可文化（营造崇尚成功的氛围），定期举行外出的团队活动，建立和使用在线沟通渠道，以便持续沟通，创造具有休闲氛围的共享环境，打造一面鼓励同事相互认可的点赞墙，提供免费早餐或下班后饮料，提供健身房和其他有益健康的设施，把人们聚在一起。

员工股票期权奖励

做法 19：制订良好的员工持股计划

（注意：该内容仅做一般参考用途，并不构成任何法律建议。关于增长条款清单的更多信息，请参见第 12 章。）

加入创业公司意味着许多美好的憧憬：个人发展、自主权，以及建立一家能改变世界的公司的机会。但创业公司通常不能保证员工能拿到很高的薪水。这就是为什么许多创业公司以员工持股计划的形式给员工分一杯羹。作为较低的基本工资的交换，员工可以持有公司的股票——如果创业公司上市或被收购，则可获得丰厚的回报。让尽可能多的员工加入员工持股计划，在几个层面上都很重要。第一，它使招聘变得更容易：有几年专业经验的新员工会期望得到这种选择。第二，它还能提高留任率，因为该计划的价值会在几年内兑现。第三，它能让所有员工为了共同的目标而奋斗：建立一个持久的、有价值的、让客户满意的公司。Index Venture 投资机构出版了一本为欧洲企业家设计员工持股计划的优秀指南。地方税法对员工持股计划的类型具有很大的影响。比较常见的是以下几种方案：股票授予（员工直接获得股票）、股票期权（员工获得在某一期限内以特定价格购买公司股票的权利），以及虚拟股票期权。虚拟股票期权是比较流行的做法。它们是在员工退出公司时，或面向所有员工和投资者分红时（通常是上市或被收购）的奖金支付形式。

员工持股计划往往包括以下几个方面：

↑ **股票数量**

这是指员工持股计划股票池中的股票数量，在员工达到授予时间期限后完全分配给员工。它以公司估值的百分比或绝对估值的方式表示。常见的做法是什么？由于员工资历和投资轮次的不同，他们所占的百分比有很大差异。员工资历越丰富，任职时间越久，所获的股份数量就越高。Index Venture 投资机构公布了一些关于股份数量分配的准则。

↑ **行权进程表**

为了防止员工过早退出创业公司，公司会随着时间的推移给员工分配越来越多的股份。股份行权进程有时会采用"前轻后重"的方式。举例来说，亚马逊在员工入职第 1 年分配给的股份是 10%，第 2 年 20%，第 3 年 30%，第 4 年 40%。常见的做法有哪些？典型的行权进程是 3~4 年，在此期间公司每月或每季度授予员工股份，公司在一定程度上会采取前轻后重的形式，这些都是常见的做法。

↑ **行权价格**

如果一个员工在早期加入一家创业公司，他们应该比后来加入的人得到更多的回报。这就是所谓的行权价格存在的原因：它可以防止后来者享用前人已经创造的价值。例如，如果一个新员工在签署合同时，股票的价格是 1000 美元，而 4 年后公司被收购时，价格已经上升到 20000 美元，那么这个员工与公司共同创造的价值是 19000 美元（即目前 20000 美元的股票价格减去 1000 美元的行权价格）。因此，如果该员工此时要退出，那他的每份股票可获得 19000 美元。这是初创公司采用的标准逻辑。常见的做法是什么？建议使用上一轮融资的行权价格。虽然在有些情况下，公司会选择更高的行权价格，但只有在有明确的证据表明当前的股票价值更高（例如，新的投资者签署了估值更高的条款清单）时，才应考虑这样做。

↑ 锁定期

锁定期是指员工在获得股票期权之前必须等待的时间。如果锁定期为一年，员工前 12 个月的所有期权会在第 13 个月开始时集体授予。从这时起，员工将根据协议按月或按季度收到他们的股票。常见的做法是什么？按照行业标准，锁定期一般为 12 个月。在特殊情况下，雇员可以通过谈判缩短这一期限。

↑ 加速行权

为了应对员工离职或股权发生变化的情况，员工持股计划应包含一个涵盖可能发生情况的条款。所有未授予的股票可以一次性分配给员工，或者，只有那些适用于出售的股份才会被授予。全员加速行权是糟糕的做法，因为它发出了一个信号，即收购是道路的终点。常见的做法是什么？特别是对于领导职位，加速行权是很常见的做法。

↑　**恶意离职者、善意离职者条款**

如果员工违法并被解雇（例如，由于欺诈或挪用公款），他们通常需要退回所有的股份。但是，如果员工是在特定的时间范围内（例如，在 4 年内）自己主动离开公司，他们必须退回所有未行权的股份或所有股份。如果员工由于非法律原因而被解雇，他们通常可以保留既得股份。常见的做法是什么？关于这一点，并没有一种普遍适用的情况。然而，大多数人认为，在一定时间内（如 2 年或 3 年）离职的员工可以保留部分股份是公平的。

定义 ▶

● **加速行权**（accelerated vesting）：加快行权时间表的过程，使行权的员工比原计划更快地获得授予股票的所有权；加速行权通常在收购或首次公开募股期间使用，以保护员工的报酬，从而鼓励员工保持忠诚度。

● **考核**（appraisal）：对员工在工作中的表现进行评估，用于确定技能差距和培训机会、可能的晋升和加薪，以及是否终止雇用。

● **招聘管理系统**（applicant tracking system，ATS）：一种帮助公司管理求职申请和招聘过程的工具，以最大限度地提高招聘的效率。

- **职业生涯发展方向（career tracks）:** 在一个组织内的某一职业领域发展的途径——通常至少有一个具有人员领导职责的管理方向和一个没有领导职责的专业技术方向。

- **锁定期（cliff period）:** 雇员开始获得公司给予他们的现金、股票或其他资产的所有权之前的一段时间；在锁定期完全结束之前，雇员无权获得这些现金、股票或其他资产。

- **求职者净推荐值（candidate net promoter score，cNPS）:** 通过询问求职者向朋友和家人推荐该公司的可能性来评估求职者在公司招聘过程中的体验。

- **员工净推荐值（employee net promoter score，eNPS）:** 通过询问员工向朋友和家人推荐其公司的可能性来评估员工的满意度。

- **员工持股计划（employee stock ownership plan，ESOP）:** 一种员工福利计划，当公司在公共股票市场上市或被收购时，员工可以获得收益。

- **职位等级体系（job architecture）:** 公司内部职位的组织原则和层次结构，包括职位名称、薪酬等级、职业生涯发展路径和方向。

- **职位分类（job families）:** 涉及类似工作类型、技能、知识和专长的职位的分组。有助于确定职业生涯发展方向、设定薪酬等级和制订培训计划。

- **职位等级划分（job leveling）：** 确保类似职位在薪酬和职业晋升方面具有可比性。

- **入职培训（onboarding）：** 新聘员工进入公司的过程，帮助他们了解自己的职责和分工，适应公司文化。

- **面试通过率（onsite-to-offer rate）：** 所有应邀参加现场面试的求职者的录用百分比，也是衡量公司招聘流程是否高效的一个指标。

- **遗憾离职率（regretted attrition）：** 主动离职的员工比例，不包括公司解聘的员工和被评为低绩效的员工。

- **行权价（strike price）：** 员工持股计划中定义的预先商定的股票价格，员工按照该价格来购买公司的股票。

- **职位填补时间（time to fill）：** 从职位发布到新员工开始工作的平均天数。

- **聘用时间（time to hire）：** 从求职者申请职位到签订合同的平均天数。

- **求职申请处理时间（time to react）：** 从求职者申请工作到他们收到面试邀请或被拒绝的平均天数。

- **行权进程表（vesting schedule）**：规定员工何时获得雇主根据薪酬方案给予他们的股票或其他资产的所有权的时间表；股权通常在一段时间内分阶段发放，以提升雇员的忠诚度。

第 4 章

规模化公司的思维模式

消除组织隔阂的原则

合著者：约翰尼斯·伦哈德（Johannes Lenhard）

! 规模化发展阶段的主要误区

● 长期忽视组织孤岛的风险

随着每个职能部门的复杂性不断上升，团队自然会开始把目光转向内部。长期忽视这一点，会导致方向不一致和缺乏执行力。

● 缺少对客户体验的关注

每个团队对客户体验的理解是不同的。缺少可衡量的客户体验目标（例如，用全公司的净推荐值目标来协调各团队）是一个需要避免的主要误区（见做法 20）。

● 无法兼顾多个目标

通常情况下，一些目标似乎是冲突的（例如，速度与质量），许多团队将这些目标视为是鱼和熊掌不可兼得。一家成功实现规模化发展的公司，总是会努力调和看似矛盾的目标（见做法 21）。

- **缺乏学习周期**

  处于规模化发展阶段的企业将"创意择优"和心理安全要素引入企业文化的时间太晚（见做法 22）。

- **没有赋予团队足够的自主权**

  随着公司规模的扩大，团队的相互关联性也会增加。积极下放决策权（例如，跨部门的产品和技术团队、增长黑客团队或独立的服务团队）往往会提高生产力和员工士气（见做法 23）。

在初创公司中，多面手类型的员工是骨干。然而，在规模化发展的公司中，专家开始变得更加重要。举个例子，在早期阶段，只要有人负责付费营销就可以了，但现在公司可能需要的是一个能在照片墙上做付费广告的专家。在这种转变中经常出现的主要问题是，职能部门变得越来越复杂，开始形成组织孤岛，这可能造成部门之间的合作和协调不足。

为了确保在规模扩张阶段部门之间的合作，需要按照以下 4 项原则来打破组织孤岛，让团队进行有效的合作：

↑ **专注于客户体验**

改善客户体验是领导者的首要任务。

↑ **一切皆有可能**

摒弃鱼和熊掌不可兼得的思维模式，保持一种志在必得

第二篇
人力资源和思维模式

的态度。

↑ 虚心学习胜过自以为是

打造心理安全和创意择优的文化氛围，优化学习周期。

↑ 自主权

赋予跨部门团队快速和独立做出决定的权力。

专注于客户体验

做法 20：将改善关键客户体验作为领导者的首要任务

亚马逊是专注于客户体验的最好例子。其首席执行官杰夫·贝佐斯（Jeff Bezos）和他的团队相信自己是以客户为中心的公司——从其早期的图书零售商时期开始，他们就一直遵循着这一道路。专注于客户被奉为亚马逊 14 条领导原则中最重要的原则。举个例子，在开发任何技术产品之前，每个产品团队都会写一份公报，列出预估的客户报价，将交付给客户的预期结果作为努力目标。据说，贝佐斯甚至在他的管理层会议上空出一把椅子，以象征公司在扩大规模时客户的重要性。总的来说，亚马逊 90% 的经营内容是客户反馈的结果，另外 10% 来自行业趋势和数据分析。

这种对客户体验的重视是有道理的。参照业界公认的净推荐值，净推荐值在行业内领先的公司与竞争对手相比平均规模增长了 2 倍以上。

所谓的"推荐者"（即在净推荐值调查中给公司打 9 分或 10 分的客户）通常是公司增长的推动者。例如，与诟病者（净推荐值低的客户）相比，零售银行的忠诚客户在一年内换到别的银行的可能性比其他客户要低三分之一，存款额要高20%，向朋友和家人推荐该银行的可能性要高 2 倍。

在许多科技公司中，领导者会强调公司所做的一切都是为了改善客户体验。实际上，他们会从不同的方面来衡量在这方面是否做得成功：基于每月的新客户数量（营销）、使用率（产品）或与客户的联系次数（运营）等。这就是为什么有必要让每位领导者都要具有首席客户经理的心态，让他们努力将客户体验变成公司命脉。理想情况下，每位领导者都应该将卓越的客户体验视为自己追求的主要目标之一，这一目标与增长、利润、收入和降低成本同等重要。管理层同样也应该具有这样的认识。

提升客户体验有 3 个特别重要的部分：

↑ 所有职能部门必须对关键的客户旅程达成统一的认识

有时候，产品团队在自己的部门开始刻画客户旅程，而与此同时，客户运营团队也在开发他们自己版本的客户旅程。这样做的结果是：这些团队对于客户与公司的互动体验会有不同的看法。他们难以协调行动，无法为实现更好的客户体验而共同努力。客户旅程可以作为防止这种情况出现的一种工具。它提供了一种为客户安排服务优先次序的统一标准。客户旅程指的是客户为满足自己的特定需求所要完成的流程。举个例子，在网上开立银行账户时，客户旅程从选择账户开始，一直到上传文件、完成视频验证过程和进行初始交易（见下面的例子）。客户旅程通常被捆绑成旅程组（例如，注册成为用户、熟悉产品、存钱、取钱）。这些关键的旅程是确定产品开发路线图的优先次序、共同创建自动应答机器人的答案结构、制定网站常见问题等的基础。所有领导和团队都必须优先考虑的是如何提高关键客户旅程中的净推荐值。处于规模扩张阶段的企业领导者，都应该对所有关键客户旅程有一个共同的认识。图20说明了 B2C 金融科技公司是如何确定关键客户旅程的。

注册和熟悉产品	存钱	取钱	管理资金	管理账户	注销
开立账户	将钱转入账户	转账	查询余额和近期交易	变更个人关键信息	注销商户
收到银行卡	收到他人转账	定期支付	询问错误的消费记录 / 缴费记录	冻结银行卡	
激活银行卡	存入现金	提取现金	储蓄或资金预算	变更用户等级	
	（根据信用）透支	用卡消费		取消账户冻结	
				访问我的数据	

图 20　B2C 金融科技公司的客户旅程选择

资料来源：贝恩咨询公司，内部研究。

↑ 围绕客户旅程建立一个整体净推荐值管理方法

对一个公司的整体净推荐值进行评估固然很好，但真正重要的是"旅程净推荐值"。需要考虑以下一些典型问题：在引入一个新的图像身份识别系统后，产品熟悉过程的净推荐值会有何种变化？在一个新功能上线后，产品使用的净推荐值是否会有所改善？在英语对话机器人更新上线后，使用该工具的客户净推荐值是否有所改善？像这样细化的评估能够让公司根据其对净推荐值的贡献程度来采取措施。此外，它们有助于为管理层创建净推荐值反馈机制，并将净推荐值的提高纳入目标和关键成果系统中去。

↑ 设计（独特的）以客户为中心的仪式感

Gusto 是一家位于美国的以云计算为核心的企业薪资解决方案供应商，在 4 万名客户中取得了 75% 的净推荐值——这在 B2B 企业领域是一个非常了不起的成绩。他们的成功秘诀是什么呢？除了产品本身优秀以外，这家公司还持续关注客户体验来实现差异化，并通过一些仪式来加强这种差异化，如每月向全公司发送一份包含定量和定性指标的客户语音包，为员工提供客户体验方面的入职培训，颁发客户体验奖以奖励优秀的客户体验员工，并将客户体验列入每次客户会议的议程。另一个优秀的例子是 Clio 公司，这家法律事务管理软件供应商每年举行一次让员工与客户面对面交流的用户大会。开发人员在会议的第一天收集与会者的意见和想法。第二天他们便根据得到的反馈，对软件进行改进。这样的快速调整反映了公司专注于协助客户取得成功的精神，通常也是提高员工敬业度的一个好方法。

一切皆有可能

做法 21：培养"既要也要"而不是"非此即彼"的思维模式，设定志在必得的目标

长期以来，科技创业者孜孜以求的一直是那些旨在将看似不可能变为可能的目标。亨利·福特就是一个很好的例子。1930 年，他命令他的首席工程师在一个汽车发动机上建造 8 个气缸。经过一年的尝试，工程师们告诉他这是不可能的。福特回答道："不用考虑时间和钱的问题，继续努力，直到造出来为止。"很快，工程师就实现了技术上的突破，V8 发动机就这样诞生了。1961 年，美国总统肯尼迪发表的"人类登月"演讲，是一个虽然夸张但能说明同样问题的例子。在这次演讲中，肯尼迪宣布将在 10 年内让美国人登上月球。刚开始，连美国航空航天局（NASA）都不敢相信，但随后其预算被提高了 400%，阿波罗项目启动。1969 年 7 月，尼尔·阿姆斯特朗（Neil Armstrong）在月球上迈出了第一步。数学家凯瑟琳·约翰逊（Katherine Johnson）也参与了这个项目。作为一名美国黑人女性，她一直想要在以白人男性为主的太空旅行领域成为先驱。她克服了种族隔离政策造成的困难，取得了成功，成了

美国航空航天局首批计算机程序员中的一员。如果没有这些团队对极限的挑战，这一切都不可能发生。只有当人们心怀远大的目标时，巨大的进步才会实现。研究也证明了这一点。雄心勃勃的目标可以带来前所未有的功绩，这也是管理研究中最经得起验证的假设之一。

对于像福特、肯尼迪和凯瑟琳·约翰逊这样的领导者来说，这些目标不是一个季度的目标。相反，它们是一种每时每刻燃烧着的欲望。无论是登上月球，还是在一个新的市场上站稳脚跟，成功的领导者往往会对一个目标产生一种看似非理性的痴迷，并排除万难去努力实现这一目标。拳王穆罕默德·阿里被公认是 20 世纪最好的重量级拳击手，他对自己求胜心态的描述是"一切皆有可能"：

"不可能"是一个被小人物经常挂在嘴边的词，他们发现生活在现实的世界中，比探索他们所拥有的改变世界的力量更容易。"不可能"不是一个事实，它只是一种观点。"不可能"不是一个声明，它是一种挑战，是潜力，是暂时性的。

——穆罕默德·阿里

在扩大初创公司规模时，这些"一切皆有可能的目标"往往表现为激励人心的使命和引人入胜的商业理想——比如可汗学院①的"为全球所有人提供免费的世界级教育"（详见第 1

---

① 由孟加拉裔美国人萨尔曼·可汗创立的一家教育性非营利组织。——译者注

章）。然而，只有这些伟大目标还不够。科技公司要扩大规模，还需要"鱼和熊掌可以兼得"的思维模式。初创公司既要快速增长，又要遵守银行合规标准。他们既要制定长期战略，又要追求短期的增长机会。他们既要在短期内推出产品，又要长期投资于可扩展的软件架构。每个职能部门都有相互冲突的目标——它们有助于提供一种健康的紧张气氛：

- **人事**：在极短的时间内聘请 10 名 3A 级领导者，并且保持较低的工资成本。

解决方案：为领导者提供有吸引力的员工持股计划，让他们能获得高于业界的报酬。

- **产品**：快速扩大用户群，并且提高用户的付费率。

解决方案：推出一个所有客户都能使用的服务（例如，金融科技公司的共享账户），设置一些限制条件（例如，只提供两个共享账户），但为高级会员提供全部功能。

- **技术**：减少生产中高优先级错误的数量，并且提高每个开发人员的部署频率。

解决方案：引进一个持续交付平台，使代码质量检查自动化，让团队能够自主部署代码。

- **营销**：增加用户注册数量，并且降低综合获客成本。

解决方案：投资于有机渠道上的非付费有机营销活动。

- **销售**：增加来自新业务客户的经常性收入，并且缩短销售成本的回收时间。

解决方案：设计一个佣金计划，如果客户预先付款，就给销售代表一定的奖励。

- **服务运营**：提高首次客户服务的问题解决率，并且降低服务成本。

解决方案：将事务性客户服务外包给有经验的外部客服联络中心，在涉及常规的客户旅程时，这些中心通常更便宜、更高效。

- **供应链**：提高交付体验的净推荐值，并且降低每个订单的成本。

解决方案：致力于自动化仓库管理系统和精益六西格玛类型的流程优化，以提升运营效率和客户体验。

将这些看似矛盾的目标放入季度目标和关键成果，往往会激发创造性思维，从而找到能够同时实现这两个目标的解决方案。

在追求这些"矛盾"的目标时，必须能够自始至终确定一个"主要目标"。例如，亚马逊公司多年来一直把增长，而不是利润，作为其主要目标。使用"魔法自由人团队"问题有助于弄清当前时刻的主要目标部门："如果有一根神奇的魔法棒，可以让你拥有一支免费的增援团队，你会让这个免费团队去实现哪个目标？客户群的增长还是提升合规性？一个新的产品还是更好的可扩展技术架构？"以上问题的答案便是目前的主要目标。

关于伟大目标的一点提醒："志在必得的目标"固然很好。然而，像安然、世通、德意志银行、雷曼兄弟、大众汽车公司这种规模的欺诈行为，并不能让你站上胜利者的领奖台，只会将你送入监狱。

虚心学习胜过自以为是

做法 22：通过建立心理安全和创意择优来优化学习周期

1525 年，当西班牙商会会长努诺·加西亚·德·托雷诺（Nuno Garcia de Toreno）在绘制所谓的"萨尔维亚蒂世界地图"时，他采用的是一种苏格拉底式的思维方式。他没有遵循当代人的习惯，用神话般的想象来填充地图上的未知领域，而是留下了大片空白。这些空白的地方就是未知的地方，呼唤着先驱者们前去探索。许多初创公司和技术公司都遵循这种"虚心学习胜过自以为是"的道路。虽然"志在必得的目标"很重要，但在建立独角兽公司时，苏格拉底式的谦虚、接受失败和学习周期也很重要。

打造学习型文化有以下一些做法：

↑ 通过让宽容错误和无责复盘成为企业文化的一部分来打造学习文化

谷歌公司完美地践行了这一点，奉行了一种不以追责为目的的事后分析文化，系统地分析错误的根源，通过每月的新闻通讯、事后分析会和灾难模拟等形式来强化这种做法。举个例子，2015 年，由于新发现了莎士比亚的一首十四行诗，人们对莎士比亚的搜索暴增，导致谷歌浏览器上的"莎士比亚搜索页面"瘫痪了 66 分钟。谷歌公司在其网站可靠性工程师手册中，发表了一个事后总结的例子。停电或任何其他形式的严重事件都不会被简单地置之不理，而是被作为积极反思的素材，以实现改进。核心目标不是为了追究责任，而是了解根本原因，并找到解决方案，避免同样的问题再次发生。在重大事件（例如，数小时内无法提供服务、大规模的欺诈案件）发生后，管理层就复盘的结果展开讨论是非常有用的。其运行的基本逻辑是：梳理事件发生的时间线，调查事件发生的根本原因，采取措施防止问题再次发生。为了打造学习文化，谷歌公司非常注重建立心理安全（详见做法 18 和 42）。他们关注的问题是：团队成员是否会因为承担风险而感到不安全或尴尬？当每个人都感到安全时，团队和公司的绩效就会提高，而且员工愿意承认困难和错误，共同改进。在整个团队中灌输这些价值观的做法是（以书面的形式公开）大家公认的团队原则和定期的团队练习，例如谷歌公司举办的"焦虑派对"，让员工写下自己最大的担忧，并与同事分享。脸书公司早期的口号"快速行动，打破常规"甚至直接抓住了这一点。如果你没有打破一些常规，你的价值交付就太慢了。

↑ 崇尚"创意择优"

重要的不是多年的经验或员工的职位，而是对客户眼中的更好结果的好奇心。例如，关于产品路线图的好创意可能诞生于任何地方——客户、首席执行官或新聘的实习生。对创意的评估应该不受其来源的影响。实习生关于如何改进入职流程的想法，可能会比首席执行官的想法更好。例如，麦肯锡公司的价值观"提出异议的义务"就是对这一点的再次强调。团队中的每个人——从实习生到高级合伙人——不仅有权利而且有义务挑战他们认为对客户无益的规定。以下原则应被严格遵守，即让年轻员工定期与高级领导一起讨论解决问题，并鼓励他们大胆发言。

⬆ **给予额外的时间来自主学习和激发创意**

例如，谷歌公司要求员工留出 20% 的时间来尝试业余项目，有些公司会为此每月安排几天作为"任务完成日"。在这几天里，不安排常规会议，所有员工都有权拒绝经理的任何要求，以便完全专注于自己的工作。

自主行动

做法 23：赋予跨部门团队快速和独立做出决策的权力

历史上有很多由自我管理型团队促成的技术驱动型企业的例子，其中之一发生在 1805 年 10 月 21 日。这一天，英国海军上将纳尔逊（Nelson）和他的船员们面临着很糟糕的局面。拿破仑指挥的法国西班牙联合舰队打算发动陆地入侵，而英国舰队是最后一道防线。纳尔逊上将的 27 艘战舰要对抗的是拿破仑军队的 33 艘战舰。自 1588 年与西班牙舰队交战以来，英国从未受到过如此大的威胁。在当时的传统海战中，海军将领将战舰排列成平行线，一轮又一轮地开火，战斗由海军将领统一指挥，并通过旗帜发布命令，这是一种"操控木偶式的决斗"，依赖集中的指挥和控制。纳尔逊上将选择了一种不同的方法。他让他的战舰以直线的方式接近敌方舰队防线——起初完全暴露在对方的炮火之下。然而，等战舰一突破敌方的防线，所有舰长都被告知可以自主采取行动——去中心化决策和批判性思维，而不是简单地执行中央命令。他唯一的指示是"只要舰长把自己的舰船侧面对着敌方的舰船就没错。"结果说明了一切：英国人没有损失任何船只，而且俘虏了对手一半的舰队。纳尔逊和他的船员们赢得了这场战役，不是依靠更高级的技术或资源，而是通过去中心化的自我管理理念。

同样，科技公司在扩大规模时，也必须要考虑这一理念。对于所有处于规模扩张阶段的公司而言，几乎所有的职能部门都适合赋予其团队自主决策的权力如下。

↑ 产品和技术

在一个不断壮大的规模化和跨部门的产品和技术团队中，一个核心原则往往是让各团队尽可能地保持技术独立。理想情况下，不同团队在处理代码库时不必互相等待，而且不同的团队都应该拥有向客户推出新功能的能力（例如，来自产品管理、设计、软件开发、用户研究和数据分析的团队成员）。这使团队能够做出关于优先级的决定，并以相对较高的自主权开发产品。

↑　服务运营

一些公司将团队设置为"小型公司"，集中在一个地方，鼓励他们根据自己的需要，自主地合作和解决客户问题。在这种专家团队模式（TEX）下，美国的 T-Mobile 公司降低了 13%的服务成本，并将其净推荐值提高了 50%。这些跨部门的团队可以包括服务代表、团队主管、专属导师、处理复杂咨询的技术专家以及负责劳动力规划的资源经理。这个由约 50 名员工组成的自我管理团队，为特定区域的客户提供服务，专注于客户忠诚度和加强与客户的关系，而不是客户咨询的处理时间。

↑　市场营销

自主决策非常适用于跨部门的增长黑客团队。他们以迭代—学习—扩张模式，快速测试通过客户获取漏斗来推动用户增长、保留和变现方面的新想法。典型的做法是由营销人员、产品经理、交互设计师、前端开发员和数据分析师组成一个团队，负责开发、测试和扩展不同版本的登录页面、产品价值主张或客户推荐计划（见做法 60）。

↑　人事

在向新市场扩张时，人事部门将全球团队的成员派往新的地点，让他们与当地的业务团队一起相对自主地开展招聘，同时建立一个本地化版本的小型招聘团队。

方向和能力是给予团队更多自主权的两个关键前提条件。

第三篇

规模化企业的卓越运营

第5章

卓越产品管理

推出为客户创造价值的产品

合著者：约翰尼·奎奇（Johnny Quach）、
斯文·格拉杰茨基（Sven Grajetzki）

说明：初创公司的产品部门和技术部门合作密切，有时会作为一个团队行事。在本章中，我们假设了一个以产品为主导的模式，产品经理领导的自主产品和技术团队负责解决以业务为中心的目标（例如，获取、转换、净推荐值等）。与技术平台相关的问题，如安全、质量保证和可靠性，将在卓越技术一章（第6章）中介绍。

> **!** **规模化发展阶段的主要误区**

● **产品愿景模糊或缺失**

一些初创公司在厘清他们要为客户解决的核心问题方面，没有进行充分的投资。一个优秀的产品愿景阐明了产品存在的原因，而不是一个关于开发什么产品和如何开发产品的详细计划。重要的是，要确保团队能够始终牢记他们想要解决的核心问题，将产品视为向客户提供价值的载体（见做法 27）。

● **扩展到新地区或新领域的时间过早（或过晚）**

一旦一个公司进入一个新的市场，或将其产品推广到一个新的客户群，其核心业务中的学习曲线就会放缓。良好的留存率和运营效率指标，以及核心市场良好的单位经济效益，是判断公司是否做好扩张准备的标准。然而，越少参与者瓜分的市场，可能需要越早地进行区域扩张（见做法 24 和做法 29）。

● **对迅速将用户发展为稳定用户的重视不够**

当客户第一次意识到产品价值的时候，就是神奇的转化时刻。这个时刻往往隐藏在注册过程或冗长的教程之后。在找到产品与市场的契合点后，公司尽早在客户旅程中实现这一时刻是增长的关键动力（见做法 24）。

● **未能确定产品中促成用户产生愉悦的关键部分**

许多规模扩张阶段的公司的产品中，真正能让客户满意的部分很少。例如，金融科技公司的移动应用程序或电子商务公司提升交付体验的供应链软件（见做法 30）。

● **只关注产品本身，忽略了创造客户价值**

纯粹将产品部门当作提供大量产品的工厂，而没有真正改善客户的生活。一个处于规模扩张阶段的公司的生产部门，既需要一个按时提供产品的可靠工厂，也需要深切关心产品能为客户创造价值的使命感，两者需要结合起来。亚马逊公司的内部新闻声明流程就是一个典型的例子（见做法 28）。

● 未能使利益相关者就中期成功达成共识

有些产品经理对与他们合作的业务职能部门（如销售或运营）的目标和关键成果了解不够。有时，产品和业务职能部门会对要实现的共同产出和结果指标形成不同的观点。理想情况下，产品团队要与业务职能部门合作，共同确定目标和关键成果以及统一的北极星指标（例如，再订购频率、存款额），因为这些指标足够稳定，每季度发生的变化不会太大（见做法 28）。

● 产品和技术团队彼此的依赖程度太高

如果需要频繁地在团队之间调动开发人员，或者对由于依赖性造成的矛盾意见较多，表明产品和技术团队的独立性不够。解决这个问题的方法之一，是将他们划分为以工具和生产产品为重点的平台团队、向客户交付产品的体验团队和跨部门工作的增长团队（见做法 25）。

● **缺乏强大的产品文化仪式感**

如果不能将仪式感植入产品团队，对以结果为导向的文化来说是一种侵蚀。通过开展季度启动会、季度回顾会和双周体验日，公司可以在其产品团队中建立强烈的主人翁意识。将所有的路线图项目与公司层面的目标和关键成果联系起来，将加强产品管理部门在不断壮大的组织中发挥关键作用的意识（见做法 27 ）。

好的产品管理部门是客户价值的中心枢纽，而不只是产品工厂。在处于规模扩张阶段的公司的所有团队中，产品团队需要与公司的北极星指标保持最密切的联系。

科技初创公司的许多产品部门必须应对不断转变的目标。在创业初期，公司通常会专注于快速达到产品与市场的契合度，这一点可以通过用户的留存率的提高来衡量。一旦实现了这一目标，许多公司将会采取"火上浇油"的做法，在客户获取和激活方面加大投资力度。对商业模式和当前的资金需求，变现和内部效率的完善或扩张（进入新市场或推出新的客户群）的依赖程度将变得十分重要。这在以产品为主导的增长公式中有所体现（见图 21 ）。

这个公式可以转化为目标和关键成果。

图21　以产品为主导的增长公式

目标和关键成果

做法24：制定正确的产品目标和关键成果

图22是处于规模扩张期的金融科技公司产品部门的典型年度目标和关键成果。

现在让我们更详细地研究每个目标和关键成果。这些目标是对产品部门的说明。然而，它们会根据环境的不同和时间的推移而变化。

1. 客户获取和激活：你的客户是否足够快地完成转化？

Bubble.io是一个无代码产品，允许任何人通过一个可视化界面构建网络应用。访问者意识到，通过使用该服务，他们

202×年的目标				
1 客户获取和激活 扩大用户群	2 留存率 打造一流客户体验	3 变现 奠定运营赢利能力的基础	4 扩张 创造新的增长机会	5 运营效率 达到行业水平的效率
202×年的关键成果				
将转换率（从注册到启动客户审查）从70%提高到80%	将第2个月的新用户留存率从70%提高到80%	将高级会员的销售率从10%提高到15%	在英国推出极简可行产品	将后台每月全时当量提升至800
将病毒系数从0.8提高到1	将净推荐值从50提高到60	将平均交易额从40美元增加到50美元	在英国的每周活跃用户增加100%	将客户的年度平均联系次数从3次减少到2次
将月活用户转化为日活用户的百分比从40%提高到50%	将应用商店评分从4.0提高到4.5	将净收入留存率从100%提高到120%	推出加密货币交易产品的V1版	机器人客服的问题解决率从10%提高到20%

图 22　金融科技公司产品部门的年度目标和关键成果

可以在没有代码的情况下构建几乎任何网络应用。缩短用户从入门到上手的时间的完美例子是 bubble.io 主页上的"编辑这个页面，看看它是如何工作的"链接。用户点击链接后，就可以看到 Bubble 的演示编辑工具，他们可以用这个工具包编辑 Bubble 主页。这个过程不需要登录或注册，用户可以非常轻松快捷地体验产品。

　　一旦产品与市场契合的初步迹象变得明显，许多初创公司就会在客户获取和激活上加大投资力度。通常有以下 3 种做法：

↑ 将客户转化时间提前

对产品的第一次体验必须是有价值的，否则，客户可能永远不会再来了。Tinder 在早期与脸书连接整合时就非常清楚这一点。Tinder 允许用户通过脸书账号访问自己的服务。大多数使用约会软件的客户的转化发生在用户上传他们的第一张个人资料照片时，这时用户会受到其他用户的关注。由于与脸书的账号互通，Tinder 可以立即获得用户的个人资料照片，这使得用户能够无缝地完成转化。许多公司试图通过早期激活指标来测算用户转化时间，著名的例子包括品趣志（每个用户在前两周至少有 3 次网站访问）、脸书（注册后的 10 天内至少有 7 个好友）和 Slack（一个团队内至少发送 2000 条信息）。对于一家电子商务公司来说，用户转化的指标可能是 90 天内的一次回购，而金融科技公司的指标可能是在前 30 天内完成 10 笔交易。这是界定公司是否处于规模扩张期的最关键指标之一（见做法 60）。

↑ 推动由产品驱动的有机增长

这可以包括奖励向他人推荐产品或服务，让双方都受益，或者让邀请非用户尝试产品变得容易。允许现有用户在社交媒体上分享内容，并呈现良好的搜索引擎排名和应用商店评级（通常与营销团队一起）也是值得尝试的做法。

↑ 提高转化率

将网站访问者转化为活跃的客户，需要减少客户获取过程中的阻力。增长黑客网络社区（GrowthHackers）的创始人肖恩·埃利斯对此有一个简单的公式："欲望-阻力 = 转化"。任何东西都可能会成为阻力，从复杂的注册流程或支付过程到不直观的界面，或难以找到的相关页面的链接或漫长的系统响应时间。减少阻力的解决方案可以包括社交媒体登录方式、多种支付选择、在线客服协助、清晰的解释文字或按钮，以及采用优化性能的网络主机。欲望也可以由心理动机驱动，如地位、成就或对社区的归属感。例如，用户可以上传通讯录，以查看自己的朋友是否也在使用同一个平台。

这一做法的关键成果包括通过口碑和有机渠道获得的新客户占比、漏斗转化率（例如，注册成为每月活跃客户的百分比）、病毒系数。

2. 用户留存：你是否不断完善留住客户的手段？

健身品牌 CrossFit 在其发展历程中显示出惊人的留存率。它最初成立于 1996 年，在不到 30 年的时间里，吸引了 400 万忠实用户和大约 15000 家加盟健身房，会员留存率约为 85%。在健身品牌往往需要几个月甚至几年的时间才能获得回报的情况下，该品牌是如何留住如此强大的核心用户的呢？该品牌通过加强用户对仪式的坚持以形成习惯，做到了这一点。该品牌的用户通常每节课都会做"每日锻炼"（WOD）。这使得教练为每次与相同成员的训练，创造一个熟悉的环境，以利于习惯的养成。此外，与去健身房不同，CrossFit 健身不是一项个人活动，而是与其他用户一起进行的活动。这两者的结合牢牢地留住了品牌的客户。

确定用户群是否已经建立起习惯，并达成产品与市场的契合是必不可少的。肖恩·埃利斯设计了关于产品市场契合的问题，可以用这个问题在用户中展开调查："如果你不能再使用[产品名称]，你会有什么感觉？"如果超过 40% 的客户表示他们会非常失望，那么该公司就有可能达成了产品与市场的契合。如果公司的产品市场契合度没有达到这个程度，原因可能是所谓的"漏桶"现象。正如梅兰妮·巴尔克（Melanie Balke）在她的博客中所说的那样："往桶里倒多少水（获得多少客户）并不重要；桶不会变得更满，因为它的底部在漏水（即客户在流失）。"

用户留存的典型关键成果包括如果客户不能再使用产品而感到失望的百分比（产品市场契合度调查）、新用户群的留存率（例如，3 天、10 天或 30 天后），以及与强大的应用评论（例如，苹果应用商店或谷歌 Play 商店）相配的不断上升的净推荐值。此外，考虑自愿和非自愿的用户流失数也很重要。自愿流失的原因通常是缺乏产品价值感知、与竞争对手相比价格过高或服务不佳。这通常是可以预测的（例如，通过查看停用你的产品的用户的百分比）。相比之下，非自愿流失通常是由付款问题引起的，例如信用卡过期、付款信息未更新，或银行账户中没有足够的支付资金。

3. 变现：你是否建立了一个运营赢利基础？

萨尔瓦（Salva）是洛杉矶的一位著名音乐制作人，世界各地的俱乐部都在播放他的音乐，但他在 2017 年退出了声云。他的理由是："2500 万次的播放却没有带来任何收入。"声云没有为创作者提供赢利途径，这意味着他无法通过自己创造的艺术来赚钱。产品团队在平衡变现和长期客户体验目标（如留存率）时，需要负有一定的变现责任（如拥有产品损益表或产品收入）。这一目标可以通过在产品和营销团队或许还可以加上销售团队之间制定共同的目标和关键成果来实现。一支足球队是非常贴切的比喻：虽然每个球员都有明确的角色和不同的技能组合，但每个球员（从前锋到守门员）都有进球的可能性。

变现的典型关键成果包括产品功能的利润率提升、取消率，以及免费用户升级到高级用户的比率。

4. 扩张：你是否能够用新的市场和产品迅速创造新的增长机会？

奈飞公司将其国际市场扩张的时间安排得很完美。在美国市场完善其服务后，这家流媒体巨头在 7 年内扩展到了 190 个国家和地区，尽管它还面对着国家限制，而且必须为每个国家（有时甚至是每个地区！）寻找和采购内容。现在，奈飞的 2 亿用户中，约有 1.3 亿在美国以外的国家和地区。举个例子，易贝公司在南美业绩平平，因为在拍卖网站大行其道时，像 MercadoLibre 这样的本土竞争对手早就占领了大部分市场。

扩张有 3 种不同的形式：

↑ 地域扩张

地域扩张指的是在一个新地区推出产品或品牌。例如，直播应用 Clubhouse 在美国只运营了 6 个月，就扩展到了欧洲。

↑ 客户群扩张

这指的是将你的业务规模扩大到新的客户群。例如，总部设在英国的新银行 Revolut 对其专注的个人零售银行平台业务进行了拓展，成功地推出了 Revolut Business 和 Revolut Junior 服务。

↑ 渠道驱动的扩张

这种情况指的是一个品牌利用更多的平台来提供其服务。例如，声破天在许多智能电视上提供其应用程序服务；城市滑板车品牌 Bird 与谷歌公司合作，使其滑板车在谷歌地图上可见。

一个可能出现的危险是，在还没有确保核心市场上的产品市场契合度的情况下，就在另一个市场或细分市场上推出一个新的核心产品，因为你的产品团队现在必须迭代两个产品。虽然这可能是必要的，但它减缓了学习周期。

尽管如此，早期扩张至少有两个可以参考的标准。首先，如果用户已经熟悉了其产品类别，而且没有必要在用户群中提高对产品价值的认识，那么涉及不太成熟的产品的扩张就可以成功。当奈飞在全球扩张时，用户群已经熟悉了它的基本产品类别（视频流媒体）。但是，如果产品类别是新的，就必须让用户先了解产品，这时更好的方法可能是通过多轮用户反馈来迭代产品，直到产品市场契合度调查显示令人满意的结果。其次，如果市场是一个"少数赢家通吃"的市场（如食品配送平台、旧货市场），早期扩张可能更有意义。不管是什么情况，在进行地域扩张之前，公司需要准备好处理额外的复杂状况（例如，在客户服务团队中，增加以当地语言为母语的人，营销团队将营销措施本地化等）。例如，Index Venture 的国际化指南详细地介绍了地域扩张。

扩张的关键成果包括在 × 地区推出极简可行产品、在 Y 地区的新活跃用户数量，以及上文提到的关于新产品和新扩张区域的客户获取、激活和保留等关键成果。

5. 运营效率：你的产品和技术团队是否在提高运营效率？

2018 年，一家欧洲金融科技公司因为业务增长过于迅猛，大量的客户要求令其一时难以招架，这家公司通过在内部后台自动化和面向客户的自助服务方面进行大量投资，重新建立了平稳的客户体验。这家金融科技公司的机器人客服在推出时能够解决 10% 的客户问题，一年过后，机器人客服的问题解决率提升到了 20%。这相当于每周数万次客户联系量，而处理一次客户联系的成本通常在 3~8 美元。这种面向客户的自助工具，可以显著提高规模扩张公司的单位经济效益。

对内部自动化进行投资也很重要，否则，随着客户群的不断扩大，后台服务团队将会急剧膨胀。在创业阶段，依靠谷歌电子表格（Google Sheets）来记录发送给客户的付款提醒是可行的，但在规模扩张时期，还这样做的话，就会是一场灾难。因此，有必要让一些产品团队专注于提升内部运营效率。如果你的公司依赖供应链的话，如电子商务中的仓储、物流和采购，那么运营效率更是重中之重。解决方法是成立一个产品和技术团队，该团队只专注于公司的内部效率指标，并与运营团队紧密合作。

提高运营效率的典型关键成果包括对内部效率的评估，这可以通过跟踪数字化客户记录的百分比，减少每季度与产品有关的投诉数量，增加后台服务的产出时间，提高交付体验净推荐值来实现，也可以是以上方面的综合运用。

下文将从目标和关键成果入手，介绍产品部门扩大规模的一些优秀做法。

组织结构图和角色

做法 25：定义产品部门的角色和责任

当从一个初创公司成长为一个规模化公司时，产品部门是变化最大的部门之一。为了实现稳定的增长轨迹，一个产品部门最好由 3 个部分组成：跨部门的产品和团队，一个技术依赖性低、端到端责任大的团队，以及知识共享和员工发展的专业人员"集合体"。

1. 跨部门的产品团队

跨部门的产品团队现在是科技初创公司的标配。这种跨部门的团队通常由 6~7 名工程师以及 1 名工程经理、1 名产品设计师和 1 名用户研究员组成，由 1 名产品负责人领导。产品负责人至少需要 4 个层面上的熟练技能。首先，他们要有基本的对技术的理解。虽然他们不需要会写代码，但应该理解技术术语，并能够向工程师提出问题。其次，他们应该精通财务分析，如客户终身价值、销售成本、客户获取成本和边际收益。再次，他们还需要具有强烈的同理心和对客户的理解，来创造以用户为中心的产品。最后，他们还需要有对市场、行业趋势和竞争的了解。产品负责人的最佳人选通常是具有产品技能的足智多谋的和好奇心强的企业家。产品团队中通常还应该有一个具有交互和视觉设计技能的产品设计师。虽然在理想状态下，大家都在同一地点工作（或通过网络保持很好的联系），但如果团队有自己的自主权，能使用敏捷方法，效果会更好。根据指标的不同，团队中可以加入以下角色：数据分析师、产品营销人员和其他专家。后者可能在进入市场战略、营销和销售渠道、信息传递和产品定位方面具有特殊的专业知识（见图 23）。

2. 技术依赖度低、端到端责任大的团队

你是否需要频繁地调动开发人员？当团队想要发布新功能时，他们是否会抱怨依赖冲突？马丁·卡根（Marty Cagan）

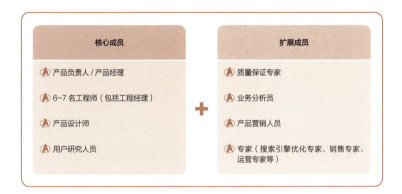

图 23 典型的跨部门的产品团队包括核心成员和扩展成员

认为，这些都是产品团队端到端责任不足的典型迹象。这就是
把团队分成以下几类的意义所在（见图 24）：

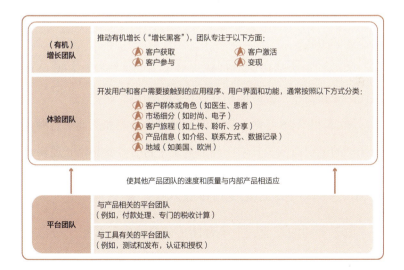

图 24 （B2C）产品团队可以分为 3 层 "堆叠" 结构

○**平台团队**：通过充满竞争力的内部产品使其他产品团队的速度和质量得以提高的团队。平台团队分为两类：一类是与工具相关的（如自助式应用程序编程接口、内部工具、知识），另一类是与产品相关的（即与多个团队相关的产品功能，如支付处理）。所有其他产品团队都是他们的客户，平台团队应该参加其他产品团队的迭代评审会，以确保核心平台的一致性和稳定性（在跨国背景下更是如此）。

○**体验团队**：开发应用程序和用户界面（即提供给用户和客户的功能）的团队。这些团队通常按照（客户）细分市场、客户旅程、特定的产品界面或地域来组织，但他们总是尽可能多地承担端到端的责任。

○**增长团队**：在 B2C 情况下推动客户获取、激活、参与和变现的团队。

关键是团队结构要尽量减少技术上的依赖性。产品团队在代码库和发布功能方面相互等待的时间越少越好。

图 25 和图 26 是两个典型的金融科技公司和商业平台型创业公司的组织蓝图，其中已经部署了平台、经验和增长逻辑。

3. 知识共享和员工发展的专业人士"集合体"

由于不同的专业人士集合体（分会或实践社区）分散在不同的产品团队中，因此必须要有一些结构来促进专业知识的交流和学习。专业人士集合体也将致力于为其成员创造一种归属感，构成一个相互协作、阐明观点和统一认识的平台（例

领域	工具平台	银行平台	支付	银行产品	风险管理	有机增长
产品团队	持续集成 / 持续部署	总分类账	国际支付方案	信贷和储蓄	反洗钱	客户获取
	监控	核心客户数据	跨行	加密货币	反欺诈	客户激活
	AB 测试	认证	银行卡	共享账户	客户审查	客户互动和留存率

图 25　金融科技公司产品部门组织结构图

领域	工具平台	交易平台	买方	卖方	有机增长
产品团队	持续集成 / 持续部署	核心引擎	患者的门户网站	医生的门户网站	客户获取
	监控	认证和授权	患者获取	医生获取	客户激活
	AB 测试	支付系统	附加产品（患者）	附加产品（医生）	客户互动和留存率

图 26　商业平台型创业公司产品部门组织结构图

如，在标准和流程方面），并作为部门雇主品牌和招聘的重心。它们是组织辅导、认证和职业发展的中心枢纽。这些集合体通常包括各种技术社区、产品经理、设计师、用户研究人员、数据和质量保障及开发运维。实现知识共享的一种方式是通过独立的公司聊天通信平台，组织每月或每两周一次的经验分享，为每个想获得见解的人提供"5 分钟的关注"。规模扩张公司的专业人士集合体经常组织定期的训练日、技术沙龙和人员发展会议（见图 27）。

产品组		产品组		典型集合体
产品团队	产品团队	产品团队	产品团队	
P	P	P	P	手机（苹果系统、安卓系统）
				前端
				后端
				产品管理
				设计与用户体验
				数据
				开发运维及质量保障

= 产品负责人

图 27　产品和技术团队在"集合体"中分享知识

做法 26：适时扩展产品部门的职责

扩大产品部门规模大致分为 3 个阶段：

早期初创阶段（1~3 个产品团队）

在这一时期，创始人是首席产品官，因为他们最了解客户和产品。聘请第一批产品经理的好时机是当开发团队有 5~7 个全职员工时。一旦 3 个产品团队开始运行，产品负责人就是监督初创公司路线图的关键人物，并为开发者做出关于新产品的取舍决定。理想情况下，这个阶段的产品团队中，还应该部署交互设计师和用户研究人员，以加快学习循环的速度。

↟ 早期增长阶段（4~10 个产品团队）

在这一阶段，要一个人来详细掌握所有开发活动，任务已经过于复杂。这时，往往需要建立由高级产品总监监督的产品团队小组，并将决策权下放。这一阶段，快速开发和交付是关键，而相关人员的管理则不那么重要。一旦公司有了 3 个以上的产品团队，许多初创公司就会聘请一个高级产品管理人员（例如，产品主管）。如果公司有 10 个以上的产品团队，那么高级产品管理人员应该升级为副总裁、产品总监，甚至是首席产品官，此外还应该设置若干个各负责几个团队的产品经理。这一阶段还有必要增加一个产品分析团队，以监测关键成果的进展，开发实时指示板等。

↟ 后期增长阶段（10 个以上的产品团队）

现在是聘请首席产品官的最后时机，许多公司因为迟迟没有聘请首席产品官而遭受损失。首席产品官应该能够至少提前 18 个月确定产品组织的未来状态。他们需要拥有制定产品战略、建立团队、建立产品开发流程、打造产品文化，并培养快速测试、持续学习和跨部门合作的能力。在这个阶段，提升开发人员生产力的内部工具平台需要成为产品和技术部门的核心支柱。这一阶段还应该进一步赋予产品团队权力。必须根据产品计划（而不是功能）来指导产品小组，并关注与利益相关者利益一致的结果。这个阶段通常需要一个由 1~2 名全职员工组成的产品运营团队来简化运营和报告，例如发送给高管和产品团队的自动化报告，报告进度、产能、成本、结果和产品参与度指标，规范各团队运行的产品流程（例如，设定目标），主持战略发展和发布管理的重要产品会议。

在组织结构已经到位的情况下，让我们转向产品管理实践，以促进向规模化发展的顺利过渡。其主要的做法包括"产品愿景和方向"、"产品开发过程"和"做好基础工作"。

产品愿景和方向

做法 27：制定清晰的产品愿景，并从中推导出路线图

埃隆·马斯克创立特斯拉公司的愿景是"加快从开采和燃烧碳氢化合物的经济向太阳能电力经济的转变"。2006 年，马斯克将他的（产品）总体规划概括如下：

- 造一款跑车。
- 用造跑车赚来的钱造一款廉价的汽车。
- 用造廉价的汽车赚来的钱造更加廉价的汽车。
- 与此同时，提供零排放的发电方案 。

当谷歌日历团队制定其产品愿景时，他们确定了 4 个简单的原则：

- 一个具有视觉吸引力和使用乐趣的产品。

- 在日历中添加信息应该是轻而易举的事。
- 日历不仅只是屏幕上的方框（提醒、邀请等）。
- 日历应该易于分享，通过它就可以看到自己的整个生活。

虽然谷歌日历是一个多产品公司中单个产品愿景的例子，但特斯拉的使命和总体规划就是其产品愿景。大多数成长型公司仍然是一个单一产品的公司：例如早期的爱彼迎或优步。在这样的公司里，产品愿景往往等同于公司的愿景（接近于商业理想和使命）。

要为你的运营团队确立方向，最好是尝试将总体使命分解为若干主题。以太空探索技术公司为例。该公司的使命是"让人类成为多行星物种"。马斯克估计，目前将一个人送往火星的成本为100亿美元，他认为需要将这一成本降低到20万美元左右。为了实现这一目标，他和他的团队确定了以下主题：

- 可整体重复使用的航天器。
- 可在运行中补充燃料。
- 合适的推进剂。
- 在火星上生产推进剂。

正如克里斯蒂安·斯特伦克（Christian Strunk）所说，产品愿景描述了"一个公司或团队希望实现的产品未来状态"。一个好的产品愿景阐明了产品存在的意义，而不是关于如何实现目标的详细计划。在大多数情况下，产品愿景设定了3~5年的时间范围，这最大限度地减少了对遗留元素的关注，也不会进入疯狂投机的领域。一个好的愿景能给你的产品团队指明方向，使所有的利益相关者都朝着一个共同的目标前进，使路线图的优先次序得以确定，并能激发团队的热情。填写一个"产品愿景板"（见图 28），关注愿景、目标群体、需求、产品和商业目标，是起草产品愿景的好方法。

愿景	创造该产品的目的是什么？ 它应该带来哪些积极变化？		
目标群体 该产品针对的是哪个细分市场？ 目标客户和用户是谁？	**需求** 该产品能解决什么问题？ 它能提供什么好处？	**产品** 它是什么产品？ 是什么让它脱颖而出？ 开发该产品是否可行？	**商业目标** 该产品将如何使公司受益？ 开发该产品的商业目标是什么？

图 28　产品愿景板

资料来源：罗曼·皮希勒。

做法 28：打造以结果为导向的产品部门，而不仅仅是设计一个"功能工厂"

梅丽莎·佩里（Melissa Perri）在她的《卓越产品管理》（*Escaping the Build Trap*）一书中简明扼要地指出，"产品是一种价值的载体"。如果你的产品团队只是急于成为一个功能工厂，那么他们可能没有抓住重点——改善客户的生活，并帮助他们实现目标。这是一个产出还是结果的问题。《哈佛商业评论》（*Harvard Business Review*）的作者德布·米尔斯-斯科菲尔德（Deb Mills-Scofield）把这个问题概括为：产出是为特定类型的客户生产的东西（例如，儿童汽车座椅），而结果是产出所带来的变化（例如，保证孩子在坐车时的安全）。规模扩张期公司的产品部门既需要一个可靠的工厂，能够在正确的时间交付正确的产品，也需要有使命感的产品经理，他们会密切关注客户对自己取得的成果的评价。

让你的产品部门注重结果的一个方法是使用内部新闻稿，通过倒推的方式来统一所有人对结果的认识，而不是使功能与利益相关者保持一致。这里的关键误区之一，是未能使利益相关者就中期成功达成一致的观点。有时，产品和业务部门会对要实现的联合产出和结果指标形成不同的观点。理想的情况是，产品团队与各职能部门合作，定义目标、关键成果和北极星指标（例如复购频率、存款额），因为这些指标足够稳定，不会在每季度发生太大变化。亚马逊在这方面做得很好。其每个产品团队在开发功能之前都会写一份新闻声明，然后他们会与内部利益相关者就成果和概念（而不是要开发的功能的细节）达成共识。这种做法的重点是明确团队正在做什么、为什么要这样做，以及为什么产品与客户有关。亚马逊网站上的新闻稿标题示例如下：

- "亚马逊音乐为加拿大的用户推出了播客：亚马逊音乐任何等级的会员均可使用，无须支付额外费用。"

- "亚马逊在欧洲推出知识产权加速器，帮助小企业保护
  其品牌：小企业可以在商标注册发布前几个月获得亚马
  逊的品牌保护工具。"

安德里亚·马奇奥托（Andrea Marchiotto）制定了这种内
部新闻声明程序的几条规则：

- 指出未来取得成果的一个时间点，真正的成果是有目共
  睹的（通常是在产品发布之后）。

- 阐述这次产品发布对于客户（或其他关键利益相关者）
  的重要性。阐述我们提高客户体验的方式。

- 设定一个扩展目标。说明可衡量的结果，包括运营、市
  场份额或财务目标（例如，将中小企业合作伙伴的商标
  申请增加30%；占据加拿大播客平台8%的市场份额）。

- 描述成功所遵循的原则。这可能包括在关键时刻做出的
  决定或设计原则。

- 表达你对产品的热情。

其他能够激励产品部门更注重结果的方法，包括对产品
计划而非单一功能进行范围界定。这类计划由几个功能组成，
这些功能由总体主题联系起来（例如，通过推出一个竞争性的
房屋销售平台来打入英国房地产市场，为医生开发一个可以远
程访问预约平台的应用程序，或者开发一个"共享空间"的
社会银行功能）。一些公司会围绕一个目标和可能的选项来制
定措施。对于一家为营销专业人士提供在线培训的公司来说，
措施之一可能是"增加网站关键领域的内容"。相关的目标是

"获得更多的用户，同时保留现有的用户，有望使每年的收入增加 200 万美元"。这里要探讨的选项（即要解决的问题）可能包括为教师创建课程引入更方便快捷的方法，为教师建立学生感兴趣的领域的反馈机制以及联系新教师创建相关内容。社交网络 XING 发明了一个很好的"自下而上"的内部调整框架，构成了在结果和功能上的一种调整方式。

做法 29：投资于核心产品，同时发掘相关机会和加大风险投资

正如杰夫·哥德尔夫（Jeff Gothelf）所说，"第二阶段"是一个神话般的未来世界，在那里，那些在第一阶段中我们没能做到的事情都会消失。许多产品团队认为完善现有产品不如进入新市场、设计新功能，或瞄准新的客户群。虽然产品和地域的扩张对于持续增长确实是必不可少的，但一旦你找到了产品与市场的契合点，核心体验的完善对于留住客户就是不可或缺的。领英的创始人里德·霍夫曼建议采用以下方法来平衡两者之间的矛盾：

⬆ 将 70% 的时间和资源投入到迭代现有产品与核心产品的市场契合上

在领英的案例中，这包括了从精简个人资料页面到引入新的招聘工具在内的所有事情。让产品和技术团队专注于核心体验的一个方法，是采用一个"忍者支持"模式：每个团队中的一个前端或后端同事，专门负责解决一个季度内由客户投诉

引发的关于产品问题的请求（例如，一个微服务失效，一个代码产生错误，或一个开源更新导致崩溃——"三级支持"）。对这些问题应该在几小时内做出响应。这种类型的支持帮助了客户，并为工程师带来了更强的主人翁意识，让他们有更多的动力在第一时间内避免产品造成的问题。

↑ 将 20% 的时间和资源用于新地区或产品线的扩张

这一点很重要，因为最初的细分市场通常不会在可获取的市场中占据很大份额。

↑ 预留最后 10% 的资金押注于风险项目

其中一些风险较大的开发项目，将在 1~5 年的时间范围内得到回报。虽然亚马逊的拍卖竞价平台是一个押注失败的例子，但是亚马逊推出的云服务就押注成功了（现在亚马逊整体利润的很大一部分是由该项目带来的）。奈飞公司也采取了类似的做法。他们将 10% 的资源投资于风险项目。2010 年奈飞的风险项目是自制内容（Netflix Originals）（现在是核心服务的一部分），2020 年奈飞的风险项目是互动电影（用户可以主动推动故事发展的电影或电视剧）和虚拟现实体验（Netflix VR）。

产品开发过程

做法 30：精准地为目标客户画像

"zTypes"是指 7 种角色，欧洲电子商务时尚公司佐兰朵围绕这 7 种角色开展业务。公司为目标细分市场中的典型客户进行了分类命名，例如"嘻哈舞王（Hip Poppers）""街头潮人（Street Snobs）""清新居家（Fresh Families）"和"文化精英（Cultured Elites）"。佐兰朵为这些角色设计衣服，并为每个角色设计活动，如单独的登录页面和信息推送（例如，"不要改变你的身体，改变你的牛仔裤"）。更多细节见图 29。

街头潮人：
街头潮人是喜欢炫耀的人。他们喜欢脱颖而出，他们密切关注不断变化的时尚潮流，会很乐意花额外的钱来保持自己穿着的光鲜亮丽。

推崇品牌：
最爱的 3 个品牌：耐克、阿迪达斯和匡威。

购物的主要类别：
低帮运动鞋、高帮运动鞋和运动衫。

时尚个性：
街头潮人喜欢的风格是干脆利落、色彩鲜艳和显眼的品牌标识。他们在鞋类上花很多钱，这意味着你会发现他们一年到头只穿最流行的运动鞋。

社会人格：
虽然他们和嘻哈舞王一样都喜欢喜剧、足球和电子游戏，但男性街头潮人对风格和品牌文化有更大的热情，同时还热爱电子音乐和节日。

图 29　客户细分：街头潮人

资料来源：佐兰朵公司。

角色是一种强有力的方式，可以将以客户为中心的思维模式植入到处于规模扩张期的公司中。阿兰·库珀（Alan Cooper）将这些角色描述为用户的原型或基于当前（或理想）客户的半虚构角色。这些工作使公司里的每个人都能在特定客户群体的体验上保持一致。这也有助于产品团队做出关于产品的决定。定义一个角色通常需要一个名字、一个职位、一张有代表性的照片、对他们的需求和目标的描述、一些挫折和痛点，以及（可能的话）他们在相关领域的知识水平。最好的做法是使用一对一的访谈和调查来创建角色，并对其进行多次迭代。

在 B2B 公司中，买家并不一定是你的用户。虽然客户关系管理软件可能是卖给技术团队的，但最终可能会是客户服务部门在使用。这时，有必要为买家和用户开发一个角色。

如果不打算创建角色，明确的客户细分往往是指导营销活动和产品开发的最低要求。这可以根据以下的一个或多个参数来实现：

○ 人口统计学：根据年龄、性别、收入、教育水平等进行细分（例如，有 6 岁以下小孩的父母）。

○ 地域：根据国家或地区进行细分（例如，生活在中欧的父母，生活在柏林的都市年轻人）。

○ 心理学：根据价值观、兴趣、信仰、动机、生活方式、活动进行细分（例如，活跃于社交媒体的父亲、靠基本工资生活的单身母亲）。

○ 行为：根据可观察到的行为进行细分（例如，为每周至少分享两次孩子照片的父母提供的应用程序）。

○ 需求：根据共同的需求进行细分，例如对一个空间进行实时的视频监控（例如，父母监控婴儿，店主监控他们的财产，宠物主人看他们的狗）。

○ 客户类型：根据机构结构进行细分（例如，大公司、小公司、自由职业者、初创公司等）。

做法 31：使产品价值主张与客户需求保持一致

打车的人经常会抱怨司机粗鲁、车内肮脏、乱收费和不准时。优步用智能手机叫出租车的商业方案改变了这种情况。该应用程序可以显示司机的名字、照片和评分，提供了预先的费用估算，并配备能精确显示出租车当前位置的地图。优步准确地确定并解决了客户未得到满足的需求，至今仍在继续这样做。为了达到这种理解水平，许多产品团队将客户未被满足的需求与解决这些需求的产品结合起来。卡诺（Kano）模型可以用来定义客户未得到满足的需求类型（见图 30）：

- **"必备型需求"**：这些是你的筹码（即满足它们不会提升任何额外的客户满意度，但它们是参与市场的必要条件）。新型银行的例子：通过智能手机进行支付的能力。
- **"期望型需求"**：指的是让绩效和客户满意度同比提高的功能。新型银行的例子：能够在几分钟而不是几天内开立银行账户。
- **"魅力型需求"**：这些是超出顾客期望的功能。因为它们不在客户的预期中，它们的缺失不会造成客户满意度的折损，但是如果能够满足这些需求便能使产品"更有黏性"。新型银行的例子：为 B2B 客户提供的一体化员工班次管理工具。

丹·奥尔森（Dan Olson）在他的《精益产品开发实战手册》（*The Lean Product Playbook*）中对这种方法有更深入的阐

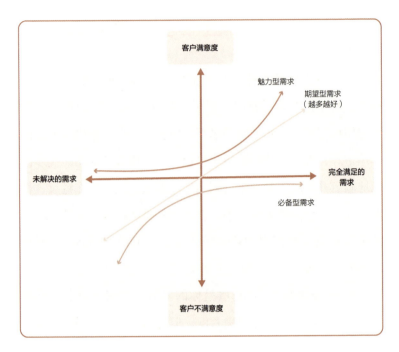

图 30　卡诺模型

资料来源：狩野纪昭（Noriaki Kano）和《精益产品开发实战手册》。

述。建议每个初创公司的领导者都读一读这本书。

　　最好的办法是建立一个图表，列出客户的需求类型、未被满足的具体需求，以及你的公司与竞争对手的产品或服务对比。例如，图 31 假想了一家为小企业服务的新型银行的价值主张的例子，并将其与两个竞争对手进行了比较。

　　请注意，所有关于"必备型需求"的答案都是"能"，因为所有的竞争对手都提供这些功能。"期望型需求"可以用等级来评定（例如，优、一般、差），而"魅力型需求"则是差异化因

需求类型	未被满足的需求	我们的产品和服务（如网上银行）	竞争对手 1 的产品和服务（20 世纪 90 年代的网上银行）	竞争对手 2 的产品和服务（负担银行）
必备型需求	我希望能用手机来支付	能（如苹果支付）	能（如苹果支付）	能（如苹果支付）
必备型需求	我希望能确保未经我的允许，任何人不能访问我的账户	能（如双重认证）	能（如双重认证）	能（如双重认证）
期望型需求	我希望能快速开立银行账户	优（10 分钟内完成数字验证）	一般（可数字验证，另需纸质文件和邮件）	差（只能在银行柜台办理）
期望型需求	我希望能在每月报给税务机关的报告上少花点时间	优（一键自动发送报告）	差（缺少功能）	差（不支持）
期望型需求	我希望授权我的员工支付公司账单和进行业务采购	优（最多可以免费为员工办理 5 张附属卡）	一般（最多可以免费为员工办理 2 张附属卡）	差（仅限单个用户使用）
期望型需求	我希望能一键获得贷款	优（贷款自动风险评估，24 小时内放款）	一般（需要一位担保人）	差（不支持）
期望型需求	我希望在需要的时候能够享受到个性化的服务	优（24 小时专属服务团队）	一般（上午 9 点到晚上 9 点之间有专属服务团队）	差（没有专属服务团队，只有早上 9 点到下午 6 点之间提供服务的呼叫中心）
魅力型需求	我希望能在排班和假期安排上少花点时间	集合了员工排班工具	不支持	不支持
魅力型需求	我希望在采购 IT 设备和办公家具上能少花点钱	集合了采购平台	不支持	不支持

图 31　金融科技公司价值主张的例子

素——该公司是唯一或少数几家能提供这些服务的公司之一。

做法 32：以正确的优先级逻辑将路线图变成沟通工具

产品路线图是沟通产品愿景的关键工具。它可以凝聚和激励团队，改变客户的生活。通常情况下，产品愿景与公司愿景的微小偏差会转化为路线图上的巨大偏差。因此，一个清晰的公司和产品战略（见做法 27）以及明确的结果（见做法 24）是制定有效的路线图的前提条件。

一个精心设计的路线图是从关键成果（如净推荐值）到主题或产品计划（如提升自动取款机的使用体验），然后从主题中提炼出几个史诗（如简单快速的支付流程），并将史诗分解为用户故事。然后，这些用户故事通过迭代来交付（例如，"作为一个自动取款机用户，我想在取出现金之前先拿回我的卡，这样我就不会把它忘在自动取款机里了"）。图 32和图 33 是假设的金融科技公司和汽车应用程序的路线图结构的例子。

你应该如何推导出这种类型的路线图呢？托德·隆巴多（Todd Lombardo）和他的同事在《重启产品路线图》（*Product Roadmaps Relaunched*）一书中提供了很好的指导。一个鼓舞人心的路线图应该包含以下 5 个关键组成部分：

关键成果	提升支付相关的净推荐值					
主题	为客户打造良好的自动取款机使用体验				为客户打造无压力的平分账单体验	
史诗	方便快捷的流程		迅速找到自动取款机		方便的社交银行	
用户故事	作为自动取款机用户,我想在取出现金之前先拿回我的卡,这样我就不会把它忘在自动取款机里了。	作为自动取款机用户,我想在取出现金的时候清楚知道整个交易结束了。	作为客户,我希望能在应用程序中查询自动取款机位置的地图,这样就能找到离我最近的自动取款机。	作为客户,我希望能将自动取款机的位置发送到谷歌地图上,这样我就可以知道去自动取款机的最近路线。	作为顾客,我希望和朋友吃饭时能够轻松地分开付账,这样我就不会有太大的经济压力。	作为顾客,我希望可以用应用程序记录我的分开付账账单,这样就可以知道我在社交上的总体开销。

图 32　金融科技公司路线图结构案例

关键成果	提升苹果手机汽车应用日活用户的百分比					
主题	涵盖苹果设备用户想在车内完成的所有使用案例				让苹果设备用户在驾驶时以语音方式进行所有互动	
史诗	实时组织		车内娱乐体验		轻松安全地交流	
用户故事	作为一个用户和司机,我希望能在开车时订购我喜欢的咖啡,这样我就可以节省时间。	作为一个用户和司机,我希望能够在开车时访问我的日历,这样我就能知道下一个日程的时间和地点。	作为一个用户和司机,我希望在开车时能听我最喜欢的音乐播放列表里的音乐,让旅程更有乐趣。	作为一个用户和司机,我希望在开车时能听我最喜欢的有声书,这样我就能更好地利用时间。	作为一个用户和司机,我希望在开车时通过语音命令发送信息,这样我能轻松安全地找到方向。	作为一个用户和司机,我希望能通过语音命令来要求提供导航建议,以便我能够轻松和安全地找到路线。

图 33　苹果设备汽车应用路线图结构案例

↑　广泛搜集特色创意,对其进行客观评估

好的产品创意并不只是来自产品部门。要让所有的利益相关者都能接触到创意漏斗:客户、首席高管、主管、用户研究员和团队的初级成员。然而,这些创意需要独立于来源进行

过滤。一个年轻的实习生对转换漏斗内的改进建议可能比首席执行官提出的下一个应用内流程的改进要好（"创意择优"）。阶段关口流程通常是有益的。在第一阶段（探索），团队在为期一天的跨部门会议上整理创意，并对它们进行务实的排名（例如，通过"这个创意有多大的潜力？""我们需要多大程度的挖掘？"这样的问题，可以获知这些创意对客户的价值和实施它们的难易程度）。在第二阶段（规划），团队用两周时间来评估要开发的功能的细节（开发人员所需的时间、监管限制和与平台的匹配）。在第三阶段（执行），团队将开始实际开发。

✦ 使用你自己的优先级逻辑制定路线图

如果有一个非常清晰和引人注目的产品愿景，精心设计的主题、史诗和故事，并使用正确的产品团队结构进行部署，那么产品团队应该很容易自行确定优先次序。遇到优先级不断变化的问题，并不是优先级逻辑不好，而是方向不明确的表现。每个团队都需要确定他们自己的优先级逻辑，以下是几种常用的方法：

a）卡诺模型

根据"必备型需求"（例如，汽车挡风玻璃雨刷）、"期望性需求"（间歇性雨刷，每隔一段时间就会停止）和"魅力型需求"（雨量感应雨刷），对用户故事和相关功能进行优先排序。必备型需求如果与性能优势和魅力型需求相结合，则应该优先满足。

b）R.I.C.E. 模型

R 代表了覆盖面（有多少用户受到该功能的影响），I 代表着影响（每个用户将如何受到该功能的影响），C 代表着信心（我们对覆盖面和影响力评估的信心有多高），E 代表着工作量（我们需要多少个工程周）。

c）重要性与满意度

顾客在调查或访谈中，对某些功能的重要性做出说明（知道自己的出租车何时到达有多重要），以及他们目前对这些功能的满意程度（你对目前出租车到达时的信息有多满意）。

d）果汁与挤压的逻辑

这种方法关注的是开发一个功能所需的工作量以及它能为客户创造的价值，然后将其映射到一个 2×2 或 3×3 的矩阵上。价值维度可以包括客户使用该功能的次数，使用该功能的每日活跃用户的百分比，以及使用该功能的客户与不使用该功能的客户的转化率、留存率和参与度。

♦ 实事求是地估计开发工作量

在敏捷项目管理中，有几种估算方法可供选择，以评估功能开发的相对工作量。这通常是通过游戏来完成的，比如在估计团队速度的基础上进行"计划扑克"。在这些游戏中，可以用到以下的估算方法：T 恤尺码（S，M，L，X）、故事点数（1 代表小功能，3 代表中等功能，8 代表大功能等），还有约翰·卡特勒（John Cutler）的"实用方法"（1~3 小时；1~3 周；1~3 个月；1~3 个季度）和斐波那契数列（1，2，3，5，8，

13，21，34……）。这一做法的关键是要迅速进行一个粗略估计，而不要在估计上浪费开发者的大量时间。此外，有必要将功能分解成更小的部分，这样就可以对它们进行为期两周的迭代。开发工作量的估算越务实越好。T 恤尺码和约翰·卡特勒的方法往往比较实用。

↟ 路线图的稳定性需要随着公司的成熟度而增加

在早期增长阶段，月度审查周期是常见的，而在公司规模扩张时，应转为季度审查周期。有了明确的产品愿景和确定的主题，路线图在各季度之间不应发生巨大变化。

↟ 考虑将路线图公开

像声破天、英国银行漫踪或 Slack 这样的公司公开发布它们的（高层次）路线图。这在社区中创造了信任和透明度（见图 34）。

图 34　供开发人员参考的 Slack 平台路线图

资料来源：Slack.com。

产品管理基础

做法 33：尽早做好品牌和产品设计

1992 年，当苹果公司任命乔尼·艾维（Jony Ive）为其首位首席设计官时，该公司做出了正确的选择。艾维和他的团队被认为是乔布斯的精神伙伴，他们为公司的产品，包括播放器、手机、平板电脑、台式电脑、笔记本电脑、智能手表和 iOS 系统，创造了极简主义的灵感设计，从而对公司产生了实质性影响。设计师往往会在讨论中拥有最后的决定权，苹果的产品工艺一直是一个真正的商业分水岭，推动了公司的发展。如果一个公司将设计作为解决问题、做出决策或抓住机会的核心工具，他们应该考虑让设计师成为管理层的一部分。

简洁是苹果产品设计的核心。用艾维的话说："我们的目标是努力让无比复杂的问题变得从容和简单，你无须去了解问题的解决方案，也就意识不到最终解决的问题有多难。"对于那些将设计锚定在最高水平并允许设计师共同制定战略的公司，InVision 平台称之为"设计远见者"。据他们评估，这些公司是数据驱动设计的大师，在分析、用户研究和评估设计效果方面拥有最先进的经验。这个开发框架可以作为一个评估你的设计团队目前水平的起点。不同的层次包括"生产者"、"连接者"、"建筑师"、"科学家"和"远见者"。对于设计、品牌和用户体验都很重要的市场来说，设计团队应该摆脱"设计使我们的产品好看"的思维，升级到更高的层次（见图 35）。

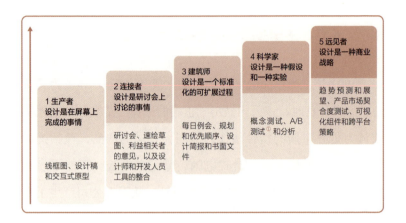

图 35　设计成熟度等级

资料来源：InVision 平台发布的新设计前沿。

为了打造一支一流的设计团队，以下做法对此有所帮助：

↑ **将"原子"系统设计落实到位，以实现一致的规模化设计**

就像原子构成不同的化合物和分子一样，布拉德·弗罗斯特（Brad Frost）的原子设计理论从化学中获得灵感，精心设计出由更小的单元或构件组成的用户界面。通过定义最小的单元，并在此基础上构建一切，设计能够创造出一致的、可重

---

① A/B 测试是一种新兴的网页优化方法，可以用于增加转化率、注册率等网页指标。A/B 测试本质上是个分离式组间实验，以前进行 A/B 测试的技术成本和资源成本相对较高，但随着一系列专业的可视化实验工具的出现，A/B 测试已越来越成为网站优化常用的方法。——编者注

复使用的和可扩展的系统。原子设计的 5 个层次是：原子、分子、有机体、模板和页面（见图 36）。更高层次的设计开发包括制作一个封闭式的设计库，其中系统的所有元素都很容易被记录和访问。这种设计方法允许设计团队更轻松和一致地创建原型，这使得他们能够更快更新他们的设计。

↑ **组建 3 个核心设计团队并迅速发展他们**

核心设计团队分别是系统设计团队、产品设计（用户体验信息和交互设计）团队及品牌设计（视觉和动作）团队。他们都应该进行客户研究，使产品和公司真正以用户为中心。

系统设计师创建原子设计系统和封闭的设计库，一旦设计团队超过 15 个全职员工，通常就需要他们的加入。

产品设计师专注于两个领域：信息设计师定义信息的结构及其功能的相互作用（例如，通过用易于理解的按钮和标签，以直观的方式组织产品）；交互设计师创建用户流，使客户在整个旅程中与产品互动。交互设计师在工作中对用户需求有一个整体的看法，他们创造的项目包括流程图、布局、线框和低保真原型，以设计一个客户喜欢的外观和感觉。

品牌设计师专门从事视觉和动作设计。他们是色彩理论和排版方面的专家，为不同的格式和平台创造视觉活动，同时在所有设计中保持品牌的一致性。视觉设计主要负责数字作品或印刷品，而动态设计则通过动画和其他视觉效果创造动画、广告、预告片和网络作品。

图 36　原子设计的 5 个层次

每个（面向客户的）产品团队都应该有一个专注于品牌设计和产品设计的专职设计师，一到两个系统设计师，他们创建封闭的设计库，供所有团队使用，还有一个客户研究人员团队（3~4 个全职员工），他们辅助设计师根据客户的偏好做出决定（关于用户研究的细节，见做法 34）。

↑ **通过正确的职业道路、发展机会和经验组合，实现设计团队的潜力**

设计团队通过发展机会、职业道路和经验的混合来发挥其潜力。设计行业的工具和趋势变化很快，所以在团队中拥有新潮的技能和丰富经验的组合是必不可少的（即既有经验丰富的设计师，也有刚毕业的大学生）。从初级设计师开始提升他们的能力，设计师的自然职业发展应该是晋升到高级设计师，最终成为首席设计师。首席设计师与产品经理和市场营销部进行更全面的合作，他们会深入参与品牌、产品和用户研究。

做法 34：迅速开发一个强大的用户研究引擎

初创公司的失败率高达惊人的 42%，因为虽然他们开发的项目很有意思，但没有解决客户的痛点。详细分析客户的痛点是用户研究的核心，但用户研究不是直接询问用户关于他们想要的解决方案或功能。毕竟，客户可能善于描述他们的问题，但他们并不善于开发功能。例如，顾客不会想出苹果手机、汽车或个人电脑这些产品。这就是为什么与潜在客户一起发现"问题领域"如此重要。

优秀的用户研究包括以下 6 个关键组成部分：

↑ 提出能暴露"问题领域"的问题

关于如何与客户探讨"问题领域"和根本问题，Y Combinator 投资机构的埃里克·米基科夫斯基（Eric Migicovsky）设计了以下几个问题：

○ 在做 × 时，最困难的事情是什么？（× 指的是公司旨在解决的具体问题，例如，分享更多的烹饪食谱，让更多的女性投资于股市。）

○ 你能告诉我，你最后一次遇到这个问题是什么时候吗？

○ 为什么这个问题很难解决呢？

○ 你做了什么来尝试解决这个问题？

○ 对于你已经尝试过的解决方案，你不满意的地方是哪里？

↑ 自己动手

理想情况下，每个员工都应该有客户研究的经验。外包用户研究往往是一种障碍，使得研究人员无法从客户那里获取到关于改进功能、流程和体验方面的直接见解。外包的效果远远比不上直接从客户那里了解他们的痛点。

↑ 定期进行

定期（例如每两周一次）举行关于"用户体验引擎"的用户研究会议，来测试有关产品的创意和原型，往往会有收获。关键是要让它成为日历上的一个例行会议，这样产品团队就可以在功能设计阶段加入用户体验会议。否则，用户研究就有可能落入时间有限的"上市前压力测试阶段"。

↑ 鼓励并让每个产品团队做用户研究

每个产品团队最好有一个用户研究人员，或者两个产品团队之间共用一个。用户研究应该是产品团队所有成员（包括工程师）的核心任务。这包括在早上举行用户体验会议，确定3~5个产品改进方面的假设，然后对其进行验证，最后以晚间会议来结束这个工作循环。对于工程师和产品经理来说，很少有其他方法能在一天之内带来用户体验的改善。在后期的成长阶段，公司有必要建立中央用户研究团队，其中应该配备专业成员，比如数据分析师或焦点小组专家。

↑ 尽量迅速实现"聚合效度"

使用几个用户意见来源（如调查和访谈）来三方验证信息的真实性，一旦这些信息趋于一致，就得出结论。你的目标应该是在最短的时间内了解情况。

↑ 在合适的产品阶段采取正确的用户研究方法

用户研究使用的最佳方法取决于你的团队所处的产品阶段。你目前是否在为产品设计探索新的假设和用户痛点？那么，建议尝试以下方法：对内部和外部意见来源的定性研究，与用户和客户服务人员交谈，以了解客户的共同愿望和痛点。**对于正处于启动阶段的初创公司**，用户研究方法通常包括定期调查、用户流或用户行为数据分析、纸上原型设计和（追溯）分析。**如果初创公司正在致力于完善现有产品**，并证明其与产品市场的契合度，那么大规模的用户分析通常是关键所在。这种情况可以使用优化的 A/B 测试，以测试产品的小规模和低风险的改进，并通过调查获取关于用户体验的信息。谷歌公司有一个强大的开放使用的用户研究方法库。

典型的测试方法包括：

- A/B 测试：在"探索"阶段的 A/B 测试中，当前客户群中的 1% 拿到的是测试产品，而其他 99% 的人拿到的是现有产品。

- 仅限邀请的测试：如果一个产品发布了测试版本，它可以通过邀请的方式让测试者进入。对于一个倾向规避风险或缺乏流量的公司来说，仅限邀请的测试可以成为 A/B 测试的替代方案，尽管它缺乏一些预测能力。

- 客户发现计划 / 参考客户：参加者是现有的优质客户，他们同意成为测试者。这群人关心公司，所以他们可以测试新功能，并给予公开和诚实的反馈。

- 数据分析：数据有助于了解用户行为。核心指标包括点击路径、活跃用户、转化率、留存率、关闭时间、加载时间和净推荐值。

- 纸质测试：这是关于向客户推销解决方案（例如，用解释功能的幻灯片或登录页）。如果客户有兴趣，他们会被引导到一个排队名单。这种形式的测试对于希望获得客户反馈以支持其早期筹款的初创公司，或希望扩展其产品线但在建设之前需要测试客户想法的公司来说特别有用。

- "绿野仙踪法"测试：提供给客户一个表面上已经成熟的产品或功能，而后台实际上仍是人工操作。举个例子，用户可以通过介绍他们的朋友获得折扣。与其建立一个完全成熟和自动化的折扣服务，不如只建立前端的组件，然后系统将由人工为推荐朋友的用户提供折扣。一旦功能配合得到验证，才开始建立完整的后端。

下图是典型的用户研究方法的概览（见图 37）。

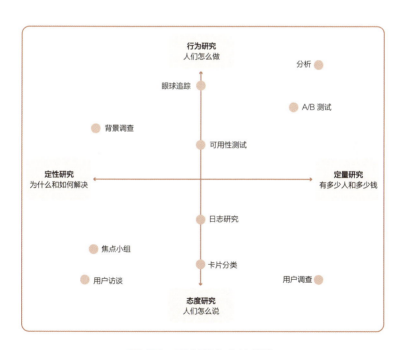

图 37　用户研究方法概览

资料来源：康斯坦丁·迪森巴赫（Constantin Diessenbacher），《通过用户研究最小化风险》（*Minimizing Risk through User Research*）。

做法 35：采用一流的产品管理工具

产品工具对于建立高绩效的产品部门至关重要，典型的类别包括：

↑ 原型设计工具

用于掌握用户界面的早期可视化和迭代优化。从参与项目的每个人（首先是用户）那里收集反馈意见有很大的帮助，因为这可以使产品概念容易被修正。像 Adobe XD、Figma 和 Sketch 这样的工具，可以帮助创建设计原型。在产品体验的每个步骤中，其他有用的设计工具还包括 Framer、Principle 和 Premiere。

↑ 路线图工具

用于让团队中的每个人都掌握信息和互相协调。一个有用的工具是 Product Plan，它可以轻松实现规划和策略沟通，并提供路线图模板和链接，方便与利益相关者直接沟通。像 Monday 和 Product Board 这样的工具也是有用的，因为它们可以让我们更容易理解目标用户的需求，并将大家集中到产品路线图上来。

↑ 任务管理工具

用于指导团队和管理任务，并确定其优先次序——从线框到正式发行。有用的工具包括 Task Management、ProdPad 和 Jira。

↑ 有效迭代规划工具

用于保持一个连续的、高效的生产计划。像 Agilean 和

Asana 这样灵活的工具，有助于将迭代方案、启动日期、积压工作和相关的沟通组织在一起。

↑ 数据管理工具

用于开发结构和程序来规范和监督数据生命周期。Airtable、Google Sheets 和 Coda 可以支持这个过程。

定义 ▶ —————————————————————————

- **敏捷开发（agile）：** 诞生于软件开发中的用于项目管理的互动方法，侧重于通过小规模的工作进行迭代改进，需要跨部门团队之间的协作。

- **激活（activation）：** 激励新的或现有的不活跃的用户更深入地参与到产品或服务中去，从而使他们进入用户生命周期的下一个阶段。

- **客户流失（churn）：** 衡量客户或用户停止与产品或服务互动或交易的比率。

- **客户价值（customer value）：** 衡量产品或服务对消费者的价值，通常由客户购买或使用产品的程度来衡量。

- **客户旅程（customer journey）：** 客户与公司、产品或服务的所有关键互动，通常表述为"我想关闭一个账户"这样的句型。

- **史诗（epic）：** 大量的产品开发工作，可以根据终端用户的需求被分割成较小的任务（称为用户故事）。史诗的作用是通过将其分解为可交付的片段来组织工作，从而为一个战略目标做出贡献。

- **用户故事（user story）：** 一小段独立的开发工作，以用户的口吻非正式地写出来，旨在为特定的产品目标做出贡献。

- **功能（features）：** 一个描述产品能做什么的术语，它有什么特点或对终端用户来说有什么作用。

- **职能部门（function）：** 监督和负责公司某项关键活动的内部组织（例如，销售、财务、研发、供应链）。

- **漏斗转化率（funnel conversion rate）：** 旨在引导用户采取特定行动（例如，购买物品、创建账户）的流程中，完成该流程所有步骤的用户百分比。

- **增长黑客（growth hacking）：** 以可扩展、可重复和可持续的方式快速发展业务的方法集合，以增长为唯一目的（改编自肖恩·埃利斯）。

- **客户终身价值（lifetime value，LTV）：** 一个评估客户在其与公司的关系中对公司的价值的指标。

- **最简可行产品（minimum viable product，MVP）：** 产

品的一种版本，它的功能只够吸引早期使用者，然后他们可以为未来的产品开发提供反馈和验证学习。

- **平台**（platform）：通过提供资源、信息和能力来实现新产品、服务和运营模式的（内部）产品。这通常是通过终端用户的直接访问或 API 来实现。

- **计划扑克**：一种游戏化的、基于共识的计划工具，用于估计产品和软件开发中开发目标的相对规模。它的工作原理是让每个团队成员用一副扑克牌匿名估计一个特定开发目标所需的天数。然后，扑克牌被同时翻开，并对估算结果进行讨论，直到达成共识。

- **产品管理**（product management）：开发、发行并持续支持和改进产品的实践，特别关注终端用户的需求和使用。

- **产品路线图**（product roadmap）：对产品的愿景、方向和交付计划的总结，帮助团队或公司协调工作，并确定目标。

- **产品市场契合度**（product-market fit）：马克·安德里森（Marc Andreessen）认为，产品市场契合度是指"在一个良好的市场上，产品能够满足该市场"，通常被定义为"如果产品被拿走，40% 以上的客户会感到失望"。

- **产品（product）**：提供给客户或终端用户的物品或服务，可以是虚拟的或实体的。

- **留存钩子（retention hook）**：通常是指产品中内置的习惯性触发器、行动和奖励，鼓励用户返回到产品或服务中。

- **留存（retention）**：衡量现有用户的忠诚度，并设计和实施防止用户流失的行动方案的过程。

- **团队速度（team velocity）**：一个团队在单次迭代期间，在 scrum 会议上能够交付的工作量，根据迭代结束时交付的用户故事点数量来衡量。

- **单位经济模型（unit economics）**：一个特定商业模式的收益和成本，每一个单位项目为公司创造的价值，显示了每个单位的价值有多少。例如，它可以通过客户终身价值除以客户获取成本来计算。

- **病毒系数（viral coefficient）**：通过单个现有客户推荐产生的新客户数量的百分比。

第 6 章

卓越技术

为未来发展创建可扩展和安全的技术平台

合著者：克里斯托夫·里希特（Christoph Richter）

说明：本书假设了一种产品主导的模式，即由产品负责人领导具有自主权的产品和技术团队，负责实现以客户为中心的目标（例如，客户获取、转化）。在这种模式下，软件开发人员往往被部署在跨部门的产品和技术团队中，并协同工作以实现以客户为中心的目标（见第 5 章）。因为技术部门的设置和运营在规模扩张的科技公司中发展得十分迅速，因此本章体现的是本书写作时的情况。

！ 规模化发展阶段的主要误区

● 未能赋予技术团队足够的独立性

虽然手动部署管道、大量的脚本和 YAML[①] 文件在较小的工程组织中尚能运转，但当公司规模扩大时就会出现

[①] YAML 是一种轻量级的数据序列化语言，主要用于配置文件的编写。——编者注

问题。通过尽可能独立地设置团队，使他们在使用代码库时不必互相等待，尽量减少每个团队的认知负担，这是关键所在。解决这个问题最常见的方法，是建立一个内部平台开发团队，承担其他团队的繁重工作，改善所有开发人员的体验（见做法 36 和做法 38）。

● **在无意中累积了技术债务**

虽然公司难免会在一定程度上欠下技术债务，但一个常见的误区是，对于是快速"破解"解决方案，还是投入大量时间进行开发以扩大规模，不能做出正确的选择。将造成技术债务的决定完整地记录下来，以便日后修改，可以激励软件工程师从一开始就"更干净地"开发代码，并有助于日后在路线图上确定其优先次序。此外，应始终采用童子军规则，即无论何时有人操作代码，在他们离开时，代码都应该变得更好（见做法 43）。

● **被建立"无所不能"的平台的想法拖垮**

还有一个相反的误区，就是试图从一开始就建立一个完美的技术平台。许多大的科技公司从一开始就采用的是单体结构，并且能够在一定程度上将其运行到今天。有时，可以等到后期再来对平台进行扩展。举个例子，产品可能发展得非常快，几乎不可能从一开始就建立"无所不能的平台"。因此，有意识地计划重写代码和重构平台很重要。

● 长期忽视安全问题

一些团队不注意在信息安全上的投入，直到为时已晚时，导致客户数据受到损害。安全方面的最低要求是进行定期测试，由"红队"从外部发起渗透，由"蓝队"从内部进行测试和补救安全漏洞。另外还要定期举行员工社交工程培训（例如，网络钓鱼和防止员工欺诈，见做法 36 和做法 45）。

● 为技术组织设置边界并隐藏其业绩

一些技术团队的目标和关键成果不够透明。每个利益相关者都应该了解技术发展的关键挑战，这就是为什么确定和透明地记录基本的技术目标和关键成果非常重要。相关信息可能包括正常运行时间、每个开发人员每周的部署频率、变更失败率、生产中的错误等（见做法 39）。

● 内部技术标准不统一

技术团队可能面临技术栈无节制增长的风险。虽然为各个开发团队提供尽可能多的自主权确实很重要，但标准化也是必要的，因为它为开发者节省了时间。标准化可能包括 API 风格、格式、文档和易于访问的服务目录。

同样重要的是，要清楚地公布标准，使员工能够轻松地遵循它们（见做法41）。

● **建立了过多的服务**

微服务是一种潮流，但一些公司建立了几十个甚至几百个服务，却没有对它们进行适当的编目，这就过犹不及了。关键在于数量有限的服务（10个以下）和标准化的、有据可查的API（见做法43）。

● **在购买软件还是开发软件的问题上本末倒置**

没有经验的产品或技术领导者有时认为，因为公司的需求非常独特，所以要自己开发软件，而不是购买软件。这可能导致开发人员将时间投入到工具上，而这些工具并没有为公司带来更大的竞争优势。如果自己开发的软件可以直接吸引用户，这往往算得上一个强有力的理由。如果不能做到这一点，最好考虑开源软件或购买托管服务。

技术部门的一个关键任务通常是为未来的增长创造一个可扩展的、安全的技术平台。技术部门需要专注于确保产品和技术团队在软件交付方面的生产力，通过正确的技术架构选择确保技术平台的性能和可靠性，保证所使用的代码的质量，并降低安全风险。

下图是以技术为主导的增长方式（见图 38）：

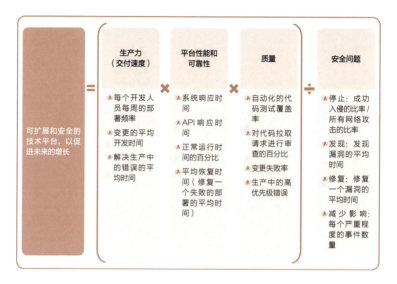

图 38　技术为主导的增长方式

这个公式可以转化为目标和关键成果。下列做法提供了典型的金融科技公司的技术目标和关键成果的例子。

做法 36：制定合适的技术目标和关键成果

制定技术目标和关键成果时，重要的是要考虑背景，包括目标的难度水平和可用的资源。

规模扩张阶段金融科技公司的典型技术目标和关键成果见图 39。

现在让我们更详细地研究每个目标和关键成果。

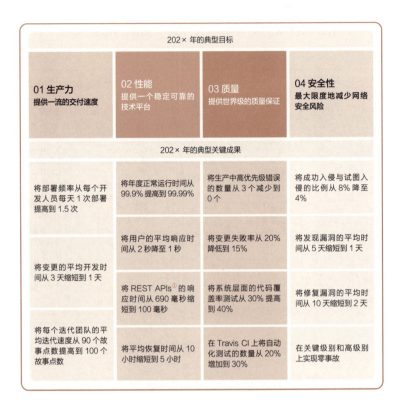

图 39　金融科技公司的技术目标和关键成果

1. 生产力：你部署软件的速度够快吗？

　　Etsy 是最知名的手工制品电子商务网站之一，它缓慢的代码部署和孤立的工作方式阻碍了团队之间的合作，公司因此陷入了极大的困难。在早期，Etsy 每周只进行两次部署，每次都

---

① REST API 被广泛应用于 Web 服务的设计和开发，提供了一种灵活、可扩展和易于集成的方式来访问和操作远程资源，s 表示复数。——编者注

需要几个小时才能完成，这经常造成故障、网站暂时关闭和收入损失。根本问题是编写代码的开发人员与负责部署和维护的运营团队之间的分歧。2008 年，时任雅虎首席技术官的查德·迪克森（Chad Dickerson）加入 Etsy，他迅速采取行动，将 Etsy 过渡到"开发运维一体化"（DevOps）的工作方式。开发运维一体化指的是一套将软件开发和 IT 运维更紧密联系在一起的做法，其最终目标是加快高质量软件的开发。这种转变使开发者团队对代码的质量负责，而不是将问题留给其他团队解决。迪克森的策略带来 Etsy 性能的大幅提升，现在 Etsy 部署代码的速度是其向开发运维一体化转型之前的 30 倍。

任何规模化公司技术团队的一个关键目标，是确保高水平的开发者生产力（即以最少的开发者时间要求，尽可能快地将功能部署给客户的能力）。高部署生产力的典型驱动力包括部署一个可扩展的软件架构，使团队能够在技术层面上独立工作，并在开发运维一体化环境中促进自动代码测试和交付。这减少了每个团队的认知负担，使他们能够将尽可能多的时间用于能创造价值的任务。

技术部门衡量生产力的**一个典型的关键成果**是部署频率，优秀的公司能够每天向用户部署软件数次。评估部署频率的一个方法是每个开发人员每天的"代码部署"（即工作代码从内部开发人员环境转移到"暂存环境"——测试代码的地方或"生产环境"——提供给客户的软件）。开发周期对变更的时机很重要，即从看板上的卡片被添加到积压的工作中，到功能被交付客户的时间。这包括设计、构建、测试和部署一个功能所需的时间以及中间的所有停机时间。在生产中解决一个问题的平均时间是衡量开发人员生产力的另一种方式。

2. 平台的可靠性和性能：你的技术平台是否可供客户使用，其速度是否足够快？

2017 年 2 月 28 日，位于弗吉尼亚州北部地区的亚马逊网络服务的一个云计算开发人员团队试图调试一个运行缓慢的计费系统。一位年轻的团队成员在工作中超越了自己的权限，输入了一条错误的命令，导致多台服务器离线，其中包括负责该地区所有亚马逊云计算客户的元数据服务器。团队花了 4 个小时才将服务器重新上线，Slack、Medium、Trello、第一资本、Atlassian 和亚马逊自己提供的服务都受到了影响（例如，Alexa 设备暂时停止响应语音命令）。在停机期间，受到影响的基于网络的应用程序、服务和物联网设备，无法访问存储在亚马逊 S3 云存储服务上的关键数据。换句话说，情况就像餐厅在几个小时内没有正常的厨房可用。只有 S3 云存储服务重新上线，依赖它的应用程序、服务和物联网设备，才能再次开始处理通过其客户端界面提出的请求。

技术部门必须确保技术平台持续无延迟地提供给客户，即使在需求高峰期也是如此。可用性的下降往往会导致业务绩效的下降。根据谷歌公司的数据，如果一个移动页面的加载时间从 1 秒增加到 3 秒，会有约 30% 以上的客户停止使用一个网站（见图 40）。亚马逊报告说，加载时间每增加 100 毫秒，销售额就会下降 1%。换句话说，页面加载时间的每一毫秒对提高转化率都很重要。

随着页面加载时间从

1 秒到 3 秒，跳出的概率增加 32%。

1 秒到 5 秒，跳出的概率增加 90%。

1 秒到 6 秒，跳出的概率增加 106%。

1 秒到 10 秒，跳出的概率增加 123%。

图 40　页面加载时间和业务性能

资料来源：谷歌 / SOASTA 研究。

　　技术部门**一个典型的关键成果**是正常运行时间百分比。例如，零售商和商业银行的目标是实现"4 个 9"，即客户在一年内能以至少 99.99% 的比率访问他们的服务——这一目标水平可能导致每年多达 53 分钟的非计划性停机时间。2020 年，80% 的公司要求关键任务系统的可靠性至少达到 99.99%（见图 41）。其他关键成果包括首次用户体验到的加载速度、API 响应时间、一个进程或请求（如登录用户账户）的开始和结束之间的时间。平均恢复时间，即在计划外中断服务或服务受损后恢复服务所需的时间也很关键，一流公司的平均恢复时间需要少于 1 小时。

正常运行时间百分比	每年的离线时间	不同行业的典型目标
99.9%	8 小时 45 分	这个水平对于大多数规模化企业来说是不可接受的
99.99%	53 分钟	电子商务、社交媒体、云服务提供商和银行服务
99.999%	5 分钟	移动网络运营商
99.9999%	30 秒	空中交通控制通信系统和金融交易系统
99.99999%	≤ 3 秒	全球定位系统和安全通信卫星系统

图 41　正常运行时间百分比

资料来源：AWS, uptime.is, Feedzai Techblog, uptime.com, Google Cloud, itnonline.com, mapyourtech.com, Wired, cu-2.com, Cisco, Wikipedia, itilnews.com, Redhat, Idexgroup, IBM。

3. 质量：你是否部署了错误最少的高质量代码？

2012 年 8 月 1 日上午 9:30，美国一家主要的全球金融服务提供商骑士资本集团意识到公司出了严重问题。市场上涌现出异常多的购买股票订单。尽管骑士资本集团的开发团队拼尽全力想要阻止这一切，但最终该公司还是在短短 45 分钟内在无意识中买入了 150 只不同的股票，价值 70 亿美元。几天前，他们更新了他们的高速算法 "SMARS" 路由器，该路由器负责向市场发送订单。然而，在部署代码时，一名开发人员没有将新代码复制到 8 个 SMARS 服务器中的一个。由于公司没有实行"四眼原则"，没有人审查这些代码并发现错误。骑士资本集团没有能力为这些股票付款，所以该集团想取消这些交易。此举被证券交易委员会驳回。骑士资本集团最终损失了 4.4 亿美元，并在一年后被出售。

如果没有严格的质量保证，代码部署出错的情况很多。骑士资本集团没有进行严格的同行代码审查，在没有自动化测试支持的情况下手动部署代码，错误地对错误信息进行了分类，这使得报警信号无法及时得到检查。开发运维一体化程序是专门为防止类似的错误而设计的。这对于有迫切的实时客户需求的环境尤其重要，如高速交易、账户访问、B2B 公司的实时客户服务和客户识别。一个重要的步骤是在开发运维一体化中建立自动化测试（见做法 41）。

技术部门**一个典型的关键成果**包括变更失败率，或在部署或发布到生产环境时导致服务下降的部署的百分比。这些部署通常需要补救（例如，回滚、热修复或打补丁）。优秀的变更失败率在 0%~15% 之间。其他的关键成果包括当前生产中已知的高优先级错误的数量以及自动化代码测试覆盖率的百分比。测试通常分为单元级（开发人员为新开发的代码编写的代码测试）、集成级（评估代码与系统中其他组件交互时的稳定性和性能的测试）和作为端到端的系统测试（对一个完整的软件产品，如移动应用程序的测试，以确保所有集成组件的行为符合预期）。

4. 安全：在业务发展的同时，你是否将安全风险降到最低？

Code Spaces 是一家位于英国考文垂的"软件即服务"（SaaS）创业公司，早在 2014 年，当网络犯罪分子进入该公司的亚马逊网络服务控制面板时，整个公司被分布式阻断服务（DDoS）攻击颠覆了。在拒绝满足黑客的要求后，Code Spaces 公司失去了其大部分的数据和配置以及所有的备份。这导致该公司陷入破产境地。该公司最大的错误是什么？是把所有的数据放在一个地方，没有（多个）远程备份。

根据国际商业机器公司（IBM）《2020 年数据泄露成本报告》称，每一次数据泄露，会给全球技术领域带来约 500 万美元的损失。恶意数据泄露的典型原因包括凭证泄露、云端配置错误、第三方软件的漏洞、网络钓鱼和物理安全损害。在评估安全风险时，需要关注的典型维度是：数据、人员、基础设施和（网络）应用（见图 42）。

社交工程（如用假的登录网站获取员工密码）和对数据库和网络应用的网络攻击是小公司面临的最常见的网络安全威胁。为帮助人们了解网络应用技术风险，开放网络应用安全项目（OWASP）整理了几大风险：

- **注入缺陷**：恶意数据被发送到公司的系统中，导致错误的命令被发出，或数据在未经合法授权的情况下被访问。
- **破解认证**：不严密的用户认证程序被利用来窃取钥匙、

资产	风险	控制
数据	Ⓐ 数据泄露 Ⓐ 滥用或操纵数据 Ⓐ 数据被破坏	Ⓐ 数据保护（如加密） Ⓐ 数据恢复能力 Ⓐ 边界防御
人员	Ⓐ 身份盗窃 Ⓐ "中间人攻击" Ⓐ 社交工程 Ⓐ 滥用授权	Ⓐ 受控访问 Ⓐ 账户监控 Ⓐ 安全技能和培训 Ⓐ 背景审查 Ⓐ 意识和社交控制
基础设施	Ⓐ 拒绝服务 Ⓐ 操纵硬件 Ⓐ 水军 Ⓐ 网络入侵（恶意软件）	Ⓐ 特权访问控制 Ⓐ 审计日志监测 Ⓐ 恶意软件防御 Ⓐ 网络控制（配置和端口） Ⓐ 库存 Ⓐ 安全配置 Ⓐ 持续的漏洞评估
应用程序	Ⓐ 操纵软件 Ⓐ 未经授权的软件安装 Ⓐ 滥用信息系统 Ⓐ 拒绝服务	Ⓐ 电子邮件和网络浏览器保护 Ⓐ 应用软件安全 Ⓐ 库存 Ⓐ 安全配置 Ⓐ 持续的漏洞评估

图 42 安全风险

资料来源：麦肯锡报告《关于网络安全转型的观点》，2019 年；欧盟网络和信息安全局；信息安全教育与培训协会。

密码或会话令牌，并冒充可以访问内部系统的用户身份。

- **跨站脚本（XSS）**：不受信任的数据在没有适当验证的情况下被添加到网页上，使攻击者能够将用户重定向到恶意网站或劫持用户会话。

- **安全错误配置**：由于一些原因（例如，不安全的默认配置、开放的云存储或错误配置的 HTTP 请求），使得内部服务和数据库被访问。这可能导致敏感数据的泄露（医疗、金融等）。

做法 45 详细列出了这些恶意行为和应对方法。参见图 43，了解一家规模扩张公司所需的典型安全组件。

01 网络安全	10 身份和访问管理
02 威胁检测	11 漏洞管理
03 安全监控	12 与操作技术有关的安全（例如，在工业控制系统中）
04 网络风险管理	13 特权访问管理
05 防火墙	14 人员配置
06 威胁情报	15 补救措施
07 应用安全	16 治理、风险和合规
08 端点检测和响应	17 安全信息和事件管理仪表盘
09 事故响应	

图 43　规模扩张公司所需的典型安全组件

资料来源：网络安全状况，埃森哲公司。

安全团队理应尽可能多地阻止攻击，快速发现并修复漏洞，减少影响。所以评估安全团队表现的典型关键成果包括：阻止的与未能阻止的网络攻击漏洞的比率，发现安全漏洞的平均时间（少于一天为好）和修复漏洞的平均时间（争取少于15 天）。根据《埃森哲 2020 年网络安全报告》，安全负责人平均每13个月报告一次中度事故，每22个月报告一次严重事故。

组织结构图和角色

做法 37：界定技术部门的角色和责任

处于规模扩张期的实时软件产品公司，其技术部门通常包括 5 个关键团队：数据、工程、内部技术平台（有时是工程的一部分）、安全和内部 IT 团队（见图 44）。由于产品管理和技术部门紧密合作，他们在设计组织结构时，必须要和对方协调一致（产品部门的组织结构见产品管理一章）。

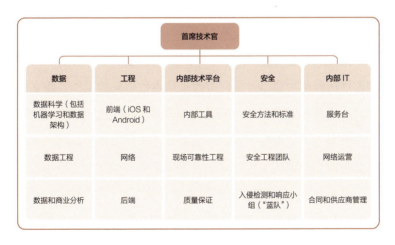

首席技术官				
数据	**工程**	**内部技术平台**	**安全**	**内部 IT**
数据科学（包括机器学习和数据架构）	前端（iOS 和 Android）	内部工具	安全方法和标准	服务台
数据工程	网络	现场可靠性工程	安全工程团队	网络运营
数据和商业分析	后端	质量保证	入侵检测和响应小组（"蓝队"）	合同和供应商管理

图 44　技术部门组织结构图

↑　数据团队

在 20 世纪初，在管理层中设置首席电力官是很常见的，以确保公司的核心部门得到安全和可靠的电力供应。今天，许多团队应该有能力进行高级数据分析，并自行设置实时性能监测系统（如仪表盘）。这就是数据团队内的 3 种专业角色。

数据分析师是解释数据的统计学家，通常负责数据清理和可视化、数据建模和建立仪表盘。他们不需要广博的专业代码知识。他们典型的技术能力包括 SQL、NoSQL、XML、Hive、Pig、Hadoop 和 Spark。

数据工程师是具有统计学背景的程序员和软件工程师，他们经常被部署在基于数据的产品开发上，如推荐引擎，使用机器学习算法或新的数据分析工具。他们典型的技术能力包括 Hadoop、Java、Python、Spark、AWS、SQL、Hive、Scala、Kafka 和 NoSQL。

数据科学家把握着该领域最新研究的脉搏，侧重于测试和发展机器学习模型。他们有时也从事数据架构工作，建立中央数据仓库、定义模式、确保不同数据源的完整性和一致性。这 3 种角色都有重叠，专家可能会专注于一个角色，同时也擅长其他两个角色。

规模扩张型公司可以采用中央设置，由一个数据小组监督数据架构、数据库完整性和中央数据分析工具，并在关键职能部门部署数据分析师，以支持以数据为重点的项目（例如，建立实时仪表盘）。理想情况下，数据团队与每个职能部门的业务分析师一起工作。在这种设置下，数据团队需要努力建立"民主化"的数据分析能力，为供应链、营销或产品等数据密集型职能部门提供分析工具和培训。数据团队的其他可能设置包括咨询、卓越中心和权力下放模式，在这种模式下，数据团队的成员会成为业务团队的一部分。

✦ 工程团队

在建立工程团队时，一个可行的组织原则是将团队成员分为前端和后端。前端开发人员专注于开发终端用户要用到的应用程序和网站界面。后端开发人员专注于底层数据和模型的基础设施建设（例如，定义数据如何保存到数据库，开发 API，建立安全标准，整合第三方服务），这些基础设施决定了软件的质量。虽然具体的设置取决于规模扩张型公司的业务需求、应用程序和编程语言，但大多数公司会有以下这些团队中的几个或全部：用 Java、Swif 和 Kotlin 等编程语言为苹果和安卓系统开发移动或本地应用程序，用 PHP、JavaScript、HTML/CSS、Ruby 和 Python 开发网络应用程序，用 Java、Ruby、Python 和 PHP 开发后端应用程序。开发人员加入跨部门的产品和技术团队是非常常见的（见做法 25）。

✦ 内部技术平台团队

随着工程团队的扩大，保持生产力和留住人才的重要性也在增加。这包括设计和实施内部工具，如持续集成、服务器配置管理、部署自动化和管理。工程团队的工作是否有成效，可以根据他们从开发者团队收到了多少"感谢"来检验，这些感谢是对工程团队设计（云）部署流程或为产品团队实现云自助服务的认可。工程团队通常对供应流程负责，以确保所有的控制和审计都到位。一种特殊形式的（云）平台团队是"网站可靠性工程"团队，这是由谷歌公司首创的。在定义了"错误预算"（可接受的停机时间）后，网站可靠性工程团队的主要责任是否决次优代码。因为自动测试的更多使用，内部工具团队和质量保证团队之间会出现交叉的情况，质量保证团队有时会作为内部工具团队的一部分（或与工程部门一起）。工程团队确保产品从技术的角度来看是可靠的，哪怕在（意外的）高峰期也应如此。工程团队使产品和技术团队能够在单元和模块层面上进行测试，并编写自动化的系统级测试，但他们不应该被部署来修复错误的代码。

↑ 安全团队

规模扩张型公司的安全团队通常至少要扮演 3 个角色。第一个角色是定义安全方法和标准（例如，编码指南、独立渗透测试的频率和范围、认证标准）。这些标准通常由安全工程团队实施。第二个角色是"蓝队"，他们配置和运行软件和硬件，部署补丁，保护网络安全，并使操作系统具有抵御网络攻击的能力（使用密码、加密、防火墙等）。他们还负责数字取证、恶意软件分析和威胁情报，并可能负责员工的网络安全培训。最后，"红队"的存在是为了推动系统渗透测试——进行移动应用、网络应用或网络渗透测试，如社交工程测试（向员工发送假的钓鱼邮件以获取他们的登录凭证），并检测漏洞。这些职责通常被外包给安全咨询公司或大的安全供应商，如德勤、凯捷（Capgemini）或迈克菲（McAfee）。如果一个公司发展到超过 1000 名全职员工，并且经常面临风险，那么有必要建立一个安全运营中心（SOC）。欧盟网络安全局（ENISA）发布了一份关于如何建立安全运营中心的指南。

在某些情况下，将安全团队整合到跨部门的产品和技术团队中可能是值得的。这种"开发、安全和运营"（DevSecOps）方法意味着在软件开发生命周期的每个阶段，从设计到集成、测试和部署到软件交付，将网络安全架构师和工程师纳入产品开发团队。

✦ 内部 IT 团队

这个团队类似于大公司所依赖的"服务台"。他们不光负责采购笔记本、电话和移动网络合同，还通过服务工单管理一个服务台，为其他问题提供支持（如 Office 办公软件）。此外，他们还负责管理密码和打印机授权，并与 IT 承包商和供应商经理谈判条款。有时，这个团队将负责定制内部工具的任务，这可能涉及一些开发工作（例如，设置 Jira，连接 API，实施与第三方软件的整合等）。当初创公司进入规模化阶段时，技术部门需要由一位高级领导者（如首席技术官或技术副总裁）来领导，他要履行几项职责：聘请顶尖的开发人才，创造一个有趣和令人满意的工作环境（高留存率）；负责决策技术相关的重大采购、建设项目和合作伙伴；向市场快速交付优质产品，开发一个没有重大技术债务的可扩展技术架构；成为公司的技术"布道者"，以及开发人员、合作伙伴和客户的代言人。

做法 38：适时扩展技术部门的职责

构建可扩展的技术平台所涉及的步骤，因商业模式和技术堆栈的不同而大不相同。在创建一个可扩展的、安全的技术平台时，可遵循以下原则：

↑ 在初创阶段快速建立一个单体

一个单体结构的技术平台往往是快速落地和发布最简可行产品的好方法。在这个阶段，记录所有可能需要在以后重新审视的关键架构决定是举足轻重的。通过有意识地做出这样的决定，开发人员往往会从一开始就用更好的文档写出"更干净"的代码。

↑ 精心选择服务，围绕单体建立一个模块化的架构

在这里，最重要的是不要让"服务动物园"增长到数百个。真正需要的是带有精心设计的 API 的无状态服务，并且最好能映射到域逻辑（例如，如果你是一个匹配平台，所需要的服务应该是匹配算法）。

↑ 在初创阶段，确定一个目前来说足够好的目标架构

这可能包括建立一个简单的网关，并将新的服务和现有的单体架构连接到该网关。随着时间的推移，再将越来越多的功能从单体架构中移出。这样做的原因是，你的每个团队都能完全控制他们正在构建的服务——如果他们在单体架构的某个部分工作，情况就不是这样了。

⬆ **将内部开发者平台作为内部工具进行部署，提高公司早期增长阶段的效率。**

有许多脚本和配置文件无法随着技术团队的快速增长而扩展。因为团队中毕竟不是人人都是精通所有技术的专家，部署可能会花更长的时间，所以在早期建立一个内部平台团队是一个出路。技术团队的服务对象是开发者团队，它的主要任务应该是降低组织中所有团队的认知负荷（例如，通过标准化的部署策略），这样其他团队就可以专注于他们应该做的事情。

⬆ **在早期增长阶段建立促进合作和知识共享"集合体"**

这些集合体促进知识的交流和工程师的职业发展。不论工程师是专长于前端还是后端，只要每个小组有 10 名以上的员工，就可以组建。

组织结构安排好后，我们再来关注公司要顺利过渡到规模扩张阶段，需要技术部门做些什么。我们将主要了解敏捷开发、开发运维一体化、可扩展（云）基础设施、安全和数据架构。

敏捷开发方式

做法 39：创建属于你自己的敏捷开发

许多软件项目都会超出时间和预算，这往往令客户大失所望。于是在 2001 年，一群软件开发者发表了"敏捷宣言"。它基于 4 个关键原则：

- 个体和互动高于流程和工具。
- 工作的软件高于详尽的文档。
- 客户合作高于合同谈判。
- 响应变化高于遵循计划。

该宣言的目的是为了更快、更好地交付软件。该宣言是对"瀑布式方法"的替代，在瀑布式方法中，软件要提前数月甚至数年进行规划，这意味着当软件最终发布时，客户的要求往往已经发生了变化。而敏捷开发的核心是通过加快学习周期和以较小的增量交付来减少软件开发的成本和时间风险，它的效果体现在以下几个方面：

- 能够更快地改变软件产品的范围。
- 降低交付时软件功能不正常的风险。
- 更快地从客户那里得到反馈，使产品的开发得到修正。

从本质上讲，敏捷开发加快了埃里克·莱斯（Eric Ries）所定义的"开发—测量—认知"反馈循环（见图 45）。

敏捷开发没有一个通用的方法，每个公司都需要根据敏捷开发原则制定自己的方法。这些原则包括：

↑ 交付客户满意的软件

交付对客户有价值的软件是衡量成功的关键。

↑ 持续交付可运行的软件

频繁交付是非常重要的，这就是为什么许多公司根据积压工作的优先级排序，以一周或两周为一个迭代周期。

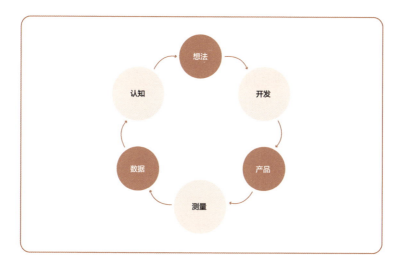

图 45　埃里克·莱斯的开发—测量—认知反馈循环

资料来源：埃里克·莱斯《精益创业：新创企业的成长思维》。

↑ **对变更要求持开放态度**

让关键的利益相关者能够定期（至少每季度一次）对产品开发进行反馈，有助于提升公司在客户眼中的竞争优势。

↑ **跨部门协作**

一个包括产品负责人和来自业务职能部门的利益相关者的跨部门团队最能积累经验。

↑ **鼓励自我管理**

成功的途径之一是给予团队自主选择工作方法和方式的权力，并最大限度地明确使命和要实现的成果和目标（"统一方向"）。

↑ **注重技术卓越的和优秀的设计**

关键在于尽早发现问题（例如，通过部署代码审查，让程序员检查开发人员的代码）。

↑ **确保定期反馈和反思**

团队定期反思如何变得更加高效，然后相应地调整其行为。团队可以选择几种敏捷方法来落实这些原则。敏捷联盟将极端编程、增量迭代式开发（Scrum）和精益软件开发等领域的敏捷实践做了一个全面的概述（见图46）。

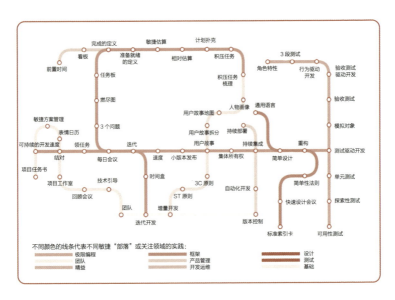

图 46　敏捷实践

资料来源：敏捷联盟，敏捷地图流程图。

典型的敏捷开发包括：

↑ **增量迭代式开发**

增量迭代式开发是一种有时间限制的项目管理方法，用于小版本增量的软件交付，是一种非常流行的敏捷方法。在迭代开始时，团队从产品积压任务中提取用户故事，并将其放入迭代积压任务中，然后估计每个用户故事所需的开发时间（通常有故事点数）。每次迭代的目标是创造一个"增量"或为产品增加更多功能。在迭代期间，团队每天举行一次有时间限制的会议（每日站立会议），用燃尽图来跟踪故事点数在时间上的进展（见图47），并进行质量保证测试。迭代回顾会议标志着一次迭代的结束。团队不时地在"回顾"中反思其迭代过程，这是一种结构化的会议，目的是反思所学到的东西，并为以后的迭代提炼出改进建议。增量迭代式开发通常有一个"敏捷开发负责人"（scrum master），他帮助团队完成增量迭代式开发过程，并提高其生产力。

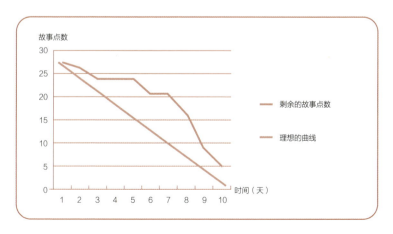

图 47　生产力可以用燃尽图来衡量

看板

看板是一个将工作可视化的系统，它没有增量迭代式开发那样的流程规定。由于降低了复杂性，它通常最适合小型开发团队。该方法的核心是一个由不同栏目组成的看板（见图48）。可能的栏目包括积压任务（可能要做的项目）、立项（从积压任务中选出的、准备开发的项目）、开发（开发者已经开始做的项目）、测试（正在测试错误的项目）和系统部署（部署到生产环境的项目）。看板的一个特点是工作流程的透明度，它能促进协作和提高团队生产力。工作被标注在卡片上，并添加到不同的栏目中。许多团队使用纸质看板来做这件事，因为有限的物理空间有助于减少书写时间，而且当一个团队成员在团队会议期间，将卡片从一栏移到下一栏时，能起到加强承诺的效果。通常的工作流程是将卡片从左到右移动到不同的栏目中。许多团队定义了一个"工作进展"（WIP）的限制，它规定了每一列卡片的最多数量（如，立项4张，开发3张，测试2张）。这很有意义，因为它使团队专注于完成工作项目。人们往往倾向于开始新的工作项目，而不是完成以前的项目。然而，这种习惯对环境的切换和整体生产力有负面影响。

极端编程

这种形式的敏捷开发将一些最佳的编程实践发挥到了极致。这包括程序员结对编程"实时"进行的代码审查、所有代码的单元测试、高度简洁的代码，以及通过自动测试，包括测试驱动的开发，进行代码的持续集成和部署。极端编程的基本

	4	3		2		1
积压的任务	立项	开发		测试		部署
		开发中	已完成	测试中	已完成	
紧急!						

图 48　看板的例子

原则是沟通、简洁、反馈、勇气和尊重。这种方法尤其适用于动态变化的软件需求。

需要注意的是，敏捷方法可以根据团队的工作类型、团队的资历以及他们对彼此的了解程度，在不同的团队之间产生差异。对于同一个团队来说，它也可以随着时间的推移而改变。对于每个新的开发团队来说，或许最好从一个相对明确的标准方法开始，例如，精确地定义日常程序、所有定期会议和工单的风格，因为这从一开始就减少了复杂性。随着时间的推移，团队成员将相互熟悉，并可以改变敏捷方法以适应他们的具体需求。

关于这些实践的更多信息，请参见帕特里克·柯（Pat Kua）的《敏捷的味道》（*Flavours of Agile*），约翰娜·罗斯曼（Johana Rothman）的《定制化敏捷项目管理》（*Create Your Successful*

Agile Project）和丹·奥尔森的《精益产品开发实战手册》。

开发运维一体化

做法 40：确定精益的软件开发原则

比竞争对手更快地推出新产品和功能是成为一个独角兽公司的关键。然而，在扩大规模并向技术团队增加新人时，存在着每天的部署数量实际上随人员增多而减少的风险（见图49）。其中有无数的原因：越来越复杂的云架构、紧密耦合的单体应用开始变得重要，以及随着对代码库的依赖性增加，人工代码测试的数量也在增加。

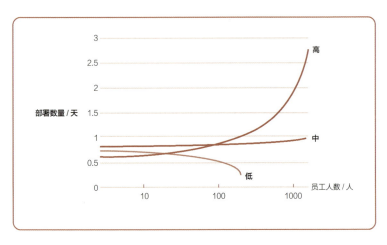

图 49　生产力随着开发人员的增多而下降

资料来源：Puppet 公司报告。

开发运维一体化和精益产品开发实践，是保持高部署频率和确保技术平台可靠扩展的关键。开发运维一体化使代码开发和产品运营更加紧密。换句话说，一个构建代码的团队也应该运行它。开发运维一体化专注于基础设施自动化、代码测试、工作流程和性能测试，目标是提高生产力和协作。在这个意义上，它更像是一种实践或思维方式，而不是一个特定的角色或团队。

2019 年，DORA（谷歌旗下的开发运维一体化研究和评估小组）的一份报告发现，开发运维一体化使精英技术团队部署代码的频率提高了 200 倍以上。这些团队从承诺到部署的交付时间也快了 100 多倍，从停机中恢复的平均时间快了约 2600倍。这中间的差异很大，因为表现差的团队从承诺到交付部署代码需要 1~6 个月的时间，而表现好的团队平均每天部署 4次，变更交付时间仅为 24 小时。

以下是实施精益开发运维一体化原则时，需要遵循的一些管理原则：

✦ 小批量的工作

让开发人员将一个大的软件分解成小块来写代码，可以在 1~2 周或更短时间内部署。这会实现更短的交付和反馈周期。理想情况下，在将这些代码转发给同行开发者审查之前，应该对其进行自动测试。检查人员应该使用版本控制库检查代码的微小变化，并向开发人员提供反馈，以便他们可以在几小时内（而不是几周或几个月）部署代码。

↑ 保持对工作流程的视觉跟踪

工程师和经理都应该清楚地了解工作流程，包括成功迭代的障碍。实现这一目标的最好方法是通过看板（见做法 39）和衡量进度的指标，如用燃尽图、缺陷、交付时间和团队周期时间等方式实现故事点数可视化。

↑ 定期从用户那里获得反馈

有时，迭代团队没有从用户那里获得足够的反馈（尤其是工程师）。确保源源不断的用户反馈（例如，根据使用、激活和留存指标）和亲自参与用户研究一样重要，例如采访或观察用户使用某个功能。一些公司在用户体验反馈循环中，会在早上进行用户洞察会议，为改进产品定义 3~5 个假设，然后在一天内完成改进，并在晚上通过另一轮研究会议结束这个循环。对于工程师和产品经理来说，没有什么事情比在一天之内看到用户体验的改善更令人兴奋。

↑ 建立一个方便的变更流程，赋予团队实验和质量部署的权力

烦琐的（正式的）变更管理流程会给软件的快速部署带来障碍。DORA 的一项研究发现，没有证据表明更烦琐的审批流程（如通过变更咨询委员会）能降低变更失败率。但随着部署频率的降低和交付次数的增加，烦琐的变更管理流程肯定会使软件开发的速度变慢。让团队选择进行自动化测试，快速回滚修改，并进行基于同行的代码审查，能够使其比通过正式审批流程更快地预防和纠正缺陷。因此，这种持续交付方法

（见做法 41）兼顾了开发速度和防止缺陷。

做法 41：建立持续交付的开发运维一体化

想象一下：每当有人使用油管、奈飞或亚马逊，他们使用的都是最新版本的网站。这个"新"是名副其实的：仅在一天中，基础软件就可能被更新数百次，但用户几乎不会注意到。持续交付允许开发人员随时对功能进行细微的改进，修复错误，改变配置，甚至进行实验——所有这些都是为了用户的利益。其结果是：更快的反馈周期和更快的改进。

在过去，每月、每季度甚至每两年部署一次代码是标准的做法，而今天，现代软件公司的目标是每天部署代码（称为"持续交付"）。这种做法的关键优势是更短的周期时间、更频繁的部署和更低的变更失败率，因为代码故障不光可以被迅速发现，同时还能处于轻微的、可控的状态。持续交付的常见阶段是：计划、编码、构建、测试、发布、部署、运营和监控。开发运维一体化，是一种强调 IT 运营和软件开发团队之间跨部门合作的方法。其重点是通过结合精益管理和自动化开发流程为开发人员赋能，从而在速度和准确性方面得到重大改进。为了实现这一目标，必须将生产环境（客户使用的代码）与测试代码的暂存环境（客户使用的代码的副本）分开。开发运维一体化的要素见图 50。日常部署的其他技术前提包括内部自助服务工具、配置管理和自动测试。

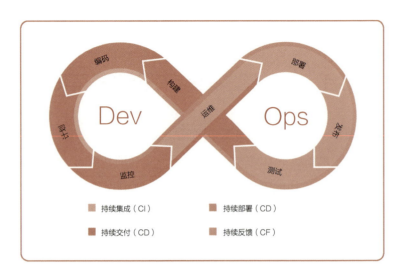

图 50　开发运维一体化的要素

资料来源：开发过程的 8 个阶段。

↑　通过内部自助服务工具赋能开发人员

快速部署来自开发人员（作为内部客户）能够依赖一套开发运维一体化工具，这套工具和真实用户所期望的用户界面与用户体验设计（UI/UX）相类似。这些工具将重复的、耗时的任务自动化，并使其顺利完成，使开发人员有更多的时间专注于生产高质量的代码。内部工具团队负责购买或开发和维护这些工具，一般包括以下需求：协作（与产品团队一起规划应用需求和产品路线图）；构建（编写和提交代码到共享仓库供审查）；测试（在每个代码变更中运行一系列连续的自动错误测试，并在暂存环境中运行更深入的手动和自动测试）；部署（把变更发布到最终用户环境中）；运维（协调代码发布，性能监控和错误报告）。

✦ 确保合理的配置管理和版本控制

配置管理是指记录、组织和控制软件变化的过程，它允许任何人确定谁对代码进行了修改，并在整个 IT 基础设施中复制配置。全面的配置管理通常有 3 个要素。第一个要素是**源库**允许对所有人可读的文件（如测试脚本、代码、构建脚本、部署脚本和配置文件）进行准确的版本控制。这对于跟踪所有的代码变更（称为"提交"）特别重要，因为它可以控制访问，并且可以对代码进行比较、合并和恢复。第二个要素是工件库，它存储所有机器可读的文件（二进制文件、测试数据和库）。第三个要素是配置管理数据库，这是一个数据仓库，存储关于一个组织的硬件和软件资产的各种信息，包括设备信息、位置、文件、应用程序、服务、数据库和服务器。

✦ 实现构建和测试过程的自动化

持续交付依靠自动化测试来帮助开发人员在几分钟内发现代码中的错误。代码通常会在至少 4 个层面上进行测试：

○单元测试检查基本的代码元素，如类、接口和函数。这里的关键是，开发人员可以在近乎实时的情况下运行这些测试（例如，少于 2 秒），这样他们的生产力就不会受到影响。

○集成测试（也被称为模块测试）检查代码块 / 模块的交互错误。它们类似于单元测试，但在更高的交互程度上工作（例如，检查一个函数是否与它的输入函数正确交互）。单元测试和集成测试通常都是由最初编写代码的产品和技术团队进行。

○ 系统测试（也被称为 UI 测试）从客户的角度检查程序的运行是否完美无缺。一些公司购买不同系统的手机（如苹果和安卓操作系统），安装自动测试应用程序，为每个国家全天候下载和运行不同版本的移动应用程序，为生产和测试环境测试订单或交易，然后再删除应用程序。如果其中一个应用程序出现故障，中央质量团队将立即收到报警信息。

○ 用户验收测试验证最终的应用程序和服务是否符合业务和用户界面与用户体验要求（例如，通过检查性能、API 正确性和用户故事标准）。这里的关键是，这些测试是由（内部）用户，而不是开发者进行的。举个例子，通过大型应用商店的测试版本来检查这些产品是方法之一。

设置实时系统性能监控

保证用户服务可用性是性能监控的主要目的。它通常包括 3 个层次：工具化、监控和警报。

○ 工具化指的是简单地测量所提供的服务的可用性和网络健康指标（服务器正常运行时间、用户从数字服务请求信息时的响应时间，以及 CPU 和内存的使用）。性能测量通常是被动的（表明系统正常运行的指标），但它也可以是主动的，比如定期检测系统，看它是否按照期望的水平进行响应。

○ 在监控中，数据会根据业务指标进行分析，并将信息直观地呈现出来供人使用。例如，时间序列分析法观察一段时间内的性能，以发现数据中的常见模式，如用户行为（如登录、注册、退出）、错误频率、错误类型和场景信息。

○ 当指标超出可接受的条件范围时，警报会自动报警，主动通知操作员出现问题。普罗米修斯（监控和警报）和格拉法纳（用于可视化的普罗米修斯集成）是两个使用最广泛的开源系统监控工具。

做法 42：通过开发运维一体化文化赋能行动者团队

奈飞有一个信条，完美地描述了其自我管理的文化"聘用优秀的人才，放手让他们工作"。同样，谷歌发现，在建立高绩效的技术团队时，高度的心理安全和学习文化最为重要。这里的关键问题是：在不会感到不安全或尴尬的情况下，团队成员能否主动承担风险？员工感觉越安全，就越有可能承认自己的错误，相互合作，承担新的职责，并发挥思维多样性的力量。这种方法往往对留住员工也有奇效。最理想的团队环境是坦诚、信任和不互相指责的环境。在这样的环境中，人们愿意倾听建设性的反馈意见，并不会在背后议论对方。这种环境的作用体现在：通过公开团队和个人的目标和关键成果，团队成员能够相互依赖，按时高质量地完成工作。管理者还需要以身作则，承认并分享自己的错误，接受员工的意见，并对员工的问题和疑虑做出积极的反应。相互认同的团队原则和定期的团队练习（例如，谷歌的"像我一样"活动——人们复述关于对方的介绍，"焦虑派对"——员工写下他们最大的担忧，并与同事分享），可以帮助团队变得亲密和融洽。

理想情况下，这种心理安全应该被嵌入到公司文化中，鼓励人们从失败和错误中学习。可以通过以下方式培育这种文化：

○ 为每人制定认证、研讨会和会议的培训预算，以突出学习的价值。

○ 给团队留出时间来自主学习和探索新想法。例如，谷歌要求员工留出 20% 的时间来尝试业余项目，而一些公司则每月安排几个"任务完成日"，或每年安排几次"黑客周"，团队可以利用这段时间来尝试新的工具、技术和想法。

○ 确保将失败作为学习过程的一部分，例如通过开展不追究责任的事后总结会，回顾错误并从中学习。

○ 将跨部门的团队放在一起，以促进合作。

○ 公开表彰那些勇于承担风险（在此过程中可能失败）的人。例如，谷歌采用了每月的总结通讯和总结交流会，甚至还有一个名为"不幸之轮"的灾难模拟，在这个活动中，游戏主持人在舞台上布置了一个灾难

场景（例如，故障），两个网站可靠性工程师需要在
30~60 分钟内，在"观众"面前找到问题的根本原因。

可扩展的架构

做法 43：开发一个"足够好"的软件架构，使之能够随着时间的推移不断扩展

在快速增长的处于规模扩张阶段的公司中，搭建软件架构的艺术在于让公司实现快速上市和避免过多的技术债务。有 4 个原则可供借鉴：

↟ **初创阶段可以使用单体结构，因为速度是关键**

亚马逊使用的"OBIDOS"和领英使用的"Leo"，以及这些公司早期的其他应用程序有一个共同点：它们都是单体结构。单体是一种软件架构，应用程序中的所有组件——数据库、客户端应用程序和服务器端应用程序——都建立在一个单一的代码库中。单体结构有助于初创公司快速交付第一批产品。它们可以避开耗时的软件架构决策，并能够让公司免于开发模块之间的接口。如果公司需要转向另一个业务领域（例如，从电子商务商店转到交易平台），使用单体结构也是非常有利的，因为不必从头开始重新设计域逻辑。开发团队可以从单体结构开始，然后在架构之外开发自己的网关和服务，逐步转向更多的面向服务的设计。在早期阶段，重要的是要避免教

条主义和过于复杂的技术方案，这些方案可以改由人工来处理。如果你需要每个月发送 15 张账单，这并不需要一个复杂的计费系统。在这个阶段，应对数量并不多的潜在客户也不需要一个复杂的客户关系管理系统。如果你需要分析最简可行产品的用户反馈，先进的数据科学平台并不是必不可少的。重要的是要记住，虽然单体架构通常很简易，有利于初创企业的快速推广，但它们还是有不足之处，如在扩展应用程序的功能时，每一个微小的代码修改都需要重建应用程序，并进行全面部署。

🡑 **对于不断增加的技术债务，清醒和有据可查的决定是关键**

每个创业公司都难免会积累一些"技术债务"，即为了调整（添加或重写）现有代码而损失的额外时间和资源。如果一个团队决定对快速实施的解决方案进行编程，但后来又不得不重写，他们就会积累技术债务。例如：最初的决定是只支持两个 SQL 数据库，而不是整合多种数据库类型，或者只允许一种类型的登录，而不是允许用户使用他们的谷歌和脸书账户来登录。如果技术团队把需要以后重做的技术债务主题添加到一个共享列表中，并按照这个目标编写技术设计文档，通常会促使开发人员从一开始就把代码写得"更干净"——因为这样可以节省修改代码的时间。有效的做法是在技术设计文件中包括以下内容：问题、所采取的技术方法、一些实现的例子（如逻辑图或示例代码），以及当时所考虑的不同的技术解决方案及选择（如一长串的开源或商业软件解决方案）。设计文件最好不超过 3~4 页，并在工程团队内部共享和完善。

✦ 一个面向服务的平台架构可以赋予开发者团队所有权和控制权

开发团队规模越大，代码库中相互依赖的风险就越高。最好的做法是对软件产品进行模块化设置，这样，即使团队需要修改一个模块，也不用再去改动另一个。马丁·福勒（Martin Fowler）对此描述如下：

简而言之，微服务架构风格是一种将单个应用程序开发成一套小型服务的方法，每个服务都在自己的进程中运行，并与轻量级机制（通常是 HTTP 资源 API）进行通信。这些服务是围绕业务能力建立的，并且可以通过完全自动化的部署机制进行独立部署。这些服务只需要最低限度的集中管理，它们可以用不同的编程语言编写，并使用不同的数据存储技术。

这种类型的服务导向通常有利于赋予独立开发者团队所有权和控制权。你的团队能决定他们自己的技术栈和编程语言吗？他们对 API 逻辑有清晰的理解吗？如果答案是肯定的，那就表明你的公司已经具备了分离的、面向服务的平台架构。切记不要步入建立数量庞大的微服务的陷阱（见图 51）。

✦ 通过标准化节省开发团队的时间

虽然有必要给予各个开发团队尽可能多的自主权，但一定程度的标准化是必要的。毕竟，一遍又一遍地重新发明轮子对谁都没有好处。标准化通常包括 API 风格、格式和文档以及

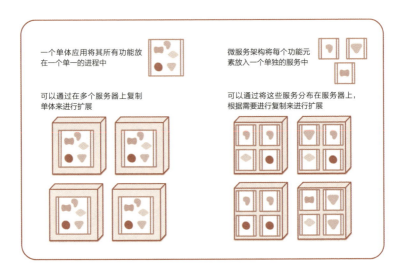

一个单体应用将其所有功能放
在一个单一的进程中

微服务架构将每个功能元
素放入一个单独的服务中

可以通过在多个服务器上复制
单体来进行扩展

可以通过将这些服务分布在服务器上，
根据需要进行复制来进行扩展

图 51　微服务架构

开发的服务。它还可能包括以下内容：计费服务、部署服务、认证服务或监控日志服务。为了避免重复工作，确保团队接口的正确使用，一个易于访问的服务目录是必不可少的。例如，声破天使用 backstage.io 建立了一个集中的、简单的服务目录。通过使用目录中的模板，开发人员可以将工作流程自动化，甚至通过一次点击，就可以部署一个微服务、网站或其他软件组件。

做法 44：搭建一个有弹性的云架构

对于大多数规模化公司来说，最佳做法是将他们的大部分应用程序部署在云中，因为这使他们的 IT 基础设施在确保性能和可靠性的同时，能够跟得上用户快速增长的步伐。在这种情况下，速度是关键。亚马逊报告说，100 毫秒的额外加载时间使销售额下降了 1%，而谷歌则指出，500 毫秒的加载时间使搜索量减少了 20%。云部署对于确保架构能够从冲击中迅速恢复至关重要，无论是外部冲击（如黑色星期五的需求高峰），还是内部冲击（如开发人员无意中降级了服务器）。以下是检查云架构是否具有韧性和可扩展性的关键问题。

✦ 你是否有一个具有规模化经验的云技术专家

许多技术专家多少都有一些在云上部署软件的经验。有一位拥有亚马逊云解决方案架构师或谷歌云架构师认证的专家固然很好，但在规模扩张阶段，更重要的是要有一位经验丰富的"网站可靠性主管"或"云平台主管"，他能够从整体上看待云架构，并且要有将一家公司扩展到拥有数百名开发人员的经验。考虑聘请有云迁移经验的前顾问担任内部职位也是值得一试的。

✦ 你的云计算网络是否有足够的冗余度

冗余是指信息的复制，确保在一个或多个系统组件发生故障时（例如，在数据中心发生火灾时），信息不会丢失。这就是为什么云基础设施供应商倾向于在一个地区运营多个数据中心。例如，在欧洲，亚马逊云计算在英国（伦敦）、法国（巴黎）、德国（法兰克福）和意大利（米兰）等地总共有 18 个可用区（AZ）。每个可用区都包含一个或多个数据中心。亚马逊云计算建议在 3 个可用区上部署应用，以实现最佳的可用性。亚马逊保证在一个可用区的部署至少有 99% 的可用性（每年最多离线 3 天零 15 小时）。对于两个平行的部署，可用性为 99.99%（每年最多离线 53 分钟），对于 3 个平行的部署，可用性为 99.9999%（每年最多离线 31 秒）。

↑ 你是否部署了足够的自动扩展和负载均衡资源

自动扩展和负载均衡意味着应用程序可以根据需求调整其容量。例如，如果大量用户在黑色星期五这天访问一个网站，可能需要在几个小时内将服务器（"实例"）的数量增加一倍。自动扩展会带来更多的"实例"，而负载均衡会将流量引导到网络中那些仍未被充分利用的部分。亚马逊提供被称为"弹性负载均衡"的自动负载平衡。在计划启动额外的服务器时，重要的是正确安装应用程序，解决依赖关系，并在短时间内部署。

↑ 你的基础设施是不可变和无状态的吗

能否快速扩展云基础设施取决于是否有"不可变组件"，这些组件在每次部署时都会被替换，而非不断地更新。不可变的基础设施是一种范式，服务器在部署后不能被修改。换句话说，它们在创建时包含的信息是最终的、不可更改的。为了能够调整信息，必须建立新的服务器来取代旧的服务器。为了避免每次都要建立一个新的服务器，现有服务器的"状态"不是存储在单个服务器上，而是存储在一个中央数据库中，服务器从该数据库中更新其信息。这使得它们可以快速地增加和减少，并具有高度的灵活性。

✦ 你能把基础设施作为代码进行部署吗

将基础设施作为代码部署涉及编写和执行脚本（例如，在云中创建更多的服务器，而不是通过仪表盘将它们连接起来）。这种做法的主要优势在于，它可以减少错误，因为配置网络可以自动扩大或缩小规模。人类在执行重复性任务时容易出错，而机器可以准确地完成这些任务。这一点作用巨大，特别是在紧急情况下，例如，系统遭到破坏，用户无法再访问他们的数据。如果一个基础设施可以作为一个代码部署，几分钟内就能使系统恢复。否则，网络团队可能要不间断地工作几天才能恢复一切。基础设施团队需要能够回答的一个关键问题是，从零开始重建基础设施需要多长时间？将基础设施作为代码来部署，对于那些认为每分钟的停机时间都很关键的公司来说尤其重要。所以，这对处于后期阶段的金融科技公司比处于初创阶段的电子商务公司更重要。

✦ 你是否使用混沌工程来测试你的云架构的韧性

随着系统的发展，不时地用模拟故障来测试云架构的韧性是有益的。可以通过将一些实例下线，向系统发送损坏的数据，或故意启动网络延迟来进行这类测试。奈飞公司每隔几周就会部署一次"混乱大猩猩"，它会关闭整个可用性区域，以测试系统是否还能从其他区域为用户提供服务。这样的混沌测试工具使公司能够检查微服务和数据存储架构（奈飞出版了一本关于混沌工程的书，详细介绍了这一点）。混沌工程测试的逻辑是要承受住现场生产环境中的动荡条件，这需要有效的实时监控和经验丰富的云平台团队。

信息安全

做法 45：降低网络应用程序面临的 10 大安全风险

安全团队需要应对 3 个关键风险类别：网络、云和应用安全。随着网络应用变得越来越重要，一个优秀的安全团队需要随时关注排名前 10 的风险。开放网络应用安全项目基金会编制了一份不断更新的风险清单。排名的依据是风险的普遍性、可检测性、发现的难易程度和潜在的技术影响。为了保护网络应用程序和在线服务免受安全风险和威胁，安全团队需要施行一系列的具体检查和防御措施（见图 52）。

做法 46：尽早在设计、开发和部署中整合关键的信息安全措施

安全实践在很大程度上取决于公司的商业模式，尤其是公司的数据对网络犯罪分子的潜在价值。例如，金融科技公司可能需要比电子商务公司更严肃地对待网络安全问题。不过，无论哪个行业，大多数科技公司为了确认和保护最有价值的数

排名/风险	定义	防御措施
1 注入	作为命令或查询的一部分发送到解释器的不可信任的数据（通常是 SQL 查询）	Ⓐ 使用安全的 API 来避免使用解释器，并提供一个参数化的接口 Ⓐ 实施白名单服务器端输入验证 Ⓐ 不允许在解释器中使用特殊字符
2 失效的身份认证	认证和会话管理的实施不正确	Ⓐ 实施多重认证 Ⓐ 不使用默认凭证进行部署 Ⓐ 实施弱密码检查和密码轮换政策 Ⓐ 限制或推迟失败的登录尝试
3 敏感数据泄露	对敏感数据的保护不力或缺乏加密措施	Ⓐ 对所有未使用的敏感数据进行加密 Ⓐ 不存储不必要的敏感数据 Ⓐ 不要对包含敏感数据的响应使用缓存
4 XML 外部实体（XXE）	较早的或配置错误的 XML 处理器，在 XML 文件中评估外部实体引用	Ⓐ 使用简单的数据格式（JSON），避免敏感数据的序列化 Ⓐ 实施过滤或净化以防止 XML 的恶意数据 Ⓐ 对所有正在使用的 XML 处理器和库打补丁或升级
5 失效的访问控制	未对通过身份验证的用户实施恰当的访问控制	Ⓐ 除公共资源外，默认为拒绝访问 Ⓐ 实施访问控制机制和在整个应用程序中重复使用 Ⓐ 禁用网络服务器目录列表，确保文件元数据和备份文件不显示在网络根目录中
6 安全配置错误	包括不安全的默认配置、不完整的配置、未打补丁的操作系统和错误配置的 HTTP 头	Ⓐ 自动化流程，建立一个安全的环境 Ⓐ 通过使用虚拟化和容器来设置独立环境 Ⓐ 自动测试你的配置
7 跨站脚本（XXS）	应用程序未经验证在一个新的网页中包含了不受信任的数据	Ⓐ 使用在设计上能自动绕过 XSS 的框架 Ⓐ 绕过不受信任的 HTTP 请求数据
8 不安全的反序列化	结构化（序列化）数据未经验证就被转换成对象	Ⓐ 拒绝不受信任的来源的序列化对象 Ⓐ 使用完整性检查（数字签名）来防止恶意对象的创建或数据泄漏 Ⓐ 在低权限环境中隔离和运行反序列化代码
9 使用含有已知漏洞的组件	库和框架等组件以与应用程序相同的权限运行	Ⓐ 自动连续检查新的组件版本 Ⓐ 只从受信任的来源获取组件，并优先考虑已签名的软件包 Ⓐ 替换未经维护的软件包
10 日志记录和监控不足	缺少监测和及时反应	Ⓐ 记录所有登录、访问控制失败和服务器端输入验证失败的情况 Ⓐ 确保一个有效的事件监测、警报和响应计划

图 52　10 大网络应用程序安全风险

资料来源：OWASP，10 大最严重的网络应用安全风险。

据，都会采取 3 种安全措施：针对社交工程的员工意识培训、外部渗透测试和针对安全威胁的建模。

✦ 培训员工抵御社交工程的能力

"网络钓鱼"占所有网络攻击的 53%，使其成为中小型企业最常见的被攻击方式之一。网络钓鱼是指向个人发送电子邮件或文本，引诱他们泄露敏感信息，如登录信息。因此，发送假的钓鱼邮件来测试员工的安全意识是这里要采取的最重要措施之一。一些公司定期向员工发送网络钓鱼的电子邮件，如果员工泄露了敏感信息，公司就会给予提醒反馈。在员工入职时和至少每个季度举行一次定期培训很有用处。Usecure 建议，基本的培训主题应该包括对基于电子邮件的网络钓鱼技术的认识，基于电话和线下的社交工程（如一个"IT 部门"的人打电话询问密码信息；财务总监打电话要求为今天需要通过的银行交易快速签名，或者数据中心出现故障等）、家庭安全（使用经批准的软件和移动应用程序，不将工作数据转移到个人设备上，使用 VPN 等）、安全使用互联网和电子邮件（避免在不信任的网站上输入敏感数据，识别可疑的链接，多重认证等）。

✦ 聘请外部安全顾问进行漏洞检查和安全渗透测试

聘请外部安全顾问来进行全面的网络安全筛查和审查，就像看牙医一样：定期检查是确保健康状况良好的一种经济有效的方法。理想情况下，外部安全顾问会承包两项服务。首先，他们会每季度进行一次漏洞检查，以发现开放端口、过于简单的密码、未打补丁的系统、SQL 注入和弱认证。其次，他们将进行安全渗透测试，主动捕捉网络流量中的密码，穿透公司防火墙或检测操作系统和终端应用的漏洞。外部悬赏计划可以作为一种补充方式，邀请黑客提交关于任何潜在安全风险的信息以换取奖励。

↑ 进行威胁建模以识别和保护最有价值的数据

了解哪些数据应受到最严格保护以抵御网络攻击至关重要。对于一家生物制药初创公司来说，这些数据可能是测试结果。对于金融科技公司来说，这些数据可能是核心银行系统，而对于 SaaS 公司来说，它可能是核心功能代码库。安全团队需要不惜一切代价保护系统，其措施包括：在云中用额外的安全层保护网络，实时备份数据库，用更多的限制或更强的加密保护访问权。一个系统化的方法是确定最具潜在破坏力的威胁的攻击数据流，根据标准（例如，事件实际发生后的影响和发生的可能性）对其进行优先排序，以确定泄露可能性，并抵御那些导致最多泄露的风险。

建立信息安全可以从美国国家标准与技术研究所（NIST）的网络安全框架（见图 53）开始着手。ISO 270001 网络安全标准也是非常有效的框架。虽然一些规模化公司为了保持精简，可能会认为这些标准很烦琐，对资源要求太高，但其他公司会发现定期部署一个机构，根据安全标准进行评估，以发现盲点的好处。

识别	保护	检测	响应	恢复
资产管理	身份管理、认证和访问控制	异常现象和事件	响应计划	恢复计划
商业环境	认识和培训	持续安全监控	通信	改进措施
治理	数据安全	检测流程	分析	通信
风险评估	信息保护过程和程序		防御	
风险管理战略	维护		改进	
供应链风险管理	保护技术			

图 53　美国国家标准与技术研究所网络安全框架

数据管理

做法 47：利用自助式数据工具实现数据民主化，同时搭建可扩展的数据架构

数据处理曾经需要高度专业化的工具和专业知识，现在整个组织内的许多角色和团队都与之相关。就在几年前，操作查询和处理工具还离不开数据工程师，需要他们满足组织的分析需求。然而，现在，组织中更多的人经常与数据平台进行互动。

由于这种转变，必须要有一个数据民主化的方法，每个团队在自己的数据仓中都有自己的、大同小异的公司指标定义，而集中化的数据团队则成了其他人用数据管道自我服务的瓶颈。

有鉴于此，推进数据的民主化可以采取以下几种方法。

↑ 数据标准化

精通 SQL 语言的成员并不是造就一个成功的数据团队的唯一因素。将整个公司使用的工具、指标、政策和流程标准化，对于避免孤岛式和不可转移的数据工作成果，以及高风险的数据安全漏洞，是势在必行的。这需要使用关键指标作为分析标准（例如，月活跃用户而不是日活跃用户）。

↑ 构建自我服务的数据工具

数据工具的使用者既包括常见角色。数据工程师、数据科学家和分析师，也延伸到销售、营销、客户服务等领域。实现这种民主化的通用语言是 SQL，用户通常使用商业智能分析工具，甚至直接与数据仓库互动。在一些规模化公司中，每月有多达三分之二的人是数据仓库的活跃 SQL 用户。定期的 SQL 培训对此很有帮助。

↑ 创建最简可行的数据产品

在中央数据团队根据其他团队的需求采取行动之前，必须避免过度生产。举个例子，实时流数据可能被表述成是一种需求，但它可能非常昂贵，而且除了频繁地更新数据仓库之外，并不能为公司带来任何明显的更大利益。与此类似的需求还有公司的机器学习平台的处理能力。和静态计算和离线批量预测相比，需要在更广泛的业务需求的背景下，确定在线预测能力能够给公司带来的利益。

创建可扩展的数据基础设施

公司规模越大，基于准确和（通常）实时数据进行商业决策就越重要。数据基础设施的投资可以带来回报。例如，亚马逊销售了超过 1 亿台 Alexa，奈飞通过基于机器学习的推荐，创造了 80% 的内容浏览量，爱彼迎（Airbnb）通过对房东接受概率的建模，将其预订转换率提高了约 4%。风险投资公司 Andreessen Horowitz 发表了一份关于现代数据架构的概述（见图 54）。

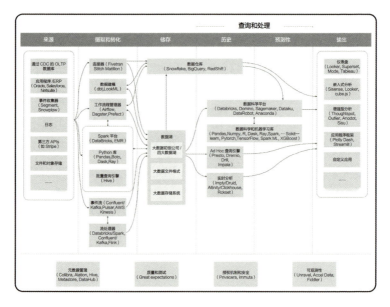

图 54　现代数据架构

资料来源：《现代数据基础设施的新兴架构》（*Emerging Architecture for Modern Date Infrastructure*），安德森·霍洛维茨（Andreessen Horowitz）。

根据这个模型，一个统一的数据架构最好包括以下内容：

↑ 来源

通过内部企业资源规划系统（如 Salesforce、Oracle）的一系列不同来源产生的数据，并交付给外部的第三方 API，供多种用途。

↑ 摄取和转化

这是将数据从生产系统（数据来源）转移到数据仓库的过程。有 3 个阶段：提取数据，将数据交付给存储，转换数据进行分析。基本组件包括连接器、工作流程管理器。

↑ 存储

以适当的格式存储数据，以便进行查询、处理和成本优化。有 3 种主要的数据存储方式：数据仓库作为数据分析系统的骨干，数据以结构化格式存储在仓库中，以便使用 SQL 语言快速提取；数据湖的数据以原始格式存储，以便在应用程序中灵活、可扩展地纳入数据智能；"湖仓"，直接对存储在数据湖中的数据进行分析。将数据直接放入数据湖的好处是，它可以以原始格式存储，所以不需要决定使用什么模式（与在数据仓库中存储数据时不同）。

↑ 查询和处理

对存储在数据仓库或数据湖中的数据进行的操作有两种类型：一种是查询，为从数据中获得洞察力提供接口；另一种是处理，即针对存储数据执行查询和数据模型分析。用于识别数据集模式的机器学习算法此时可以派上用场。

↑ 输出

从数据分析中得出的见解，可以通过仪表盘和数据可视化工具进行可视化，数据模型被嵌入到应用和流程中，如产品推荐和情感分析。

定义

- **应用编程接口（application programming interface，API）：** 一种标准化的计算接口，使不同的应用程序能够相互通信，从而使应用程序能够共享信息。

- **（产品）积压任务（backlog）：** 团队作为未来迭代要交付的一系列新功能、用户故事、现有功能的变更、错误修复或基础设施变化。

- **蓝队／红队（blue team ／ red team）：** 一种网络安全技术，通过模拟网络攻击来评估一个组织的安全性，在这种情况下，两队互相对峙——红队使用真实世界的网络攻击工具、行为和做法，蓝队则防御攻击。

- **跳出率（bounce rate）：** 只涉及一个单一页面浏览的网站访问的百分比，高跳出率可能是网站性能不佳的一个指标。

- **变更失败率（change failure rate）：** 衡量代码部署不成功的比率，以导致生产失败的部署比率来衡量（例如，应用程序中一个无法正常使用的功能）。

- **云服务提供商（cloud service providers）**：这包括亚马逊的子公司——亚马逊云科技，它提供基于网络的 IT 基础设施（"云计算"）。另外还有微软 Azure、谷歌云平台和阿里云等供应商。

- **代码测试覆盖率（code test coverage）**：衡量软件的代码在测试过程中被验证的百分比。

- **代码重写（code rewrite）**：重写一个具有现有功能的系统的大部分代码，而不重复使用其源（原始）代码。

- **代码重构（code refactoring）**：在不增加功能的情况下系统地改进现有代码的过程。它的作用是改善代码的设计和可读性以及减少技术债务的积累。

- **配置管理（configuration management）**：一个系统工程过程，用于保持计算机系统、服务器和软件的一致性能，利用自动化工具来管理和监测更新。

- **网络安全（cybersecurity）**：保护系统、网络、程序、设备和电子数据免受网络攻击所涉及的人员、流程和技术。

- **部署（deployments）**：新写的代码被上传到承载应用程序或网站的服务器的内部过程。它可以不被终端用户注意到，这与软件发布不同，软件发布通常可以被用户注意到。

- **开发环境**（development environment）：一个软件套件，为开发人员提供一个工作空间，在开发环境中对代码进行修改，而不会造成用户使用的软件出现错误的风险。

- **开发运维一体化**（development operations，DevOps）：开发运维一体化是指一套将软件开发和 IT 运营更紧密地联系在一起的实践活动，其最终目标是加快软件的高质量开发。

- **数字取证**（digital forensics）：通常用于调查网络犯罪和解决 IT 运营问题。

- **看板**（kanban）：一个项目管理系统，它将一个项目可视化为一系列的任务清单，并跟踪这些任务的进展直至完成，从而将团队成员的注意力集中在一个项目或任务的实际状态上，而不是目标完成日期。

- **延迟**（latency）：衡量数据在网络上两台计算机之间传输的时间。

- **单体结构**（monolith）：一种软件架构，应用程序中的所有组件，包括数据库、客户端应用程序和服务器端应用程序，都建立在一个单一的代码库中。

- **渗透测试**（pentesting，penetration testing）：一个测试计算机系统对网络攻击的脆弱性的过程。

- **生产环境**（production environment）：为客户提供软件和产品的环境。

- **质量保证**（quality assurance）：验证软件产品是否准备好供其使用的过程（例如，代码中缺少缩进、拼写不一致和安全漏洞），通常用自动代码检查和人工测试来完成。

- **发布**（release）：一个软件的新版本，包含修复、更新和增强的功能；终端用户通常知道产品发布的新版本。

- **表征状态转移**（representational state transfer，REST）**APIs**：一种 API，利用一套定义的准则来构建软件在互联网上的通信方式，这使得来自不同应用程序的数据整合变得简单和可扩展。

- **回滚、热修复和补丁**（rollback，hotfix & patch）：代码部署不成功后的补救措施。回滚：将所有事务性系统（如数据库）恢复到以前的状态的过程；热修复：快速开发和发布的软件产品的更新；补丁：在产品的预定全面发布之间，对软件产品的临时修复。

- **敏捷开发**（scrum）：一个敏捷的项目管理框架，提倡有时间限制的工作周期——"迭代"，迭代通常持续两周，由小团队（通常最多 10 名成员）执行，以加快为用户提供相关软件。

- **社会工程**（social engineering）：网络攻击者采用的一种技术，利用人类的错误来启动和实施网络攻击（例如，"网络钓鱼"通常是向个人发送电子邮件或文本，引诱他们泄露敏感信息，如登录密码信息）。

- **软件工程师/开发员**（software engineers/developers）：负责规划、设计、构建、测试、部署和维护软件的 IT 专业人士。

- **源代码**（source code）：由程序员用人类可读的编程语言编写的指令和语句。

- **暂存环境**（staging environment）：生产环境的复制品，允许开发人员在新软件上线前在现实条件下测试其产品。

- **故事点数**（story points）：敏捷项目管理中使用的一个指标，用来估计建立一个特定的功能、片段所需的工作量。这个指标是主观的，由一个团队成员自己定义，因此在不同的团队之间不具有可比性。

- **系统响应时间**（system response time）：从提出系统请求到响应请求之间所需的时间。

- **测试驱动的开发**（test-driven development）：一种软件开发的方法，在开始对一个新功能进行编码的过程中，先定义并执行测试，以使开发人员对新功能的要求有准确的了解。

- **正常运行时间**（uptime）：产品或设备处于正常运行状态的时间百分比（当产品可以被终端用户使用时）。

- **Yaml 文件**：一种数据序列化语言，因其可被人类作为纯文本文件轻松阅读而闻名。

第 7 章

B2C 卓越营销

通过最小的成本和最大的客户留存率来实现规模扩张

合著者：凯莉·福特（Kelly Ford）

！ 规模化发展阶段的主要误区

● 追求虚荣的增长指标

当受到竞争或缺乏洞察力的驱使时，一些规模化公司陷入了追求虚荣的增长指标的陷阱，这些指标在公众看来非常棒，但不能创造真正的商业成果（例如，非活跃的注册用户、下载量、社交媒体粉丝数、页面浏览量）。一个真正的北极星指标是必不可少的，因为它有利于创收，反映客户价值，并且易于追踪（例如，交易平台上列出的商品数量或金融科技公司的月活跃用户数量）（见做法 48）。

● 将水倒入一个漏水的桶中

有些初创公司会在达到产品与市场完全契合之前就开动"营销机器"。如果每月的留存率不足以达到至少 100%

的净收入留存率，那么只有在特殊情况下，才可以考虑大量投资于付费营销（见做法 48）。

● 招聘二级营销管理的时机太晚

当被精简的愿望所驱使时，市场营销负责人可能会过晚地招聘二级营销管理。如果首席营销官的直接下属超过 10 人，那么招聘更多的有机营销、付费营销、品牌或公关经理就成为当务之急（见做法 50）。

● 同时运营太多的营销渠道

一些营销团队将资源过于分散在各个营销渠道上，这种做法既低效又昂贵。许多大型科技公司仅通过一个渠道就建立了高达 80% 的初始用户群，例如领英用的是病毒式电子邮件，营销服务商核心地带依靠内容营销，猫途鹰（TripAdvisor）用的是搜索引擎，星佳用的是脸书。确定 1 或 2 个效果最好的渠道通常是最有效的（见做法 54）。

● 对品牌和有机营销的投资不足

因为品牌、口碑和有机渠道激活难度大而不加以重视，这是一个导致获客成本飙升的错误。前卫的品牌活动、强大的有机营销团队和精心设计的推荐计划，可以降低获客成本，并且往往可以带来高于平均水平的股东回报

（见做法 55）。

● 过于依赖付费营销

付费营销很容易上瘾，开始时可能感觉很好，但结局几乎总是很糟糕。关键是要在对品牌的充分投资中取得平衡，同时将获取客户的投资回报期保持在 6~24 个月（见做法 57）。

● 变现时机太晚

初创公司的领导者可能对其产品或服务的价值充满热情，以至于忘记为其充分定价，要不就是迟迟无法找到可行的变现模式。为了避免这种错误，在早期进行"支付意愿"的调查是当务之急，这有利于深入细分，并制定相应的价格点（见做法 59）。

新的和活跃的客户是开启规模扩张旅程的最初动力。诀窍在于把钱有效地花在吸引这些客户的措施上——这就是营销和增长团队所做的工作。当直接向消费者销售时，要考虑的关键问题是营销团队要解决什么问题。通常情况下，答案是为了以有竞争力的获客成本回报时间获得收入（和客户群）。获客成本回报时间是指从每个客户身上平均需要多长时间才能赚回客户获取成本。为了实现这一目标，营销团队通常专注于 4 个目标：快速地创造收入或客户增长、保证高客户留存率、使品牌与众不同，并通过创造有竞争力的获客成本回报时间来实现这一切。这就是我们所说的以营销主导的增长公式（见图 55）。

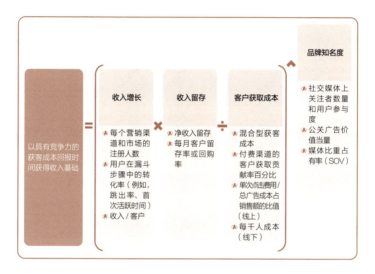

图 55　以营销主导的增长公式

下面的做法将提供一些把这个公式转化为目标和关键成果的启发，适用于任何商业环境和目标。

目标和关键成果

做法 48：制定正确的营销目标和关键成果

市场营销主导的增长公式可以帮助营销部门设置合适的目标和关键成果。图 56 和图 57 显示了金融科技和电子商务两个不同行业的营销部门的目标和关键成果的示例。

202× 年的典型目标			
01 收入增长 月活跃用户达到 100 万	**02 留存** 建立本行业最活跃的用户社区	**03 品牌** 在欧洲打造银行品牌	**04 效率** 实现最佳的客户获取成本
202× 年的典型关键成果			
在德国和法国新增 50 万个注册用户	将活跃用户群的日活跃用户从 10% 提高到 15%	将未提示品牌知名度从 2% 提高到 3%	将混合获客成本从 70 欧元降至 50 欧元
将 202× 年注册用户转化为认证用户的比率从 70% 提高到 80%	将净推荐值从 50 提高到 70（公司共同目标）	将照片墙上的粉丝数从 10 万增加到 20 万	增加有机广告和口碑的贡献
	将每月平均客户流失率从 3.5% 降至 2.5%（202× 年的客户）	将照片墙的参与率从 3% 提高到 10%	将谷歌前 10 名关键词中的平均排名从 7 位提高到 3 位
将认证用户到首次活跃用户的转换率从 50% 提高到 70%	将净收入留存率提高到 120%	创造 50 万欧元的广告价值当量和公共关系	将所有的性能流量从代理机构转移到公司内部

图 56　金融科技公司营销部门的目标和关键成果

现在，让我们更详细地研究每个目标和其对应的关键成果。

1. 增长：你获取新客户的速度够快吗？

访问过登录页面的人中，只有少数最终会成为客户。对于普通的电子商务公司来说，在 100 个访客中，只有 1.5%~5% 会

202× 年的典型目标			
01 收入增长 每月达到 1000 万的营收运转率	**02 留存** 培养本行业中最忠诚的客户群	**03 品牌** 在欧洲打造可持续消费品牌	**04 效率** 实现最佳的客户获取成本

202× 年的典型关键成果			
将每月独立的网站访客数量从 300 万增加到 500 万	将净收入留存率提高到 120%	将未提示品牌知名度从 2% 提高到 3%	将混合获客成本从 8 欧元降至 5 欧元
将"跳出率"从 30% 减少到 20%		将照片墙上的粉丝数从 10 万增加到 20 万	将亚马逊上的总广告销售成本（TACoS）从 20% 降至 15%
将弃购率从 20% 降至 15%	将回购率从 30% 提高到 40%	将照片墙的媒体比重占有率从 20% 提高到 30%	将谷歌广告的广告支出回报率（ROAS）从 200% 提高到 300%
将直接面向消费者（"D2C"）的收入份额从 30% 提高到 50%		创造 50 万欧元的广告价值当量和公共关系	将照片墙前 10 名关键词中的平均排名从 7 位提高到 3 位
引进 100 个新的库存单位	将净推荐值从 50 提高到 70	将生产和运输中使用的塑料份额减少到 0	将所有的性能流量从代理机构转移到公司内部

图 57　电子商务公司营销部门的目标和关键成果

实际购买商品。对于金融科技公司来说，从注册到成为月活跃用户，其下降幅度高达 90%。在成为活跃客户的过程中（理想状态下，会成为付费用户），人们将通过一系列被称为"客户获取漏斗"的步骤。虽然该漏斗的具体步骤因公司而异，但同一行业的初创公司往往遵循类似的轨迹（见图 58 和图 59 中的例子）。在每个步骤中，潜在客户的百分比可能会下降。整体的客户获取通常是根据收入增长或特定地域或"同期群"的活跃客户数量来衡量的。同期群指的是在某一时间段签署一项服务或分享某些共同经验（新产品、活动）而获得的客户群体。对同期群的客户进行比较，类似于对一段时期内大学毕业班级进行各个维度的比较（如收入、流动性、工作类型等）。

这一目标的关键结果通常包括总体收入目标和转化率（例如，跳出率、用户激活率、首次交易），这是对不同同期群的衡量。

漏斗步骤		转化率
注册	客户输入详细信息并确认电子邮件	**100%**
验证开始	客户开始验证身份（例如上传文件）	**70%~80%**
验证完成	客户已完成所有验证步骤	**50%~60%**
银行卡激活	客户通过邮件或数字方式激活银行卡	**40%~60%**
首次活跃	客户完成第一笔交易	**30%~50%**
月度活跃	客户每月进行各种交易	**10%~20%**

图 58　典型的 B2C 金融科技公司获客漏斗

资料来源：Smart Insights。

漏斗步骤		转化率
登录页访问 客户访问电子商务网站的登录页面		**100%**
产品页面访问 客户访问一个特定的产品页面		**40%~50%**
添加到购物车 顾客将展示的产品加入他们的购物车		**10%~20%**
订单确认 客户输入地址，并启动付款程序		**8%~10%**
付款/订单完成 客户成功使用某种付款方式（例如，信用卡、贝宝）付款，并确认订单		**1.5%~5%**
退货和退款 客户退回产品并获得退款		**1%~2%**
周期性购买 客户频繁购买产品		**0.5%~1.5%**

图 59 典型的 B2C 电子商务公司获客漏斗

资料来源：Smart Insights，Shopify，Unbounce。

2. 客户留存：你是否在避免"漏桶"情况的发生？

增长型投资者最讨厌的事情是什么？他们讨厌在长期客户关系上投了资，却又很快失去他们。增长不仅是指获得客户，也是指留住客户。为了实现这两点，营销团队需要推动客户互动，并专注于防止客户流失。

这通常以净收入留存率作为一个典型的**关键成果**来衡量。假设与过去 12 个月相比，现有客户的收入增加了 20%，同时考虑到追加销售、降级和硬流失（取消或长期不使用），那么净收入留存率是 120%。净收入留存率只要高于 100% 都被认为是好的，而 120% 以上就是非常优秀了。衡量流失率的另一个关键成果是留存率，即在特定时期（通常是一周或一个月）留存的活跃客户的百分比。电子商务公司的平均复购率占首次购买者（订单完成）的 20%，高于 50% 的被认为是非常优秀的表现。

3. 品牌：你在创造一个标志性的品牌吗？

当你在外国城市的一个陌生人家里过夜时，你的朋友会不会认为你疯了？这是爱彼迎在 2015 年早期增长阶段所面临的关键挑战。对此，爱彼迎的应对措施是：通过"不再独行"活动，进行大规模的品牌投资，以创建世界上第一个基于信任纽带的社区驱动的超级品牌。专注于创建一个标志性的品牌，对于历经了抢鲜一族和"早期大多数"阶段后的规模化公司来说特别有效——这时公司从只吸引来自柏林或伦敦的年轻人，转变为面向农村家庭。拥有标志性品牌的公司往往能产生高于平均水平的股东回报，即使是在商品化的市场中，也能通过在情感上影响客户的选择来推动增长，这样的公司还能吸引最优秀的人才。

这里需要关注的**典型关键成果**是：提示后和未提示的品牌知名度调查，媒体比重占有率——在一个时间段内，与同行业相比，对一个品牌的印象百分比，关键社交媒体渠道上的粉丝群和参与率以及净推荐值（有多少客户会向他人推荐产品或服务）。

4. 效率：你是否高效地获得新客户?

2015 年，当金融科技公司 N26 将其产品从面向年轻人的信用卡，转向面向成年人的银行应用程序时，该公司的客户群在几年内几乎逐年增长两倍。最重要的是：在那段时间里，大部分新客户都是通过现有用户的介绍而来。N26 不需要为获取这些新客户支付任何费用！并非每家科技创业公司都能这样幸运，得到如此廉价的获客渠道。通常情况下，付费广告（即在谷歌、脸书、照片墙和线下渠道上投放的广告）在增长过程中与无偿广告并行不悖。诀窍是花费要合适。2017 年，优步削减了80% 的广告，却没有出现实质上的停滞增长。易贝也有类似的削减广告支出的经历。公司有必要在为获取新客户付费、口碑获取和有机渠道（如公关和社交媒体）之间取得平衡，尽可能降低这些渠道的"混合"客户获取成本。"获客成本回报时间"通常应该保持在 6~24 个月之间（见做法 57）。

这里需要**关注的关键成果**包括混合获客成本，其计算方法是将用于以客户获取为重点的营销总金额除以所有渠道中获得的客户总数。例如，如果每天的营销支出是 5000 美元，每天获得 100 个验证客户（包括付费和有机渠道），混合获客成本为每个客户 50 美元。请注意，混合获客成本不能按投入扩大规模。为了实现 50 美元的混合获客成本，50% 的有机渠道可能是零成本，50% 的付费渠道可能是 100 美元的成本。然而，即使在付费渠道中再投入 100 美元，也只能获得一个而不是两个新客户。令人惊讶的是，太多的高管甚至投资者都败在这个逻辑上。

其他需要关注的关键成果包括每次转化成本、每次点击成本、顶级关键词的平均搜索引擎排名和广告支出回报率。广告支出回报率比较了一个广告活动所产生的毛利和花在上面的广告支出（使用收入而不是毛利来计算是危险的）。如果一个电子商务公司在规模扩张阶段，预期的广告支出回报率为200%，那么每花1美元的广告费就会产生2美元的毛利。在亚马逊平台上销售时，总广告销售成本是需要关注的指标。它可以衡量在亚马逊的广告支出与总收入（包括有机销售额）的关系。此外，跟踪有多少客户是通过付费营销与有机渠道获得的（有机营销与付费营销的"贡献度"）也很重要。

组织结构图和角色

做法 49：定义营销部门的角色和责任

在扩大规模时，营销团队要履行谋划增长途径的关键职能。市场营销的领导团队应包括：

- 一名由数字驱动的绩效营销人员，购买广告和优化搜索排名是他的第二天性；
- 一名创意总监，负责内容工厂的生产，对视觉效果和跨媒体广告情有独钟；

- 一名有机（即非付费）渠道的专家，他能读懂数据，判断投资于社交媒体、伙伴关系、文章、网站内容或电子邮件营销是否是更好的选择；
- 一名营销情报的领导者，他的超能力是深入研究数据库，寻找支持决策的信息；
- 一名品牌专家，负责创造一个一致的品牌基调，并协调线下活动；
- 一名公关专家，积极主动地建立可信赖的记者网络，并能处理公关危机；
- 一名增长黑客团队的领导者，利用数据、分析和量化目标来调整和推动增长计划（通常涉及多个部门）。

这个小组由产品营销团队提供支持，他们将协调营销项目。请注意，如果首席营销官是一个以数字为导向的人，领导团队中应该有一人专门负责品牌发展（反之亦然）。图 60 是一个典型的 B2C 市场营销部门的组织结构图。

下面，让我们更深入地了解一下每个团队的作用。

↑ 绩效营销

这个团队通过在相关的网络渠道购买广告来获取新客户（无论是直接购买，还是通过代理机构购买），同时要保持营销费用的充足。这个团队应该专注于与公司相关的渠道（例如，付费搜索、付费社交、联合广告、展示）。

↑ 有机营销

有机客户获取是指任何非付费营销来源的客户获取方式。

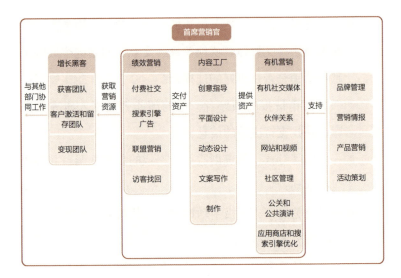

图60　市场营销部门组织结构图

这包括：朋友的推荐，公司在网站上发布的帖子，媒体上的文章或谷歌搜索中的有机和非付费列表的点击。由于公关是整个公司的一个关键角色，这个角色的上级有时是首席营销官（如果产品公关是关键），有时是首席执行官（如果企业沟通是关键）。搜索引擎优化及应用商店优化团队通常也是这个小组的一部分。

↑　内容工厂

这个团队通常有设计师和内容专家。他们为绩效营销团队和有机营销团队创造营销资产，包括图表、图形、图像、视频和广告。他们通常由一名创意总监领导，同时还有平面设计师和动态设计师、特定语言的文案人员，如果有必要，还有一个配备了设备和工作室的视频制作和活动策划团队。

↑ 品牌管理

在初创公司的早期，首席营销官会亲自参与品牌管理，以确保向客户传递的信息与全球宣传口径、品牌准则和价值主张保持一致。随着规模的扩大，每个市场都会有一个品牌管理团队来承担这一职责。品牌管理团队通常会与内容工厂紧密合作，有时也会监督代理商和出版商进行户外宣传活动。

↑ 营销情报

绩效营销是一个数据密集型的过程。成长阶段需要一个专门的营销情报团队，与前端开发人员密切合作，监督营销分析，跟踪客户活动，将研究结果应用到活动中，并在技术上确保广告的数量是充足的。营销情报团队还负责有关品牌健康、增长和转化的复杂数据查询，他们通常被视为首席营销官的得力干将和主要顾问。有时，营销情报也可能来自一个集中的数据科学部门的专门团队，以确保各团队的数据一致性。不过，随着时间的推移，负责营销情报的员工最好还是直接隶属于营销团队。

↑ 产品营销

一些成长型公司有一个产品营销团队来管理产品的发布、客户互动和留存措施。这个团队通常与不同的产品团队对接，并协调跨部门的工作团队，通过客户获取漏斗来推动转化或通过客户互动活动来保持使用频率。

↑ 增长黑客团队

大多数规模化企业需要一个跨部门的团队，其唯一的工作重心是推动增长。它通常涉及一个分析型的跨部门团队，通过迭代—学习—扩张的模式，测试新的想法，以推动客户获取漏斗的增长（见做法8）。

做法 50：适时扩展营销部门的职责

初创公司的营销团队以通才居多。然而，公司在扩大规模时，需要专业化的营销团队，这时可以遵循一定的顺序，让每个员工更容易实现平稳过渡。第一，绩效营销团队必须专门负责推动增长的渠道，例如，聘请一个专门的亚马逊广告或谷歌搜索引擎广告的专家。第二，有必要聘请一位在关键市场拥有可靠的媒体关系的公关专家，让他协调所有内部和外部的企业沟通（见做法7）。第三，需要鼓励有机团队拓展不同的渠道（如有机社交媒体和伙伴关系）。第四，必须建立一个内容工厂，聘请专门的设计师、文案和创意总监。第五，需要引进数据分析专家，让他全程参与营销工作。第六，虽然一个初创公司可以通过首席营销官来推动品牌的一致性，但在一个规模化的公司中，需要有专门的品牌专家，包括监督全球一致的宣传口径和活动规划的人员。第七，扩展到核心市场之外（例如，从美国扩展到德国或西班牙）需要团队成员有更多的语言技能和更多的市场情报，以了解每个市场的不同需求。另外需要注意的是，许多公司还会在后期发展阶段招聘产品营销专家。

在调整好组织结构后，应开始转向营销和增长实践，以促进从初创公司到规模化公司的顺利过渡。有 5 种做法：把营销基础工作做到位，实现有机和病毒式营销，实现付费在线营销，实现线下营销和变现。

营销基础

做法 51：为营销和增长的关键指标建立可信单一数据源

公司的每一位领导都应该对营销和增长的 2~3 个关键指标有准确的理解。这里要思考的问题包括：电商收入是否反映了商品销售总值（包括第三方销售），包不包括退货？包不包括增值税？客户获取成本是指注册客户的成本，还是验证客户的成本？月活跃用户是否包括那些已经为服务付费但不活跃的客户？必须注意这些细节问题。此外，可信单一数据源是关键（例如，统一的 SQL 查询）。

做法 52：加强营销专家和创意人才之间的沟通

在专注于赏心悦目的、符合品牌形象的视觉效果的品牌艺术家和基于量化指标做出决定的绩效营销人员之间，可能天然存在着一种对应关系。挑战和机遇在于，他们要共同找到一个令人满意的媒介——既能推动业绩指标，又能体现品牌独特性。有时，一个精心设计的品牌活动的效果，可能还比不上一个粗糙但能让客户笑出声来的 10 秒长的视频——设计师们需要理解这一点。公司有必要成立一个由绩效、品牌、内容和营销情报的成员组成的迭代团队，树立一个雄心勃勃的项目目标（例如，在新产品推出后的两个月内新增 10000 名优质客户）。这可以促使公司的创意人员在重视品牌形象之外，也能重视可量化的业绩。

做法 53：为团队配备强大的营销和增长工具

团队应该放弃使用谷歌表格，代之以支持规模化营销团队的专业生产力工具。举几个例子：付费社交（Nanigans、Facebook Power Editor），程序化管理和搜索引擎广告（TradeDesk、Choice Streams，Rocket Fuel、Simpli.fi），联盟营销（CJ Affiliate、VigLink），访客找回（AdRoll、ReTargeter、MixRank），有机社交媒体（Sprout Social、Wyng、Woobox），搜索引擎优化（Moz、SEMRush、Screaming Frog），客户关系管理（HubSpot、Mailchimp、Marketo），网站分析（Kissmetrics、Google Analytics、Woopra），品牌管理（Brandwatch），社区管理（Sociality、Swat、Hootsuite），内容创作和策展（Canva、Feedly、Scoop.it），视频托管（Wistia、Vimeo）。

做法 54：发掘和维护产品与渠道的契合点

"少即是多"的口号很适用于渠道。维护渠道的工作相对简单，但是其重点和深度可以带来效率。事实上，许多大型科技公司仅通过一个渠道就建立了高达 80% 的初始用户群，例如领英使用病毒式电子邮件，核心地带依靠内容营销，猫途鹰使用搜索引擎，星佳使用脸书。最好是锁定和深耕 1~2 个提升北极星指标（例如，月活跃用户、商品销售总额）的渠道。布莱恩·巴尔福（Brian Balfour）提出了一个务实的选择渠道的方法，即从 7~10 个增长渠道的初选名单开始，重点关注有机、口碑、线上付费和线下广告（见图 61）。最终，根据这些因素对初选名单上的每个渠道进行评级（问题来自巴尔福）：

- 目标：通过这个渠道，你能多接近你的目标受众？脸书上投放的广告非常有针对性，而公关广告则不然。

- 成本：每次转化的预估成本是多少？是否有任何预付费用？每次转化的成本数据可以从指数供应商那里获得。

- 投入时间：你需要多少时间来启动和运行第一次实验性广告投放？谷歌广告的投入时间通常不长，而内容营销可能需要几周或几个月。

- 产出时间：需要多长时间才能看到实验性广告投放的效果？在脸书上投放广告需要几天时间，而优化搜索引擎需要几个月。

- 控制：你能快速打开和关闭渠道吗？在脸书上投放广

有机	病毒式和口碑	线上付费	线下广告
搜索引擎数据 提高特定关键词在搜索引擎上的有机排名，为你的网站带来高质量的流量	**朋友推荐计划** 激励客户向他人推荐产品	**联盟广告** 给成功为产品在网上引流的合作伙伴提供佣金	**电视** 在电视上打广告
公共关系广告 在目标媒体上获得有利的新闻报道	**在线视频** 视频材料的制作和展示	**网红合作** 与那些为你的产品和服务开展推广活动的网红建立伙伴关系	**印刷媒体** 在印刷媒体（如报纸、杂志等）上投放广告
博客 在网站或其他相关平台上发布与你的客户有关的问题的博客内容。	**众筹** 围绕众筹活动组建一个社区		**广告牌** 在户外广告牌上投放广告
应用商店优化 优化应用程序在应用程序商店中的可见度，提高应用程序的转化率	**社区建设/参与** 建设客户社区，使客户能够互动（如讨论区）	**原生内容广告** 符合出版物或网站通常的编辑风格和语气的广告	**广播电台** 通过广播进行广告宣传
免费工具 提供免费的在线工具	**竞赛、赠品、游戏** 赠送奖品，在你的社区举办竞赛和问答活动	**访客找回** 把广告重新投放给那些没有完成销售漏斗就离开的客户	**活动** 主办活动或在（特定行业）活动中发言
通过电子邮件或应用内推送直接向客户发送消息（"客户关系管理"） 通过电子邮件或应用内推送联系现有或潜在客户	**社交媒体平台上（例如，照片墙、脸书）的病毒式传播** 在推动增长的社交媒体平台上发起（互动）活动	**博客和播客的赞助** 成为播客或播客节目的赞助商	**门店** 开设和维护你的品牌门店
网络研讨会 为你的客户举办相关主题的网络研讨会			**现场销售** 主动联系客户（上门推销）
战略伙伴关系 与合作伙伴共同建立品牌，以提高活动的知名度或获得更多的客户	**可嵌入的小工具** 在自己的网站中嵌入内容，特别是关于产品的病毒式讨论	**程序化广告** 在谷歌、脸书、必应、油管等网站和平台上竞标广告	**销售点显示** 设置品牌宣传展示
电子书 发布（免费）电子书			

图 61 营销渠道概览

告可以快速开启和关闭，而电视广告则需要提前数周预订。

- 扩展：该渠道在时间和资源方面是否可以扩展？通过使用该渠道的专用工具（见做法 3）和其他相关的初创公司访谈，或简单地搜索公开可用的数据（包括点赞和浏览）即可评估。

有机营销和病毒式营销

做法 55：利用有机转化的力量来降低获客成本

付费营销往往不能产生持久的效果。换句话说，最好是避免过多地喂养这头"野兽"。更好的做法是尽早投资和持续投资于有机营销和口碑营销。有机营销是指利用内部营销措施而不是昂贵的付费广告让客户群自然增长。有机营销至少有 4 个可以撬动的杠杆：

↑ 第一个杠杆：一个伟大的产品

首先是要打造一个人们喜爱和津津乐道的畅销产品。在这一点上没有捷径可走。

↑ 第二个杠杆：客户关系管理

基本做法是收集潜在客户和现有客户的联系方式。客户关系管理可以作为一个工具，通过应用内推送的方式发布差异化的信息。例如，Medium 为用户提供当天或本周最新的文章的概览，同时以简约、清晰的设计和布局提供文摘。尽管部分人认为电子邮件营销已经过时，但对于 B2B 和 B2C 公司来说，电子邮件营销仍然重要：59% 的营销专业人士表示，电子邮件是投资回报率最高的渠道。

↑ 第三个杠杆：口碑循环

推荐奖励是一个高效的推荐计划的关键。现有的客户应该有一个简单的选项，可以轻松分享一个应用程序或产品的链接，该链接可以承诺给推荐者的未来购买提供折扣。优步使用可定制的推荐信息来扩大其客户群，这使得新用户更容易了解优步。它不仅奖励新客户，还对推荐优步的现有客户提供免费乘车的奖励。

还有一种有效的技巧是让人们畅所欲言的品牌"前卫"活动。其目的是让人们自发地告诉朋友："你知道那个很棒的活动吗？"将网络效应和社区分享整合到产品的功能中也很有效。对金融科技公司而言，这可能是同一产品的用户之间的即时汇款。在电子商务领域，它可能是为用户提供快速的与朋友分享喜欢的产品和获取反馈的方式。

↑ 第四个杠杆：优秀的内容

如果你的内容营销的风格是正确的，它可以通过（几乎）免费的有机渠道吸引客户。实现优秀内容营销的一个方法是，建立从上到下的内容营销金字塔（见图 62）。团队可以通过电子书或白皮书发布一个重大声明，作为内容营销的起点。祖睿公司（Zuora）的创始人左霆（Tien Tzuo）出版了《订阅经济》

（*Subscribed*）开启了其公司的内容营销。这个旗舰内容可以作为更多博客文章、播客和演讲的基础。金字塔的底部由每天或每周的宣传性微内容填充，例如根据主要内容作品创作的推文。另一种方法是让内容工厂稳定地生产小块内容（文章、评论、测验、案例研究等）。内容工厂应该制定一个内容日历，作为（每个渠道）目标发布日期的路线图，并与公关团队密切同步。对于每篇内容，都应牢记市场的契合度，用客户最理解的语言和语气来写标题和内容提要。Upworthy 是一个"讲正能量故事"的媒体网站，它的做法是为每个故事生成多达 25 个标题，然后在社交媒体上的特定群体或地区中进行测试，再决定哪个标题适合网站使用。

图 62　内容金字塔

资料来源：Curata.com。

有机营销需要较长的时间来产生有价值的结果——这就

是为什么尽早开始是非常必要的。

做法 56：让你的公关团队得到信任

伊娃·毕希纳（Eva Büchner）在初创公司 refund.me 做总经理时，在一封给瑞安航空公司首席执行官迈克尔·奥利里（Michael O'Leary）的公开信中声称，由于员工不负责任的做法，使该航空公司的飞机延误了。瑞安航空公司也以一封公开信作为回应，从而使 rebund.me 连续数周获得免费宣传。这就是所谓的公关噱头——一方为刺激另一方与自己互动而采用的聪明技巧。一般来说，公关噱头不是为了和对方斗智或利用另一方，其目的是创造一个强大的信任基础，使公司能够在以后的危机中渡过难关。一个好的公关团队应该专注于与知名记者和其他有影响力的人物建立长期关系。在这样做的过程中，公关团队会挖掘和讲述关于公司创始人和公司本身最激动人心和最有趣的故事，提高公司的社会地位，使其免受攻击。理想情况下，公关团队应该由传播专业人士组成，他们直接与首席高管和高层一起工作。公关团队的任务是确定已经进入公众视线的叙事、数字、日期和事实，或者是公众感兴趣的内容，然后将这些数字、日期和事实引导到合适的渠道。公关团队的目标是：确保目标群体对公关团队所提供的说明有高度的关注。此外，一个优秀的公关团队应该进行最新的研究，因为它的责任已经超出了开发阶段和维护邮件列表的范围。

↑ 协调信息

为了保证对外沟通的口径一致，公关团队必须确保在早期阶段参与所有关键的内部流程和决策。否则，它就有可能在公众中传播不准确的信息或被询问时措手不及——这两种情况都会导致公信力受损。公关团队应该根据目前的情况，以书面和口头形式与创始人和管理层持续统一关键信息和话语。此外，团队还应以此为基础，在网站上建立一个新闻区，提供文字、图片、视频、创始人信息（包括引言）、代表公司发言的专家的姓名和照片。

↑ 在公司内部发起公关活动

公关团队并不喜欢在媒体上发现关于他们公司的重要信息。如果公关团队是首先得知消息的人，而且掌握了全面的信息，那么他们将成为公司的大使。公关团队可以通过电子邮件、通讯简报、信使服务、内部网或知识数据库来提供这些信息，不过最好的做法是先通知管理人员，然后由他们向各自负责的团队传达。其他的做法包括面对面沟通会议或全体员工会议。关键是，公关团队要比其他人更早、更详细地了解最新情况。

↑ 建立信任

这首先适用于员工。和所有其他人一样，员工在经历了一段时间的内部沟通服务后才会信任公关团队。公关团队在每个市场都应该拥有5~7个新闻界的可用联系人以及不同的行业的记者名单。个人关系是必不可少的，这就是为什么要不时地用独家报道或信息来拉拢某些记者，并让他们了解公司的背景和分公司的情况。

↑ 为危机做好准备

公关团队应该有一个 24 小时待命的危机公关"作战室"，定期研究危机情况和相关的解决方案，持续为公司的报告链更新信息，为预防危机进行沟通，并且在必要的情况下进入"作战室"，以应对任何出现的风暴。

↑ 建立公关绩效管理

公关团队应该评估和展示自己的工作业绩。公关团队只有这样做，才能创造内部价值和权力基础，为其突出的作用服务。除此之外，还可以通过社交媒体平台上某些话题标签的媒体比重占有率以及对广告价值的预测，或一篇文章创造的收入数额来评估公关团队的绩效。

付费网络营销

做法 57：掌握高效购买网络广告的 6 个关键技巧

对于网络广告，最重要的是"获客成本回报时间"。正常的获客成本回报时间通常在 6~24 个月之间，这至少取决于 4 个因素：

✦ 经常性收入

可预期的经常性收入越多，获客成本回报时间就越长（例如，金融科技公司通常可以接受 1~2 年的投资回报期，像 Shopify 这样的电子商务推动者可以接受更长的回收期，而像 Parship 这样经常性收入很少的公司，可能会保持在 6 个月左右）。

✦ 发布阶段

占有一个新的市场或新产品的推出往往需要更高的获客投资（例如，如果回收期在第一个"发布月"后有所缩短的话，那么 24~30 个月的获客成本回报时间是可以接受的）。

✦ 行业竞争力

新加入者会推高付费客户的获得成本，一个行业的竞争越激烈，就应该越强调非付费渠道（如口碑和有机营销，或建立信任的渠道，如公共关系），获客成本回报时间就会越短。

✦ 数据基础

（历史）数据基础越好，随着预测投资回报时间缩短，可以花的钱就越多。

分配在线广告预算的 6 个技巧：

● 技巧 1：聪明的竞价策略必须与公司的目标一致

最常见的竞价策略是获取每位客户的目标成本、广告支出回报率和转化价值（对销售收入或利润率进行优化）。当进行一个重点不在转化率的品牌活动时，一个有效的指标是每千次浏览印象的成本（每千次可见曝光成本）。如果想在特定的关键词搜索（如"银行账户"）中占据印象份额的话，目标曝光比重出价应该是主要的竞价策略。当采用"目标曝光比重出价"时，出价是（自动）设定的，目标是将广告投放在接近页面顶部的位置。

● 技巧2：智能竞价应该启用跟踪和归因功能

跟踪可以看到哪些在线广告促成了转化（例如，网站访问、验证客户、首次购买者或零售销售）。跟踪逻辑可以包括"最后点击"（转化完全归功于客户最后看到的广告）和"基于位置的归因"，后者给广告一定的权重（例如，第一个被点击的广告占40%的权重，最后一个占40%，其余占20%）。由于归因跟踪并不完美，一个好的验证机制是单纯地询问一些客户他们是如何知道该公司或产品的。

● 技巧3：使用质量分数来促进你的活动

质量通常根据点击率、广告相关性和登录页体验来衡量。如果广告的点击率很高，得到很多评论或点赞，而且登录页面的跳出率很低，质量分数就会直线上升。值得注意的是，提高质量分数会带来具体的财务影响。例如，谷歌可能会将一个公司得到高质量分数的广告放更高的位置，即使该公司的竞争对手在按照点击计费上出价更高。谷歌使用的是1~10分的评分体系，其中6分是平均分，8~9分是非常好。

● 技巧4：使用A/B测试来评估文案和创意资产

创意资产，可以吸引客户的文字、图片或视频。为了了解哪种形式最能吸引客户，需要用A/B测试来测试每个创意资产。在设计创意资产时，至少有5个主题需要测试：

- 点击诱饵：一个耸人听闻的标题，如"大多数初创公司失败的 3 个原因"。
- 讲解：以循序渐进的方式讲述一个描述性故事。
- 证言：客户真实地描述他对产品或服务的良好体验。
- 独特卖点：独特卖点的列表，这些卖点对潜在客户具有价值驱动作用。
- 转化：内容精简，重点是交易信息和强烈的行动号召。
- **技巧 5：访客找回是关键**

平均而言，96% 的人在访问一个网站时，在购买任何产品或做营销团队希望他们做的事情之前就"跳出"了。访客找回给了公司更多的机会来再次联系这些访问者。通过脸书上的再次营销广告，一个公司平均可以得到比普通展示广告高 10 倍的点击率。为了使再次营销广告发挥作用，它需要超级聚焦和超级具体。这意味着需要对各个客户群体进行详细的细分（例如，看产品类别 A 的人与看产品类别 B 的人），然后根据不同的客户群体与产品的现有关系推送高质量内容。

- **技巧 6：10% 的付费广告预算应分配给挖掘非常规渠道或新渠道的增长黑客团队**

增长黑客应该是营销团队中最好的职能专家，并在一个跨部门的团队中进行实验。通过对活动版本、登录页面等进行简单的 A/B 测试，增长黑客可以产生巨大的影响（见做法 8）。

线下营销

做法 58：在数字时代利用线下营销的力量

今天，线下营销仍然很重要，特别是对于已经过了早期增长阶段的 B2C 规模化公司。线下营销包括广告牌、电视和广播广告以及非常规媒体，如将标志投射到市中心的建筑物上（"游击"营销）。成功的例子包括生鲜配送商 HelloFresh 的广播品牌推广活动、N26 公司的"# 别废话"品牌推广活动和雀巢旗下 Lean Cuisine 品牌在纽约市设置的天平艺术墙（在这里，女性可以定义她们希望被"称量"的尺度，例如，在 55 岁之前重新回大学念书）。

该如何进行线下营销？团队应该在一个特定地区的一个城市，选择一个（或最多两个）线下渠道进行活动测试。应该花足够的钱在合理的时间段内实现可观的媒体比重占有率。数据团队应该对预期的发展轨迹进行建模，并不断监测活动的进展。营销团队需要对线下营销活动中增加的客户流量的来源进行追踪。一种方法是为访问网站的人提供一个弹出窗口，询问他们获知活动信息的渠道。追踪和评估在线活动的其他方法包括专门的登录页面、电子邮件地址（针对海报、传单或广告牌）以及线下活动的折扣码。一个更复杂的方法是归因模型（如营销组合建模、多点归因），它可以量化每个线下渠道（如电视、广播、广告牌）创造的额外收入。在评估线下营销活动的有效性时，标准的方法是衡量每千次浏览量的成本和广告支出回报率。非常规媒体营销（或游击营销）可能会有被视为面子工程的风险，引发法律和执行问题，而且它们很难衡量是否成功。它们只有在活动获得病毒式传播或媒体以积极的方式对其进行报道时，才会产生真正的价值。

变现

做法 59：确定你的变现策略，推动收入增长

初创公司的领导者可能会对他们的产品充满热情，以至于忽视了变现的问题。然而，价格是衡量价值的最佳标准之一。收费太高，公司就会错过客户；收费太低，又赚不到本来该赚的钱。正如奥马尔·莫霍特（Omar Mohout）所说："最佳价格能带来最多的收入，而不是最高的利润率或最大的客户数量。"从本质上讲，有两种方法可以解决定价问题。第一种是"成本加成定价法"，即计算出交付产品的全部成本，并在此基础上加上收取的利润。第二种是"价值基础定价法"，它以产品为客户创造的价值（例如，每年为客户节省的费用）为核心，然后相应地分割这一价值。作为一个指导原则，（B2B）初创公司有必要尝试价值基础定价法，因为这通常会比成本加成定价法带来更多收入。

以下是一些关于如何尝试变现的方式和找到"产品—市

场—价格"契合点的做法：

↑ **尽早进行"支付意愿"调查**

这是一种在早期判断是否有机会使产品变现的方法，以及这是否会支持功能的优先次序。客户需要回答的关键问题是：

○ "低于什么价格，这个产品开始变得划算？"——当定价能够促进增长时，此时的定价就是价格点。

○ "高于什么价格，这个产品开始变得有点昂贵，但你仍然会考虑购买它？"——在这个价格区域，定价往往最符合产品的真正价值。

○ "高于什么价格，这个产品开始变得过于昂贵，你不会考虑购买它？"——这是未来可能收取的价格。

理想情况下，这个过程将使用功能来创建一个排名系统。当从 10 个功能开始时，首先创建一个子集（例如 6 个），让顾客说出他们认为最有价值的功能和他们认为价值不大的功能。之后，向顾客展示另一组功能，让他们重复这一过程。这样就可以建立一个排名系统和功能的优先次序。关于这些方法的更多细节，请参考《创新变现》（*Monetizing Innovation*）一书。将结果绘制成"价格敏感度表"也是一种有用的做法，如图 63 所示。价格敏感度测试可以在每个市场分别进行（例如，一件产品 5 美元在美国可能太便宜，但在印度则太贵）。

↑ **深度细分，相应定价**

根据客户的需求，水的价格可能差异巨大。正如马德哈万·拉马努詹（Madhavan Ramanujam）所说："如果水在喷泉

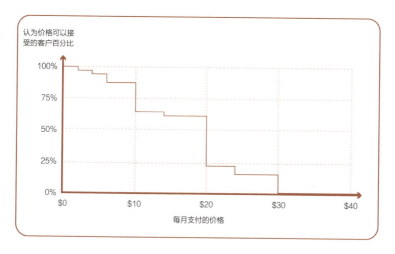

图 63　客户的支付意愿分布

池里，它是免费的；如果你把它放在超市货架上的瓶子里，它的价格是 2 美元；如果你往水里注入气体，它的价格是 2.5 美元；如果你把它放在酒店客房的迷你吧里，它的价格是 5 美元。"如果顾客想要一个具备所有最新功能的手机，苹果公司可能会向他们收取超过 1000 美元的费用；如果顾客优先考虑的是拥有一个可靠的工作手机，他们可以以极大的折扣买一个旧款的苹果手机。顾客是否希望在车里能够享受到绝对的安静？优步推出了一个功能，乘客可以向司机提出这个要求，但只有在 Uber Black 和 Uber Black SUV 的高级车型中才能享受此项服务。这些都是根据用户需求进行细分和相应定价的例子。根据客户的支付意愿进行分组，是将客户群细分为 3~4 组的好方法。典型的细分包括想要最优产品的客户，想要尽快获得产品的客户，只想要普通版本的客户以及对价格非常敏感的客户。

讨论价值，而不是仅仅讨论功能

一家专注于为仓库和供应链企业提供自动化拣选和发货工作流程的 SaaS 公司，也可以为自己的销售团队提供工具，以计算为客户节省的费用。在销售过程中，团队与潜在的买家一起探讨相关的数据（例如，手动拣选所花费的时间或所产生的发货错误的数量）。根据这些数据，团队可以计算出每年为客户节省的费用。价格谈判更好的基础是什么？对于 B2C 公司来说，必须清楚地了解 1~2 个主要的价值因素（例如，节省时间，减少个人风险），并在价格谈判时首先把这些因素提出来。

确定适合你的目标的变现模式（"如何收费比收多少费更重要"）

有 5 种变现模式可供选择：

○ 订阅：为持续提供的产品或服务（例如，赛富时公司的客户关系管理软件服务）而定期自动付款。这种方法特别有助于客户留存。

○ 随用随付：客户为他们的使用或结果付费［例如，你为存储空间而不是服务器付费（亚马逊云科技），或者你为驾驶里程而不是轮胎付费（米其林）］。这种模式特别有助于获取客户。

○ 动态定价：价格随季节、时间、天气、需求和购买时间等因素而波动（例如，优步、航空公司）。

○ 拍卖：买家为产品和服务出价（如谷歌广告）或通过

双边交易平台进行交易（如易贝）。

○ 免费增值定价：公司提供两个以上的定价层，其中一层是免费的 [例如，领英和多宝箱（Dropbox）]。这种方法必须要有一个有吸引力的追加销售挂钩，因为使用这种模式的公司通常会赠送其产品价值的 80%。高级功能应该足够重要，足以让客户愿意付费升级（例如，多宝箱的高级存储功能，Adobe 软件允许用户修改 PDF 文件的高级会员功能）。

↑ 考虑定价门槛

需求敏感度曲线是非线性的，是基于定价门槛的。如果一个公司的定价超过了 19.90 美元或 29.90 美元这样的价格门槛，需求往往会大幅下降。然而，定价保持接近这些阈值是值得的（例如，价格从 18.90 美元提高到 19.90 美元，尽管需求略有下降，但往往会导致收入增加）。需要针对每个市场分别进行分析，因为以外币计算的定价门槛可能会被迈过。

增长黑客

做法 60：为激活、留存和变现建立跨部门的增长黑客团队

多宝箱的用户达到 10 万过后，它的增长引擎就进入了超速状态。在两年内，其客户群增长了 3900%。背后的原因是

什么？多宝箱采用了商业史上最著名的增长黑客之一：一个双向游戏化的推荐系统。他们在注册流程中为推荐多宝箱的用户和被推荐的用户提供了额外的存储空间。增长黑客通常包括一个跨部门的团队，该团队进行一系列的实验，通过迭代—学习—扩张的模式来推动客户获取漏斗的增长。一个典型的方法是让营销人员、产品经理、交互设计师、前端开发人员和数据分析师组成的团队开发、测试和扩展不同版本的登录页面、产品价值主张或客户推荐计划。然后通过简单的 A/B 测试来评估效果。

增长黑客的典型成功例子是 Hotmail 的"附注：我爱你"活动，其中包含一个注册其免费在线电子邮件服务的链接。另一个增长黑客的成功案例：在爱彼迎成立之初，该公司利用免费分类广告网站 Craigslist 发布自己的客房列表。这与 Gmail 的邀请制策略不同（就像社交媒体应用 Clubhouse），如果这些策略围绕产品大肆炒作并让用户害怕错过时，它们可能是有效的。尽管如此，增长黑客并不是要找到一剂万能灵药，其理念是不断测试新的想法，以推动周而复始的增长。一些公司有负责客户获取、客户激活与留存和收入增长的不同领域的增长黑客团队。

这种方法通常是首先确定要改变的关键指标（例如，将网站访问者转化为买家），制定实验的想法（例如，更好的产品价值主张、首次购物者促销、完善推荐引擎），然后用影响与实施难度矩阵对其进行优先排序，最后在运行初始实验后评估效果。把小范围的成功（如登录页面的变化）与颠覆性的增长黑客结合在一起是一种好方法。欲了解更多细节，请参阅肖恩·埃利斯和摩根·布朗（Morgan Brown）的优秀书籍《增长黑客》（*Hacking Growth*）。

以下几种类型的增长黑客值得考虑：

↑ 客户激活黑客

客户激活黑客不仅是为了让客户进入公司的数字大门，而且是为了吸引他们尽早购买产品。解决这一挑战的部分原因来自对激活阻力的深刻理解。埃利斯用一个简单的等式说明了这一点：欲望－阻力＝转化率。理解激活阻力的第一个来源是根据客户获取漏斗的数据。来自谷歌有机搜索的用户是否在为他们购物车中的东西付款之前离开了商店？是照片墙广告而不是脸书广告让客户成为重复购买者吗？使用漏斗分析工具，可以更容易地理解这一点。还可以通过定性的客户访谈来对这种方法进行补充：给客户打电话或发电子邮件，最好是用开放式的问题，如"是什么让你未完成订单？"或"有什么东西妨碍了你今天的交易？"那些非活跃的客户往往能提供一些最好的答案。客户的意见也可以用来设计激活实验。如果客户反映一个应用程序很难用，那么设计一个登录页面、演示视频或信息来解释如何使用它就很重要。信用卡的激活率会不会因国家和邮寄服务的不同而有差异？在这种情况下，可能有必要在注册流程中尝试不同的邮寄服务商和地址验证方法。进行 30 次以上这样的实验，其结果往往会带来可以减少激活阻力的解决方案。更多可能的减少激活阻力的实验包括，使用单一的第三方账户登入或"翻转漏斗"，即客户先体验产品，然后再注册。构建网络应用的无代码开发平台 Bubble.io 就是一个完美的例子。如果在 bubble.io 的主页上点击"试一试编辑此页面"链接，客户就会被转到 Bubble 的演示编辑工具，并且可以在不登录或不注册的情况下，对其进行全面的试用。游戏化元素也很有效，比如领英的个人资料进度表。一个被广泛（误）使用的激活方案是"触发器"，它往往是一个电子邮件通知或应用内推送信息，提醒用户完成账户创建或购买及宣布新功能。利用稀缺性的触发器很常见，例如亚马逊的"库存仅剩 3 件"，或订房软件的"有 20 人正在看这个房子"。经验之一是只有当触发器在提供明确的客户价值时才可以使用。

↑ 客户留存黑客

习惯的形成对于留住客户必不可少。从自觉地查看领英的推送和关注照片墙的提示，到使用亚马逊来比较价格，一个习惯可以帮助客户保持更多的回头率。尼尔·埃亚尔（Nir Eyal）在他的书《上瘾》（*Hooked*）中生动地描述了这一点。首先，如何培养客户的习惯呢？

第一，有必要确定早期的客户留存指标。这可能是 90 天内的回购率（电子商务公司），每天的回访用户（社交媒体）或活跃使用产品的客户数量（SaaS 公司）。有必要关注早期留存指标：是什么能将试用客户变成忠实客户？有几家公司非常清楚这一点——图钉网（前两周至少有 3 次访问），脸书（10天内至少有 7 个好友），以及多宝箱（在一台设备上至少在一个文件夹中保存一个文件）。

第二，需要针对同期群对客户留存和流失行为进行跟踪。（例如，通过注册的月份）。

第三，应该对触发器进行实验。这些实验应该促使客户采取能够提供最大价值的行动，从而推动留存率指标的提高。触发器之一是"品牌大使模式"，即当客户活跃时，给他们一定的奖励。谷歌的本地向导计划根据评论者的活跃程度设置了10个奖励级别。对成就的认可是支持习惯性行为的另一种方式，例如当客户达到一个里程碑时，向他们发送电子邮件。例如，Medium 的作者在一篇文章收到 50 个或 100 个推荐时，会收到来自该公司联合创始人的表扬信。个性化的沟通也是一种有效的策略。例如，图钉网使用机器学习算法来改变留言板上的文案（见图 64）。

图 64　图钉网文案优化

资料来源：约翰·伊根（John Egan）。

↑ "复活"黑客

复活实验可以用电子邮件发送再次营销广告来赢得客户的回流，或者推送特别优惠的通知。当印象笔记意识到一些客户因为没有安装应用程序而无法使用他们的产品时，该团队设计了一个电子邮件活动，提醒这些客户重新安装应用程序。电子阅读初创公司 Kobo 也遇到了类似的情况，它设计了一个电子邮件活动，采取了一个极端但非常有效的措施，即给那些被定义为重新激活的流失客户提供 90% 的折扣。维珍铁路公司（Virgin Trains）采取了一种有创意的方法来赢回客户。它用夸张的（也是不真实的）标题"永久取消所有的车票销售"来刺激不活跃的用户。当客户打开邮件时，维珍铁路公司解释说实际情况并非如此，同时利用这个机会展示了公司当前的销售方案和促销活动。

↑ 变现黑客

当电子商务商店 Zappos 审查其退货政策时，Zappos 发现，花钱最多、创造利润最多的顾客也最常退货。事实上，那些购买较贵鞋子的顾客有 50% 的退货率。正因如此，Zappos 意识到严格的退货政策会导致公司失去其主要的变现潜力，于是对其退货政策进行了相应的调整，提供了极为慷慨的 365 天退货和免费双向快递政策来推动收入的增长。这是变现黑客的一个典型例子——它们通常旨在增加客户的终身价值。变现团队通常沿着客户获取漏斗寻找创造收入的机会，并确定失去变现潜在客户的下降点，例如电子商务页面的视频创造的销售额大大低于行业基准，或者产品页面的文案在翻译为不同语言时差异很大。也可以尝试用不同的订阅价格、虚拟商品或应用程序中的货币进行实验（见做法 59）。

定义

- **品牌（brand）：** 既包括产品或服务的有形特征——外观设计、功能、标志，也包括无形特征——情感、期望及其内涵，它们共同创造了客户选择产品或服务的理由。

- **混合获客成本（blended CAC）：** 衡量一个客户的总获取成本的指标。混合获客成本需要考虑所有类型的营销渠道。它的计算方法是将花在以获取客户为主的营销上的总金额除以所有渠道获得的客户总数。

- **渠道（channels）：** 营销的媒介，通过渠道与现有和潜在客户发生接触（即社交媒体、电子邮件、网站）。

- **同期群（cohort）：** 具有某些相同特征（如地理位置、年龄或手机操作系统）的一组用户或客户。同期群有助于目标营销策略的制定和测试。

- **内容工厂（content factory）：** 创作文章、视频和其他吸引客户的内容所需的人员、流程和工具。

- **转化率（conversion rate）：** 衡量用户在与产品或服务互动后，

采取特定行动的比率（即打开一个页面链接或注册一个账户）。

- **每次点击成本**（cost per click，CPC）：衡量数字广告成本的一个指标，即每次访问者点击广告所需的成本。

- **每千人成本**（cost per thousand，CPM）：衡量数字广告成本的一个指标，即送达 1000 个访问者所需的成本。

- **客户获取漏斗**（customer acquisition funnel）：客户从与公司的第一次联系到目标互动（例如，销售、创建账户）所遵循的一系列步骤。

- **客户获取**（customer acquisition）：使用营销策略和技术为企业带来新的客户的过程，获取的主要方式是引导客户按照一系列步骤，加深对品牌的了解和达成最终购买。

- **增长黑客**（growth hacking）：一个跨部门的团队，为公司快速增长用户 / 客户数量——这通常涉及采取产品、技术和营销措施。

- **营销组合建模**（marketing mix modeling）：使用统计分析工具来预测不同的营销渠道和活动的有效性。

- **多点归因**（multi-touch attribution）：一种确定与客户的每个营销接触点（例如，脸书上的活动，谷歌上的广告）对转化的影响的方法——它旨在为不同渠道中的每个营销接触点分配其"公平份额"，以达成预期效果。

- **变现（monetization）**：从产品或服务中产生收益的过程，可以通过一系列的手段实现（如向用户收取订阅费用）。

- **有机营销（organic marketing）**：通过与潜在客户自然和真实的接触（如博客文章、社交媒体文章和其他无偿内容），产生对你的网站或业务的流量。

- **付费营销（paid marketing）**：数字广告和媒体投放，根据客户的兴趣和习惯来定位客户，由广告商付费。

- **绩效营销（performance marketing）**：付费营销的一种形式，广告商在完成特定行动或达到目标（如销售、页面访问或一定数量的点击率）时，才支付营销服务。

- **收入（revenue）**：一个公司在特定时期内通过销售产品或服务产生的收入总额，不考虑企业支出的成本。

- **广告支出回报率（ROAS）**：一个比较广告活动所产生的毛利与广告预算的指标。

- **细分（segmentation）**：营销战略的一个关键组成部分，根据特定的分类对受众进行划分，以便营销团队能够更有效地定位他们。

- **总广告销售成本（TACoS）**：通过评估一个公司的广告支出与该公司产生的总收入的关系，以更宽泛的方式衡量广告的表现，通常用于亚马逊生态系统。

- **虚荣指标（vanity metrics）：**看起来令人印象深刻的指标，但并不能为公司或其产品或服务的业绩提升做出贡献，因此商业价值有限。

- **支付意愿（willingness to pay，WTP）：**在评估需求和为产品或服务定价时的一个重要指标。支付意愿衡量顾客愿意为产品或服务支付的最高价格。

第 8 章

B2B 卓越销售

创造品牌拥护者和充满销售机会的管道

合著者：卡兰·科尔帕尔·夏尔马（Karan Korpal Sharma）

！ 规模化发展阶段的主要误区

- **孤立的销售开发、客户管理、售前和产品营销团队**

  许多规模化公司坚持让他们的销售团队、营销团队和客户成功管理团队保持彼此独立，这可能会造成不好的客户体验。

- **对客户成功管理的投资不足**

  有时，销售团队认为，只要客户签了合同，其承诺的价值就会自动实现。然而，客户往往需要在使用公司的产品时得到支持，以便充分实现其价值。这就是为什么B2B 创业公司应该考虑在初创时期聘用一名客户成功经理。他们的工作是将销售团队的承诺成为现实，并识别那些可能会流失的客户（见做法 62）。

- **在聘用和留存一流销售团队方面投资不足**

  "如果你不能和你爱的人在一起，那就爱和你在一起的人。"这句话很有诗意，但在留住世界一流的销售团队时，这并不是一个好做法。吸引和留住世界级销售团队的更多实质性方法包括：建立从始于销售开发的明确的职业生涯发展道路，可以选择的做法有职级晋升，预留年度教育预算，为聘用优秀员工设置推荐奖金等（见做法62和做法63）。

● 销售开发、售前与客户管理的分离太晚

依靠通用的销售方法并不是确保市场地位的好方法。在早期创业阶段，由一个销售同事负责创造销售线索、推销产品和回答客户的技术问题是无可厚非的。这种做法在规模扩张阶段将不再适用。一个好的做法是将销售分成销售开发（创造销售线索）、售前（在销售过程中提供专业的技术知识）和客户管理（面向客户的整体形象）（见做法63）。

● 销售佣金计划不能激励销售

一些规模化公司没有足够早地和频繁地采用销售佣金计划。激励销售的一种方法是根据公司生命周期的不同阶段调整佣金计划（例如，通过制订"狩猎计划"来激励早期阶段的客户获取，制订"客户成功计划"来防止客户流失，或者制订"客户承诺计划"来激励现金流和变现）（见做法65）。

- ● **没有为销售团队部署合适的技术工具组合**

  执行中的延误可能来自没有给销售团队提供合适的销售技术工具包。在规划大规模招聘和销售时，了解销售技术栈是不可或缺的。销售人员很快就会放弃那些不符合他们喜好的工具，所以谨慎地引入这些工具是非常重要的（见做法 66 和做法 67）。

- ● **不敢对定价策略进行足够的优化**

  如果定价策略制定得好，就会成为推动收入增长的最有效杠杆之一。从一开始就确定正确的定价方法将帮助销售团队解决定价异议的问题。在定价模式中嵌入支付条款（以年度合同和预付款为重点）是一个值得尝试的途径。

　　简单地说，销售部门是 B2B 公司的引擎。如果建造了一个好的引擎，它将帮助公司到达它想去的地方。如果偷工减料，公司将无法生存下来。通常情况下，销售部门的首要目标是以有竞争力的销售效率达到年度（**经常性**）**收入目标**。为了实现这一目标，销售团队通常需要努力实现 4 个关键目标：增加年度（经常性）收入，实现高水平的留存率，在相关的**目标利基市场**上占据主要的市场份额，保持低销售成本。这就是我们所说的以销售为主导的增长公式（见图 65）。

图 65　以销售为主导的增长公式

　　由销售主导的增长公式可以转化为目标和关键成果。图 66 显示了 B2B 销售团队的典型目标和关键成果。设定为目标的数值可能会有很大差异。图中所示的是一个宏伟目标的例子。

目标和关键成果

做法 61：制定正确的销售目标和关键成果

　　规模化 B2B 公司销售团队的典型年度销售目标和关键成果。

1. 增长：你是否能实现你的销售目标？

　　在 21 世纪初，SaaS 公司核心地带的收入在 4 年内增长了 600 倍。当时的销售副总裁马克·罗伯格（Mark Roberge）用一个词描述了他们是如何做到的：科学。明确定义的销售漏

202× 年的典型目标			
01 增长 实现 5000 万欧元的年度经常性收入	**02 留存** 把所有客户变成拥趸	**03 市场份额** 成为中端公司的首选	**04 效率** 实现一流的销售效率

202× 年的典型关键成果			
在德国和法国找到 2000 个新的合格营销线索	将净推荐值从 50 提高到 70（公司共同目标）	将来自中端公司的收入份额从 30% 提高到 40%	将从营销合格线索到完成交易的成功率从 15% 提高到 20%
将每个销售开发代表的合格销售线索从每月 20 个增加到 30 个	保持每年的客户留存率＜95%	在德国的中端汽车供应商中占有 30% 的市场份额	保持每个客户的销售费用＞每个客户的年度经常性收入
创造 4 倍的"管道覆盖率"	将购买过程的满意度从 4.2 提高到 4.5		
将"销售周期"从 200 天减少到 180 天	将净收入留存率从 110% 提高到 120%	在法国发展 100 个新的中端客户	保持获客成本投资回收时间＜12 个月

图 66　SaaS 公司销售团队的目标和关键成果

斗、销售流程步骤、转化跟踪和不断重新定向是核心地带的销售和最终成功背后的核心驱动力。2020 年，该公司的市值达到了 170 亿美元。谈到企业客户，科学是必不可少的。终端消费者就像卫星，迅速进入轨道又迅速离开；而企业客户更像小行星，移动缓慢，却蕴藏着可供利用的资源。有 3 种方法来吸引他们：通过对外宣传，如电话、电子邮件和网络（"鱼叉"）；通过优秀的内容，如白皮书、演示视频和操作指南（"渔网"）；通过利用口碑和关系（"种子"）。一旦有了"合格"的销售线

索，销售主管应该沿着 B2B 销售客户获取漏斗的步骤穿梭于
这些潜在客户之间（见图 67）。

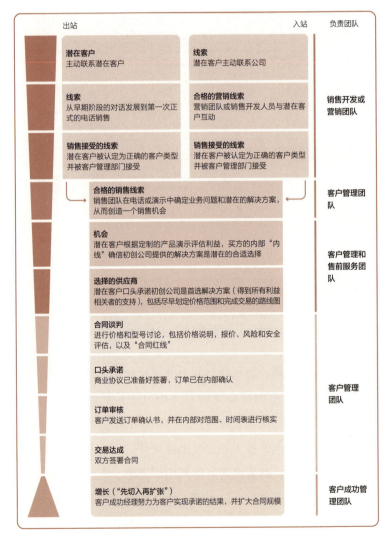

图 67　典型的 SaaS B2B 公司销售漏斗（"全方位"）

要评估的**典型关键成果**包括创造的额外线索，主要是涉及的潜在客户和销售合格线索。营销合格线索是那些主动表现出兴趣的潜在客户（例如，通过提供他们的联系信息）。市场营销团队或销售开发代表将把这些信息转交给客户管理同事，他们将尝试把这些信息转化为销售合格线索，或潜在买家。显然，这些买家想要找到一个解决痛点的解决方案。合格销售线索增加了"管道覆盖率"，它衡量了客户获取漏斗的当前销售机会与下一季度的收入目标相比可能产生的收入。许多 SaaS 公司的目标是保持管道覆盖率在 3 ∶ 1~5 ∶ 1 之间。如果下一季度的销售目标是 2000 万欧元，那么管道在上一季度应该有 6000 万~1 亿欧元的潜在收入。如果公司想要依靠一个强大的品牌，在一个自己没有竞争力的市场中发展，或向现有客户销售附加产品，那么，可能需要降低管道覆盖率（2 ∶ 1~3 ∶ 1）。重要的还有良好的赢单率。这通常是指"机会"（正在评估产品的客户）转化为签订合同的百分比。对于 B2B 科技公司来说，良好的赢单率在 20% 左右。

2. 客户留存：你是否能将客户变成拥趸？

在快速增长了几年之后，SaaS 初创公司 Groove 开始以同样快的速度流失客户，他们的年度客户流失率达到了 50%。原因是：在积极地获取客户后，Groove 没有努力将他们留住。客户成功管理团队扭转了局面：通过"红旗指标"，如首次会话长度和前 30 天的登录频率，Groove 确定了具有高流失风险的客户，然后为他们提供设置指导，分享让用户熟悉产品的方法，这些方法被认为对类似企业很有用。一个强大的销售机器如果不注重客户体验，就会导致高流失率，这就是为什么销售团队应该同时根据短期销售和长期客户成功来衡量。若非如此，就只能靠积极的销售行为来评估了。

客户留存率的**典型的关键成果**包括净推荐值和销售 90 天后客户购买体验的调查得分。理想情况下，这会带来高"客户留存率"（在一定时期内留存的客户的百分比）。客户留存率的正常范围是 93%~99%。高客户留存率反过来又增加了净收入留存率，它衡量的是在考虑了追加销售、降级和流失之后，从现有客户那里获得的收入（120% 的净收入留存率就算优秀）。

3. 市场份额：你是否能抓住你的利基市场？

甲骨文前高管马克·贝尼奥夫（Marc Benioff）在看到被甲骨文忽视的一个蓬勃发展的新客户群（初创公司和中小企业）多年来一直被现有公司忽视后，于 1999 年创办了赛富时（Salesforce）。他将 SaaS 作为一种更便宜、更容易获得的选择。他的这一策略取得了巨大的成功，正如赛富时的公司市值多年来一直高于甲骨文的市值所表明的那样。公司在扩大规模时，发现利基是关键。利基通常关注的是国家、行业垂直或公司规模。所有的利基市场都有具有特定痛点的客户，而销售团队可以沿着不同的管道阶段准备标准的沟通材料和产品演示来解决这些问题。在早期增长阶段，B2B 科技公司往往在交易规模方面能实现最佳效果。例如，专注于 5 万 ~50 万欧元的年度合同，可以使产品进入市场策略变得非常有效。

在准确定义客户群时，典型的关键成果往往包括对不同的细分市场有一个目标市场份额或者在一个细分市场赢得一定数量的交易（例如，在法国有 100 个新中端企业合同）。不断监测不同地区和行业的市场份额非常重要，在正确的时间转移销售团队的重点对公司获得长期成功也很重要。举个例子，如果在德国的汽车供应商行业，客户关系管理系统的市场份额已经达到了 60%，那下一个方向就是让更多的销售同事瞄准金融科技或医疗保健公司。在后期增长阶段，公司往往开始通过抓住更多的利基市场来对冲他们的销售赌注（例如，订阅服务公司 Zoura 有 3 个利基市场：美国的中端 SaaS 公司，较大的 B2C 订阅公司，如《金融时报》，以及业务转型公司——进入服务领域的《财富》1000 强公司）。

4. 销售成本：你是否能实现一流的销售效率？

2013 年至 2017 年期间，尽管营销支出有限，而且缺乏销售团队，商业即时通信工具公司 Slack 的年度付费用户数量还是增加了一倍多。虽然 Slack 的创始人斯图尔特·巴特菲尔德（Stewart Butterfield）和他的同事都是经验丰富的企业家，并且恰逢电子邮件疲劳的高峰期到来，但是他们销售成功的真正秘密是产品优先的销售方法。这种"无接触"的销售策略意味着，人们可以每年购买价值 20000 美元的 Slack 软件，而无须与销售人员接触。从规模扩张过程一开始，Slack 就提供了一个付费高级用户模式的产品，由于强大的品牌支撑，产品迅速进入了许多企业——几乎没有任何真正的营销支出。2020 年，赛富时以 277 亿美元收购了 Slack。虽然不是每种销售方法都能如此高效，但进入市场的效率仍然很重要，特别是在经费有限的情况下。

这里要关注的**典型关键成果**是每个客户的销售成本。作为一个经验之谈，对于处于早期增长阶段的 B2B 公司来说，为实现每 1 欧元的年经常性收入而花费 1 欧元就算得上良好的销售成本。许多规模化公司将 6~24 个月作为他们赚回客户获取成本的目标。

组织结构图和角色

做法 62：定义销售部门的角色和责任

B2B 公司的销售部门应该由以下 4 个角色组成：

- "狩猎者"：销售发展团队通过主动联系客户，或通过对入站线索进行合格审查，将"线索"推入管道。
- "成交者"：接管合格销售线索的客户经理，并试图与技术售前团队一起把它们转化为订单。
- "农场主"：客户成功经理，在客户签署合同后，努力将客户变成拥趸。这是升级销售的起点。

● "赋能者"：销售运营、培训和资格认证以及销售情报团队，将所有其他销售团队从行政管理的琐事中解放出来，从而使他们能够专注于高效销售。

图 68 是一个 B2B 公司销售部门的基本组织结构图。

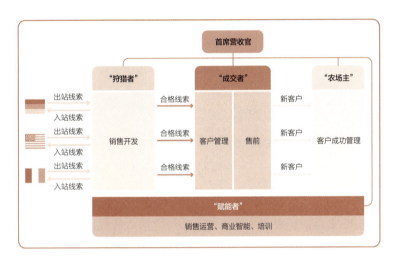

图 68　B2B 公司销售部门组织结构图

具体来说：

↑　销售开发（"狩猎者"）

销售开发的作用是填补销售漏斗的顶部。它需要实现两个主要目标：第一个是寻找新的线索；第二个是在将入站线索移交给客户管理之前，对其进行资格审查。在入站销售轨道中，销售开发代表（作为把关者）接收和鉴定传入的请求，然后将被认为合格的请求转交给客户经理。在出站式销售轨道中，销售开发以电话、电子邮件或社交媒体的形式联系潜在的线索。销售开发代表通过获得合适的联系人并与他们联系，从而建立起基础。一旦潜在客户符合条件，销售开发代表就会将联系人移交给客户管理部门。在入站和出站的轨道之间有很大的差异，这就是为什么单独跟踪和加强它们往往是有意义的。销售开发是一个企业的基础，也是客户管理的培训基地。虽然领导层通常处于中心位置，但建立以市场为基础的销售开发团队是常见的做法。

↑ 账户管理（"成交者"）

当销售开发代表找到"矿脉"时，客户经理将把这些"矿石"变成"黄金"——他们将把符合销售条件的线索变成付费客户。发布价格、给予折扣和撰写建议书是他们可以酌情使用的工具。在集中领导体制下，每个地区都有自己的区域客户经理，他们监督多个团队。团队通常按地区（如在德国南部）、按行业垂直（如汽车行业），或按客户群（如中端公司）进行专业化分工，一个团队负责人监督 7~12 名客户经理（或销售主管）。

↑ 售前（"成交者"）

售前（或销售工程）团队由精通技术的人员组成，他们在销售漏斗的后期阶段支持销售团队。一旦潜在客户达到产品演示阶段，售前团队的专业技术知识将派上用场（例如，如果客户想讨论配置管理、API 访问或单点登录选项）。B2B 业务的 SaaS 公司的行业标准是 2~3 个销售人员对应 1 个售前人员。有了售前人员的加入，公司可以更快地发展他们的销售团队，因为客户管理团队所需的技术知识较少，可以在工作中学习。

↑ 客户成功管理（"农场主"）

客户成功管理在合同签署后采取行动。他们的工作是把客户变成拥趸。客户成功管理至少有 3 种类型：技术支持团队，他们帮助客户解决操作问题，如登录问题；专业服务团队，通常按天付费，通过交付项目促进产品被采用；以及客户成功经理，他们不收取客户的费用，但需要努力将客户变成拥趸。客户成功经理定期给客户打电话，关注客户的使用统计数据和客户健康评分，帮助客户与客户之间互相联系，如果客户想要升级，就会联络他们。客户成功管理的工作可能还包括辅导和社区管理。

↑ 销售赋能（"赋能者"）

赋能团队支持所有的销售团队，以便他们专注于重要的事情。"赋能者"负责计算销售佣金，开出合同和采购订单，整合绩效管理和进行小规模的分析。团队中的培训和辅导成员负责售前团队的认证、员工入职培训、定期复习培训课程和销售手册的培训。

销售团队应该包含一个强大的营销团队，以提供合格的营销线索（相关的门控内容，潜在客户留下的联系数据，公共关系，本地化的活动等）。

做法 63：适时扩展销售部门的职责

20 世纪初的保险业从业者发现，拥有一支由"狩猎者"、"成交者"和"农场主"组成的销售团队，可以大大增加他们的销售额翻番的机会。在初创阶段，公司尚可以依靠一支由聪明的通才组成的销售团队，但到了早期增长阶段，销售团队需要变得专业化。虽然客户成功管理应该是公司需要的第一个专业化领域，但是许多规模化公司的领导者组建客户成功管理团队的时间太晚。客户成功管理团队的工作是向客户交付其承诺的商业价值，并收集案例和推荐客户，帮助客户更快成长。客户成功管理团队成立之后，就应该沿着销售漏斗进一步追求专业化。客户管理和售前可以拆分，以便能够聘用不需要深度技术知识的销售经理。让销售开发专家和销售赋能者加入销售团队，可以让更高级的客户经理专注于他们的核心职责——与客户签订合同。在后期发展阶段，按国家、客户规模和行业垂直（如汽车与金融行业）进行销售团队的专业化分工也是有益的。由于许多客户群有非常不同的需求，销售团队需要适应客户的具体需求（例如，当涉及特定产品的销售时，大公司客户的要求将不同于小公司客户）。在公司规模扩张时，往往应该保持 8∶2 的专业化比例：如果一项次要任务占用了团队 20% 以上的工作时间（例如，客户经理从事技术工作），那么就是进一步专业化的时候了。

在 B2B 销售中取得优异成绩，需要找到正确的"比赛场地"，把基本的工作做到位。

销售竞技场

做法 64：开拓正确的利基市场

"你是以占有小市场的大份额为起点的吗？"这是企业家彼得·泰尔在投资一家公司之前必问的问题之一。考虑到这一点，销售团队需要寻找清晰界定的利基市场，在这个市场上公司可以大获全胜，成为利基市场的赢家。利基市场是按国家、行业垂直和公司规模来确定的。客户的规模尤其重要：例如，向大型企业客户销售软件与向中小企业销售软件的用例大不相同。有的公司则是按区域划分。关键是公司要仔细选择利基市场，并扎根下去，直到其增长开始趋于平稳。当销售变得更复杂时，小心谨慎也是很重要的。即使一个忠诚的长期客户向公司推荐其企业伙伴，公司可能也不得不拒绝它，因为公司的目标是中端公司。保持对利基市场的专注才是关键。

如何确定一个利基市场？亚伦·罗斯（Aaron Ross）和玛丽露·泰勒（Marylou Tyler）建议从以下步骤开始。

1. 列出市场机会

有必要考虑一下前 5~10 名的潜在客户，并思考一些问题，比如：哪些公司深受问题的困扰，愿意为一个解决方案付出真金白银？还可以把目光投向那些令人兴奋、怪异和引人注目的异常客户，以了解全部的机会。就行业、国家和客户规模而言，哪个市场利基至今有效，公司应该在哪里加大投入？

2. 根据 6 个维度对清单项目进行排序

亚伦·罗斯和玛丽露·泰勒在他们的《可预测收入》（*Predictable Revenue*）工作手册中列出了 6 个维度（见图 69），它们是很好的着手点。

3. 选定一个主要的机会

如果有时间和资源，可以挑选第二个利基市场来进行测试。

4. 验证

遵循亚伦·罗斯和杰森·勒姆金（Jason Lemkin）的 20 个访谈法则。在为一个新的利基市场创建内容或编写代码改变产品之前，必须采访 20 个真正的客户以获得洞察力。"笔试"也可以起作用，即在公司的网站上设计一个具有其利基特定价值主张的页面，并测试他们能以最少的支出创造多少合格营销线索。

5. 发起销售线索生成活动

线索生成应该由销售开发团队来做，而且应该把重点放

规模	关键问题	示例
普遍的痛点和需求	你的产品所能解决的痛点在你的目标利基市场上是否足够普遍?	销售人员招聘的效率低。
买家角色	谁是组织中能做购买决策的关键人物,谁能直接从你的解决方案中受益?	客户管理负责人。
买家角色的痛点	买家有什么具体的痛点?	由于在招聘过程的早期缺乏对求职者的筛选,在面试过程中花费了大量时间,令人无法招架。
解决方案	对于这种痛点,你能提供什么解决方案?	基于游戏化的工具,在招聘过程开始时在线评估求职者。
结果	客户的可识别业务成果是什么?	减少 20% 的招聘时间和招到更好的员工。
证据	你是否有证据证明你的解决方案是有效的(免费试用、案例研究、推荐、品牌客户、参考资料或演示)?	客户对该工具提高销售效率的可比较的证明。

图 69　可预测收入的 6 个维度

资料来源:亚伦·罗斯和玛丽露·泰勒,《可预测收入》。

在把线索带入漏斗中。赛富时公司前销售总监亚伦·罗斯为销售团队提出了一种创新的出站线索生成方法:首先是向目标公司的副总裁和首席高管发送"简洁明了的电子邮件",以获知目标公司中的联系人,其次是电话联系这些新线索或与其会谈,并将其移交给客户经理。

销售基础

做法 65：制订符合公司成长阶段的佣金计划

在世界主要的 SaaS 公司之一，排名前 7 的销售人员每年被邀请在纽约的蒂芙尼商店中的餐厅吃早餐，并与首席执行官聊天。之后，7 名前夏威夷小姐为每位销售人员送上一个小盒子，里面装着 5000 美元，让他们在接下来的 30 分钟内到珠宝店消费。这种类型的企业传奇故事会在销售组织中引起了轰动（尽管我们强烈鼓励更具包容性和淡化"兄弟文化"的奖励）。举个例子，WordStream 公司颁发各种有意义的奖项（如"透明度核心价值奖"），并邀请员工在个人短视频中分享他们对工作的见解。其他做法还包括，挑选优秀的团队成员在网络研讨会上发言，或者举办全体员工会议来表彰优秀的员工。这种做法也能挖掘女性在 B2B 销售中的潜力，根据一些研究，由于更加强调与潜在客户的联系、共同制定解决方案和合作，女性往往会比男性更优秀。

佣金计划应该与公司的成长阶段相对应。核心地带公司在这方面做得很出色。一家初创公司往往会有一个"**狩猎计划**"，重点奖励客户获取。在核心地带公司，销售代表每创造 1 美元的月度经常性收入，就能得到 2 美元。为了防止客户流失，核心地带公司采取了 4 个月的佣金收回期（也就是说，如果客户在 4 个月内离开，销售代表必须返还佣金）。当重点放在客户成功和防止客户流失时，"**客户成功计划**"就变得至关重要。核心地带公司发现，客户流失在 4 个月的佣金收回期到期后最为常见，因此他们将销售人员分为 4 个四分位数[①]，代表客户流失的频率和时间。公司将排名前四分之一的销售人员的佣金提高了 100%，排名第二个四分位数的销售人员的佣金提高了 50%。排名第三个四分位数的销售人员每实现 1 美元的月度经常性收入就能得到 2 美元。排名垫底的第四个四分位数的销售人员每带来1美元月度经常性收入，只能得到1美元。通过这一调整，客户流失率在 6 个月内下降了 70%。

当现金流和变现成为优先事项时，可以采取"**客户承诺计划**"。对于核心地带公司来说，在这一阶段要做好的一个关键指标是新客户的预付款条款。最初，每带来 1 美元的月度经常性收入，佣金为 2 美元。接下来，在客户第一次月付款后，只支付 50% 的佣金，接下来的 25% 在 6 个月后支付，其余部分在 1 年后支付。换句话说，如果客户按月签约，销售代表就必须等待 1 年才能拿到全部佣金。如果他们说服客户提前签约 1 年，销售代表将立即收到全部佣金。在这个计划下，平均预付承诺在几个月的时间里从 2.5 上升到了 7。

一旦根据增长阶段选择了销售佣金计划的类型，下一步就是要制订一个最佳的销售佣金计划。以下是 6 个关键因素：

---

① 四分位数（Quartile）也称四分位点，是指在统计学中把所有数值由小到大排列并分成四等份，处于三个分割点位置的数值。——编者注

1. 设置好工资与佣金的比例

一个员工的收入有多少是来自固定工资？有多少取决于基于销售业绩的佣金？在英国和美国，佣金占"达标收入"的 50%~60% 是很常见的；而在中欧，这个比例通常略低（30%~40%）。"达标收入"是指如果一个销售员工 100% 完成了他们的销售目标，他们所得到的年度报酬总额。

2. 使薪酬方案易于理解

销售人员需要知道，如果他们给客户打折，他们会损失多少佣金。避免在佣金计划中对产品进行单独的加权有助于减少复杂性（例如，销售产品 × 可以获得 150% 的佣金）。

3. 利用销售业绩激励基金（SPIF）来推动未预见的销售机会

在全年部署销售业绩激励基金是一种在短期内做出反应而不影响年度薪酬方案的方法。例如，"本月销售我们的新产品扩展部分，可获得高出 20% 的佣金"。销售业绩激励基金应该始终是短期的、简单的、没有先例的。否则，期待某项销售业绩激励基金的员工可能会在这段时间内弄虚作假。

4. 佣金曲线的设计要有一个最佳点

为了激励销售队伍迅速实现目标，一旦达到一定的门槛，佣金应该增加。举个例子：员工完成的销售额每超过季度配额（例如，100 万欧元的月度经常性收入），其佣金就会翻倍。许多销售组织把佣金翻倍的最佳点放在达标收入的 100% 和 150% 之间。与其把佣金封顶在 150%，不如把曲线拉平，这样做往往有助于保持销售明星的积极性。留住人才的另一个方法是引入基于资历和业绩的层级模式。每一级别的佣金都会增加。

5. 使用非货币的"徽章"奖励作为激励手段

蒂凡尼早餐就是一种激励方法；其他奖励可以包括演出门票、一瓶高品质的葡萄酒或加入一个由高绩效销售员工组成的"俱乐部"。加入这个俱乐部，就像获得航空公司的贵宾身份一样，可能会有机会参加游轮和度假以及独家培训项目，与公司创始人的见面会，享有地下停车场的停车位，甚至是月度销售冠军可以在其办公桌上展示的奖杯。这些奖励应与公司的文化相一致，并包括所有性别、年龄和国籍的员工。

6. 激励年度预付款，但要实现季度目标

制订一个区分年付和月付交易的佣金计划（例如，月付为 7.5%，年付为 15%）是一个明智的做法。如果没有这个计划，销售人员就没有动力投入额外的精力来完成每年预付的交易。

做法 66：用正确的销售技术栈赋能销售团队

销售工具有很多种选择，做出正确的选择可能是一个挑战。然而，随着公司的发展，正确的技术栈将变得必不可少。它可以为销售团队带来许多好处，例如通过自动化提高生产力，改善关键指标（例如，成交率、线索速度）以及更好地招聘和留住人才。图 70 是一份关于销售技术的蓝图。Hubsell 公司也发布过一份关于 B2B 工具栈的概述。

图 70　销售技术栈蓝图

资料来源：销售黑客。

需要关注的前 5 个工具类别是：

- **生成线索和寻找潜在客户工具。** 用于确定、分析和鉴定有希望的线索的拓展工具通常有 3 类：数据供应商、外联解决方案和两者的结合。数据供应商要么出售潜在客户的数据库（例如，电子邮件列表），要么按需进行数据处理，以促进销售开发和个性化推广。数据供应商包括 ZoomInfo、Cognism、Vainu、LeadGenius、D&B、CDQ 和 Hubsell。外联解决方案能够实现自动外联和寻找潜在客户（例如，通过电子邮件或领英），并可能包括工作流程，帮助团队以个性化的联系序列（例如，电子邮件、语音邮件、领英消息）联系潜在客户。工作流程工具包括 reply.io、outreach.io、woodpecker.co、we-connect.io、hubsell.com 和 saleslof.com。

- **客户关系管理工具。**客户关系管理工具就像是销售过程中跳动的心脏。像 Salesforce、SAP Business by Design、Microsof Dynamics 和 Freshworks 这样的工具，为记录客户的沟通历史提供了一个方案，并有助于对销售机会和团队表现进行预测和管理。如果公司不想使用成熟的旗舰工具，而是喜欢更精简的初创公司提供的解决方案，他们可以尝试 Pipedrive 或 Copper。

- **对销售团队进行入职培训和指导使用的工具栈**（如 Dooly、Guru）。

- **合同管理、计费和会计工具。**用于订阅计费、招标、开票、合同管理和财务报告（例如，SORA、NetSweet、SAP Business ByDesign）。

- **客户成功管理工具。**通过工单量、净推荐值、产品使用强度和深度等方面，及早发现任何客户流失的风险。由内部工具（如 GainSight、ToTango）向客户成功管理团队发出警报。

做法 67：吸引和聘用世界级的销售团队

组建一个伟大的销售团队有赖于以下 5 个原则。

⬆ 第一，新同事推荐人奖励计划

一个高效的团队可以从他们自己的人际关系网络中推荐销售人员。试用期结束后，向推荐人支付推荐奖金是一种做法。

⬆ 第二，树立良好的雇主品牌

当美国印第安纳州在辩论引入一项影响少数群体权利的法律时，赛富时公司创始人马克·贝尼奥夫关闭了该公司在印第安纳波利斯的办事处。这种类型的公开声明可以提高公司的声誉。高级管理层成员发布的娱乐性短视频，也能帮助巩固公司的品牌形象。

⬆ 第三，不拘一格招聘人才

当一个公司开始组建销售团队时，他们可能想从大的销售公司聘请那些能带来庞大人脉的顶尖高手。然而，当公司规模扩大时，增加更多具有 10 年以上经验的高绩效人员并不能再带来那么多的投资回报。现在，是时候从其他渠道聘请年轻的人才，并在内部培训他们。不局限于行业和经验，招聘能够理解数字买家旅程的人是关键。

⬆ 第四，勾勒出清晰的职业生涯发展道路是吸引优秀团队的助推器

业务开发团队通常是销售人员职业生涯的一个良好起点，再到服务小客户（然后是企业客户）最终逐步晋升到客

户经理职位。另一条路径是在业务开发或客户管理团队中分配更多的人事管理职责。在这个阶段，规划出这些路径是重中之重。

↟ 第五，设定合理的招聘过程

公司应该对其理想的销售人选有一个标准。核心地带公司的销售团队发现了 5 个核心特征，拥有这些特征的销售代表能够与客户进行最有效的互动。以下是理想的销售人选的 5 个核心特征。

- ○ 可塑性：求职者接受和应用培训课程的能力。这可以在面试中通过角色扮演练习来测试，然后进行自我评价和反馈。
- ○ 好奇心和智慧："以前没有人问过我这个问题，现在我想起来了……"对潜在客户来说这是一个完美的答案。对客户有真正兴趣并能积极倾听的销售代表是公司的宝贵资产。
- ○ 职业道德：通过求职者在面试和跟进过程中的行为表现，可以洞察出他们的职业道德。他们是否真的愿意从事销售？
- ○ 以前的业绩：如果求职者曾任职于大型销售机构，他们最好是排名前 10% 的销售人员。如果他们以前没有做过销售，则应考虑他曾经取得成功的其他证明（例如，在体育方面表现出色，或是管弦乐队成员）。

做法 68：培训和指导一支"挑战者"销售团队

近一个世纪前，E. K. 斯特朗（E. K. Strong）以其《销售和广告心理学》（*The Psychology of Selling and Advertising*）一书掀起了一场销售革命。斯特朗声称，销售并不是人们与生俱来的能力，而是一套可以学习的可分辨的技能。他的书是现代销售培训部门提高销售代表业绩的先驱。今天有 3 种类型的销售技巧仍在使用。一种是被认为有点"老派"的**"产品销售法"**，侧重于强调产品特性，通常只适用于高度商品化的市场。另一种是**"解决方案销售法"**，在这种方法中，销售主管对客户的痛点进行诊断（例如，"是什么让你夜不能寐？"），然后根据这一需求提出一个对应的价值主张。这种以关系为重点的方法通常在与数百名客户打过交道的经验丰富的销售人员身上表现得最好。最后一种是**"挑战者销售法"**或**"洞察力销售法"**，即销售人员是一名顾问和老师。这种方法的典型对话开场白是："这应该就是让你夜不能寐的东西。"挑战者销售法通常适用于科技规模化的公司，因为它们要么挑战现有的平台和产品，要么创造新的产品需求。它也适合于经验相对较少的年轻销售人员。他们可以利用整个公司的洞察力，而不是完全依赖自己的经验。这往往是科技创业公司升级为规模化公司时遇到的那种情况。一项研究发现，在复杂的 B2B 销售环境中，近 40% 的高绩效者擅长挑战者销售法。

要组建一个高效的挑战者销售团队，有 4 个重要的工作要做：

↑ 正确的挑战者故事

通常需要 3~6 个月的时间来构建故事。这个过程通常由市场营销部门主导，销售和产品部门密切参与。对于销售人员来说，重要的是要清楚地描绘出买方的旅程，并将每个销售过程与潜在买方的购买步骤联系起来。参见做法 69，了解如何创造你的销售故事。

↑ 培训销售经理

经理应该充当销售主管的教练。制造紧张感和建设性冲突的过程往往是一种新事物，需要时间来适应。

↑ 培训你的销售主管

公司的销售团队需要了解如何成为顾问和老师。这包括向销售代表传授如何提高市场竞争力的独特观点（例如，通过降低风险和费用进入新市场，或更高效地运营）。挑战者销售人员还根据个人决策者所关心的指标（营销、技术或运营）来调整他们的信息。他们通过积极自信而又不咄咄逼人的方式来控制局面（例如，重新将价格讨论的重点放在产品价值上），并通过挑战客户的推理和巧妙地将他们推向决策过程来制造紧张感。培训通常包括一个为期多天的入职训练营，重点是整体任务、工具、产品和销售标准。定期的复习培训内容是必不可少的，还有定期的复习测验。这通常由数字培训的学习管理系统（LMS）来支持（如 Docebo、Kallidus、TalentLMS）。

提供额外的辅导支持

教练或团队经理需要与每个销售主管一起训练他们的行为，使他们更加高效。一个线索数量少的销售代表，可能需要教练在优先次序方面对其进行指导，以选择合适的线索。一个销售代表如果有大量的线索，但很少有产品演示会议，那么他的方法可能不够个性化。销售团队应该使用一个统一的辅导框架，如 GROW 模型（目标、现实、选择 / 障碍、前进之路）或 WOOP 思维（愿望、结果、障碍、计划），来解决这些问题。

做法 69：把基本销售宣传做到位

当赛富时在 2000 年推出其"终结软件"的主张时，它开启了 SaaS 市场，并将甲骨文和思爱普甩在了后面。这一主张勾勒出了 B2B 销售沟通五幕剧的蓝图。像赛富时、祖睿和 Drif 这样的成功的规模化公司，都使用它来打造令人信服的销售价值主张，作为吸引人的推销的一部分。这 5 个阶段是：

识别世界上的主要构造变化

这可能是从单一购买到订阅经济（祖睿）或共享经济（优步或爱彼迎）的变化；也可能是从主机计算到按需云解决方案的变化，这种变化一直是赛富时和亚马逊云科技所倡导的。

树立一个要联合起来对付的敌人

有必要让人们明白，公司要么从敌人那里获利，要么被敌人吞噬。弗罗多的敌人是索伦，哈利·波特的敌人是伏地魔，天行者卢克的敌人是达斯·维德。赛富时把它的"终结软件"的故事描述成是对传统软件行业发起的战争，而不是针对具体的竞争对手。赛富时不是简单地要求客户"购买一个产品"，而是邀请他们加入这场战争。

↑ 勾勒出你对美好未来的愿景

请注意，这个愿景可以和公司的产品没有关系。对于赛富时来说，这个愿景是与客户建立一对一的关系，以及将"客户互联网"与通过数据了解客户的智能公司联系起来的能力。祖睿描绘了一幅基于订阅的新经济的美好图景，客户能够在任何地方实时收到即时的个性化服务。

↑ 展示你的产品及其所有功能

这就是客户战胜敌人的方式。祖睿现在展示了与传统记录（电话、姓名等）相比，该产品的客户记录的个性化程度（支付历史、终身价值、客户时刻等）。赛富时也展示了其客户成功平台如何使公司能够通过其数据管理平台和预测性分析与用户进行单独联系。

↑ 用具体的证据来支持公司的价值主张

赛富时对此毫不讳言。在他们的"梦想力量"活动中，该公司在旧金山的巨大广告牌上贴上了无数《财富》500强公司的首席执行官对其产品的正面评价，而公司的主题演讲总是包括客户影片、故事和演示。对核心客户故事的丰富多彩的宣传，使B2B英雄故事成为现实。

这5个阶段也可以浓缩为3个客户需要回答的问题，"我

为什么需要这个产品？"、"我为什么现在需要这个产品？"和
"我为什么需要你的产品？"

线索审核和成交

做法 70：严格审核销售线索

严格审核销售线索是 B2B 销售成功的一个秘密。它可以
提高销售代表的生产力、预测的准确性和加快交易完成的时
间。正确的审核标准、严谨的管道和交易审核过程在这里都是
不可或缺的。

审核过程指导销售团队将"可能的买家"变成潜在客户
和线索。潜在客户对解决方案有迫切的需求，而"线索"是对
其产品或服务感兴趣的潜在客户。线索有两种形式：合格的营
销线索，他们提供的联系方式会被转发给销售团队；合格的销
售线索（希望为其业务痛点寻找解决方案的人）。

要产生合格的销售线索，可以使用主题各不相同的几个
框架，包括 BANT、ANUM、CHAMP、FAINT 和 MEDDIC。由
IBM 开发的 BANT 框架（预算、授权、需求、时间表）长期以
来一直是事实上的标准。相比之下，MEDDIC 框架对于提高复
杂的 B2B 交易中的预测准确性特别有价值（见图 71）。上述
框架是一个很好的切入点，但它们可能不完全适合商业案例和
销售现实。定制框架是常见的做法。例如，核心地带就是从

MEDDIC 框架

指标（Metrics）
与竞争对手相比，我们的解决方案是否为客户创造了切实的经济效益（如 3 个月内的投资回报，每人每周节省 5 小时）？

经济买家（Economic Buyer）
你是否确定了购买决策者，即有购买决策权的人，以完成交易？

决策标准（Decision Criteria）
潜在客户做出购买决定的首要因素是什么（如价格、基本特征、服务水平）？

决策过程（Decision Process）
最终导致合同批准的关键步骤是什么（如利益相关者、时间表）？

识别痛点（Pain Identifier）
确切的商业痛点是什么，我们的解决方案如何缓解它？

内线（Champion）
是否有与潜在客户有关的人可以为我们宣传？

GPCT 框架

目标（Goals）
公司的商业目标是否明确（"SMART"），以及对未完成目标的追求对公司的影响是否明确？

计划（Plan）
我们的产品是否真正满足了客户的需求，是否有一个明确的计划来达到目标？

挑战（Challenges）
在执行计划的过程中，有哪些潜在的问题和可能的变通方法（合适的工作人员、预算和基础设施）？

时间线（Timeline）
是否规定了一个必须实现目标的日期？

图 71　MEDDIC 框架和 GPCT 框架

BANT 框架开始的。

　　无论选择什么样的框架，都必须采用不同的会议类型，以确保它得到正确的应用：

- **每两个月一次的管道审查会议**侧重于确保高"管道完整性"（在正确的阶段有一定数量的潜在客户）。在销售漏斗的顶端是否有足够的潜在客户，以确保销售代表有足够的管道来实现每月、每季度的销售目标？

- **每周一次的交易审查或销售预测会议**有助于销售代表达

成交易。它还能使销售代表集中精力解决以下问题：这笔交易可能出什么问题？如果客户不与我们达成交易，他们会怎样？具体的商业痛点是什么？购买我们解决方案的商业案例是什么？交易审查的重点应该放在销售漏斗的中底层或后期阶段的交易。高级管理层（销售副总裁、首席执行官）应该经常参加交易审查会议。

做法 71：为销售团队完成销售线索赋能

优秀销售人员最喜欢哪首歌曲？当然是《赢家通吃》(The Winner Takes It All）了。当交易快达成时，赢单率才是最重要的。这就是使"成交者"（客户经理和售前团队）能够在竞争激烈的交易中经常获胜的原因。有 3 个因素使"成交者"获得额外的优势：

↑ **在有质量控制的 B2B 同行审查和评级平台上定位产品**

这些平台曾经是 B2C 的专属，现在已经成为 B2B 世界的重要组成部分，它们致力于验证、检查和严格审查评论，以确保没有供应商的偏见或不可告人的理由。重要的平台有 G2 Crowd、Clutch.co、Trustradius、IT Central Station、Trustpilot Business、Capterra 和 Gartner Peer Insights。鼓励客户在这些网站上留下评论非常重要（一些 B2B 公司甚至直接要求客户留下评论）。

✦ 准备好竞技对比卡

一家公司会被问及他们与竞争对手相比如何。SaaS 公司 Signavio 为其销售团队准备了锦囊妙计"竞技对比卡":每个竞争者有一张幻灯片,上面有"他们的话"的部分(竞争者所谓的独特的销售主张);还有"我们的话"的部分,用来反驳竞争对手的观点。竞技对比卡的结尾是一张幻灯片,将客户的注意力集中在我们产品的标志性优势上(这是竞争对手所没有的)。

✦ 制定折扣政策

折扣是 B2B 行业中大多数公司最实质性的营销投资。从"基于价值的定价"方法着手通常是有效的,这种方法的核心是了解产品为客户创造的价值(例如,每年节省的费用),然后对这种价值进行相应的分割(见做法 59)。然后,公司可以用折扣来奖励为其创造价值的客户行为。基于价值的折扣的形式包括多年度合同,向企业提供以有利于正在进行的产品设计和服务改进的数据,以及案例研究或能吸引潜在的新客户的推荐。折扣对于赢得投标也是至关重要的,通常用在竞争激烈的市场中的大客户身上。此外,重要的是要记住,对于拥有自己的采购团队的大客户来说,重要的是要考虑到双重折扣:一个是标价折扣,这样交易的内线会感到满意;另一个是为采购团队提供 10%~20% 的折扣,因为采购团队会因为这笔折扣而得到奖励。

留存和"培育"客户

做法 72：评估客户健康度以预测和防止客户流失

想在现有的客户群中，甚至在客户群有所损耗之后，年复一年地赚取更多的钱吗？如果想这样，认真对待客户成功管理就很重要。销售是关系的开始，而客户成功管理则加深了这种关系。在公司最初的 10 名员工中，应该有一名客户成功管理专家。毕竟，产品再好，也不能自动创造出成功的客户。如果一家初创公司正处于成长阶段，而他们还没有聘请客户成功经理，那么他们就错过了防止客户流失和获得额外收入的驱动力。客户成功经理可以帮助客户就在其平台上采用哪些应用程序做出最佳决定，或者为专业服务专员确定改善客户互动的方式。

客户成功管理通常由 3 个主要部分组成：客户成功经理、解决客户问题的技术支持团队和专业服务团队，其中可能包括从技术架构师到项目经理等各种专家。客户成功团队的核心是客户成功经理，他们致力于支持个人客户（通常是免费的）。他们安排定期会议，邀请客户参加行业活动，确保产品让客户完全满意，并监测客户健康评分。

客户成功管理应该创建客户健康评分，以检测客户流失风险。这些分数通常以红绿灯的形式呈现，绿色表示健康，红色表示需要紧急采取行动。一个典型的客户健康分数集合了 5

个要素：

1.产品的使用和采用：每日登录次数是否在增加？有很高比例的功能被使用吗？你的产品对多少个团队和部门有影响？

2.产品许可证的启用：是否大部分的许可证都被启用了？关键的更新日期是否在即？

3.商业结果：客户是否得到了产品或服务承诺的商业价值？

4.参与度：我们是否快速解决了计费问题和支持问题？我们的营销邮件（如新闻通讯）的退订率是否很低？我们的内部赞助者是同一个人吗，他对我们的沟通有反应吗？

5.推荐：客户是否愿意为我们推荐和宣传？客户的关键用户的净推荐值是否高于平均水平，并在不断增加？

客户成功管理预测模型需要不断验证。一个强大的模型会使至少 90% 的客户在离开的那一周，显示红色的客户健康分数。一个强大的模型也只会产生最多 20% 的错误警报（即在客户健康为红色状态下的续约）。

> ## 定义

- **年度经常性收入**（annual recurring revenue）：基于订阅的企业用于衡量每年将产生的收入金额的指标。

- **挑战者销售**（challenger selling）：这种销售方式强调销售代表在销售过程中以独特的见解引导、挑战和（建设性地）推动客户的重要性，而不是像解决方案销售方式所强调的那样注重关系的建立。

- **客户流失**（churn）：客户／用户停止与产品或服务进行互动或交易。

- **佣金**（commission）：根据销售业绩支付给销售人员的额外报酬，用于激励销售团队。

- **客户关系管理**（customer relationship management，CRM）：在组织与潜在客户、线索的互动中所涉及的战略、技术和流程，以最大限度地实现客户获得、客户留存和客户成功。

- **客户健康**（customer health）：由销售团队构建的一个指标，用于评估客户对公司的态度，这可以反过来用于评估增长、续约或流失的可能性。

- **客户成功**（customer success）：一种主动的、基于关系的商业战略，公司努力满足使用公司产品或服务的客户的目标和需求，以确保客户的高满意率。

- **合格线索营销**（marketing-qualified leads，MQLs）：根据与该公司营销内容的互动分析（例如，访问网站的价格页面），具有一定概率成为客户的线索（潜在客户）。

- **净推荐值**（net promoter score）：衡量客户满意度和忠

诚度的标准，通过询问客户向他人推荐产品或服务的可能性来评估。

- **净收入留存率**（net revenue retention）：衡量经常性收入从一个时期（月度、年度）保留到下一个时期的百分比。

- **达标收入**（on-target earnings）：如果销售员工 100% 完成其销售目标，他所获得的年度总报酬。

- **机会**（opportunity）：一个潜在的客户，根据定制的产品演示评估产品或服务的好处，并且买方内部有一个"内线"，确信该解决方案是一个可能的选择。

- **管道覆盖率**（pipeline coverage）：衡量销售管道相对于整体销售目标的潜在价值，例如，如果一个销售管道的潜在价值为 100 万美元，而整体销售目标为 25 万美元，则管道覆盖率为 4 倍。

- **管道**（pipeline）：销售周期内线索位置的可视化，可用于估计在给定的时间范围内预计将完成多少销售。

- **产品销售**（product selling）：这种销售方式通常是针对需求建议书而采取的，重点是以优惠的价格提供优质产品。

- **寻找潜在客户**（prospecting）：这通常是销售的第一步。寻找潜在客户包括销售团队对可能的客户（潜在客户）的识别和初步接触。

● **销售周期**（sales cycle）：从卖方与潜在客户最初接触到完成交易（如签订合同）所需的时间。

● **销售开发**（sales development）：形成销售周期早期阶段的过程：识别、联系和限定线索。

● **销售接受的线索**（sales-accepted leads，SALs）：符合销售团队制定的标准，并被销售团队视为可接触的潜在客户的线索（潜在客户）。

● **合格销售线索**（sales-qualified leads，SQLs）：具有明确商业问题的客户（潜在客户），公司的产品和服务可能为其问题提供解决方案——一个销售团队通常会与一个合格销售线索进行多次互动。

● **解决方案销售**（solution selling）：这种销售方式侧重于深入了解客户的业务问题，并提供解决这些问题的方案——供应商更多地被视为一个可信赖的顾问，而不是一个履行采购订单的人。这种销售方法往往需要大量的专业知识来理解客户的需求，并做出灵活的反应。

第 9 章

卓越服务运营

优化客户咨询，同时提供令人惊叹的亮点

合著者：尼古拉·格鲁萨克博士（Dr. Nicola Glusac）

！ 规模化发展阶段的主要误区

● **未能将客户体验作为管理层的首要任务之一**

一些运营职能部门专注于解决组织内其他地方引起的客户问题。运营团队应该对此负责，但还需要有一个跨越所有层级的客户体验的内部推动者，从而将客户体验变成为公司心脏输送血液的命脉。公司的每个人都需要将卓越的客户体验视为与增长、利润、收入和成本节约同等重要的主要目标之一。

● **注重产品而忽视客户服务**

有些公司不明白，客户不会对产品和服务进行区分。特别是在竞争激烈的市场中，仅靠产品是不可能实现差异化的，在创造出色的客户体验方面，服务发挥着越来越关键的作用。

293

- **对聆听"客户之声"投资不足**

  一些运营团队未能在客户服务和产品团队之间安装一个客户反馈程序。这包括对客户突出意见的背后原因的量化分析，以及作为运营风险预警系统的每日反馈意见高峰分析。

- **没有客户体验的衡量标准和在日常业务中提升客户体验**

  一些公司对客户体验的评估不够细化。尤其重要的是，评估客户旅程的每一步（例如，熟悉产品、产品购买）的净推荐值，而不是将净推荐值作为公司的整体指标（见做法 73）。

- **在减少不必要的联系方面投资不足**

  一些服务运营团队过分强调客户服务，但他们在问题出现前解决客户反馈的根本原因方面投入不足，也没有为交易性的客户旅程（例如，支付账单）推动自助服务。为了解决这个问题，在产品开发过程的早期就应让运营部门参与进来，实施"问题责任制"，并实时监控技术事故（见做法 73 和做法 76）。

- **在"超速增长"时期，未能及时提升客户服务能力**

  通常，客户群的增长速度会比公司招聘内部客户服务员工的速度快。一些运营团队不明白，足够的可用性往往来自合作的外部客服联络中心（他们往往能比你更快地扩展）。在这些情况下，尽早实施"混合"运营模式可以获得成功（见做法 78）。

● 未能理解卓越流程的重要性

许多初创公司将流程方面的问题视为"边缘案例"，他们没有迅速建立起用精益六西格玛等方法开发高效流程的能力（见做法 80）。

银行作为一种服务，音乐作为一种服务，交通作为一种服务，甚至游戏作为一种服务：10 年前，要推出这些类型的消费者业务需要花费数年时间。今天，只需按下一个按钮，就可以做到。开发出一个伟大的科技产品不再是创业成功的全部。为了推动增长，公司不光需要卓越的产品，还需要提供一流的服务体验。而持续提供优质服务的关键是什么？那就是服务运营团队。

在建立服务运营时，要解决的是什么问题？最佳的每客户成本可以带来高（服务）净推荐值。为了做到这一点，需要努力实现 3 个关键目标：通过避免交易性联系和尽可能投资于自助服务来减少不必要的联系，以及在实现有竞争力的单次联系成本的同时，提供良好的在线服务体验（见图 72）。

运营团队最重要的原则是成为客户体验的最有力的内部倡导者。公司的每一位领导都需要有首席客户经理的心态，客户体验需要成为与收入增长、利润或成本节约同等重要的目

图 72　服务主导的增长公式

标。只有当客户体验的目标，如净推荐值，被确定为公司的重要的关键成果之一，服务运营才能成为竞争优势的真正来源。毕竟，拥有良好的净推荐值的公司，比拥有中位数净推荐值的公司平均增长快两倍。如果初创公司所有的高层领导没有这种思维，运营部门就会一直被定位为"没有消息就是好消息"的部门，不愉快地去解决其他部门造成的问题。

图 73 显示了一个金融科技公司服务运营部门的典型目标和关键成果。

目标和关键成果

做法 73：制定正确的服务运营目标和关键成果

让我们更详细地研究一下每个目标。

202× 年的典型目标		
01 减少联系 将每个客户的联系次数从每年 1.5 次减少到每年 1 次	02 服务体验 提供可靠的客户服务和"服务愉悦时刻"	03 每次联系的费用 建立本行业最忠诚的客户群

202× 年的典型关键成果		
将因产品问题引发的联系从 20% 减少到 15%	将服务水平从 70% 提高到 80%，同时实行全天候服务	通过采购每年节约 2000 万美元
将事故引发的联系从 10% 减少到 5%	将客户服务净推荐值从 50 提高到 60	通过流程自动化，将每个全职员工每月的后台工单增加到 800 张
将机器人客服的问题解决率从 60% 提高到 75%	将首次联系的问题解决率从 70% 提高到 80%	将外部客服联络中心的联系份额从 40% 提高到 50%
通过应用内的自助服务流程，为每位客户减少 10% 的联系次数	创造 100 个在社交媒体上疯传的"服务愉悦时刻"	将外部客服联络中心的每次联系成本从 6 美元降至 4 美元
建立一个客户之声团队，并向产品部门提供反馈循环	保持后台零"积压任务"	在知识库中绘制完善的面向客户的流程图

图 73　金融科技公司服务运营部门的目标和关键成果

1. 减少联系：你是否避免了不必要的联系？（最好的服务是不需要服务）

没有人会喜欢因为快递丢失而联系亚马逊，因为每月付款问题而联系奈飞，或因为想弄清楚如何下载一个账户报表而联系 N26 银行。B2C 客户讨厌在产品或服务不能正常使用时而联系一家公司，虽然这是常规客户旅程的一部分。客户需要联系公司的次数越多，他们的净推荐值就越低。在我们研究的一家直销银行中，一年内至少联系过一次公司的客户的满意度降低了 20%，停止使用其服务的可能性增加了 20%。这种情况在各个行业都很常见。如果客户不得不与公司联系，哪怕只有一次，客户的忠诚度分值，如账户金额或回购率，就会受到 4 倍的消极影响。换句话说：最好的服务是不需要服务。消除客户联系问题背后的根本原因，应该是卓越服务战略的基石。这些原因往往与产品、流程或沟通有关。

客户服务**典型的关键成果**包括减少与产品相关的联系（例如，支付应用程序功能故障）、事故引发的联系（例如，网页不可用）、沟通引发的联系（例如，网站上的不实承诺，误导性的描述）和创造高比例的自助服务（例如，客服机器人的问题解决率）。综合运用这些措施，将减少每个客户的联系次数。由于这些联系大多是问题驱动的，这不仅会提升净推荐值，还会推动每个客户的联系成本下降。

注意：只有当客户体验被锁定为公司的最高目标之一，并且特定的产品和技术团队加大投入，提升开发人员的能力，以减少客户不必要的联系时，才能实现这些成果。

2. 服务体验：你的在线服务是否能够有效地解决问题？

当贝宝在其创业早期开始进入产品市场的时候，该公司发现客户的咨询多得难以招架。它的应对之策是什么呢？它停止了电话咨询服务，专注于改进产品。虽然这种做法在早期扩张阶段可能有效，但当初创公司进入更持久的增长阶段时，客户体验应该成为关注重点。如果不这样做，可能会导致品牌受到严重打击。它们甚至可能触犯监管机构的规定。客户体验在所谓的"情感型客户旅程"中尤其重要，这些旅程通常与纠纷、销售或紧急需求有关。例如，一位金融科技公司的客户在国外旅行时丢失了钱包，无法获得资金。在这种情况下，客户需要一个在线服务团队来解决手头的问题。一个出色的后台服务团队需要迅速解决这个问题，这样前台客户服务团队就可以迅速为客户提供一个解决方案。虽然在线服务团队可以在这些情况下让客户感到满意（见做法 80），但常规的旅程（如下载银行账单）需要自动化和自助服务（见做法 77）。

客户服务**典型的关键成果**包括每个渠道的"服务水平"（即平均在 20 秒内回复 80% 的电话或邮件），80% 的问题在首次联系中得到解决以及提高客户服务净推荐值或"客服满意度"（ASAT）水平。服务的速度也很重要：超过 7 天的活跃未结工单（积压）是需要跟踪的一个指标。

3. 成本：你是否坚持不懈地降低每一次联系的成本？

运营团队不光需要通过提供良好的客户体验来促进增长，也应该通过降低每次联系和每位客户的成本来提升良好的单体经济效益。组建一个强大的采购团队，与服务供应商（例如，外部客服联络中心）谈判，是很有效的做法。衡量所有运营部门的流程效率，并部署卓越运营团队，使用精益六西格玛的方法完善你的流程，也非常重要。典型的关键成果包括通过合同重新谈判实现年度节约、增加（离岸）外部客服联络中心的联系份额、提高内部客户服务中心的利用率和占用率，以及处理效率指标，如"每个全职员工完成的工单"。

组织结构图和角色

做法 74：定义服务运营部门的角色和责任

服务运营部门可以围绕一个面向客户的前端（客户服务）、一个提供技术支持的后端（后台），以及能够持续提供卓越客户体验的部门来建立（见图 74）。客户联系被转到内部或外部客服联络中心。如果问题需要更深入的检查（例如，银行的扣款），它们可以被转到后台，由其直接给客户解决问题和答复，或者后台将调查结果转到前台。所有的部门都应该有一个全球性的足迹（也就是说，它们应该在不同的国家和以不同的语言提供和使用）。另一种设置是为某些客户群建立相对独立的团队，提供他们所需的所有资源，以解决前台和后台的客户问题（见做法 78）。

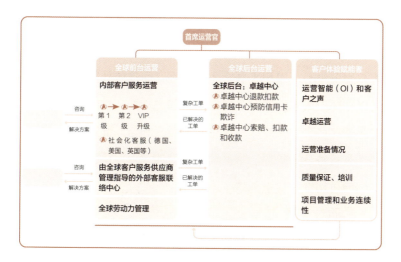

图 74　B2C 公司服务运营部门组织结构图

让我们更深入地了解这些部门的作用：

♦ **内部客户服务运营**

这个部门直接处理客户的咨询，通常由 12~15 个专业服务人员组建团队，由一名团队领导负责。根据客户群的规模，一个公司可能会在每种语言或每个市场上有一个或多个团队。覆盖多层次的复杂性和升级是关键。至少，一个公司需要一个"第 2 级"团队来协助处理更复杂的咨询（例如，技术团队）。"第 2 级"团队处理不了的问题，可由一个投诉或 VIP 团队来解决。VIP 团队通常需要处理非常重要的客户（如记者或投资者）和那些公开发布的高度复杂或情绪化的问题。

♦ **客户服务供应商管理**

在一个快速增长的规模化公司中，只有当你采用外部客

服联络中心或专门的后台服务时，才能保持成本的竞争力。近
岸或离岸地点可以提供廉价的额外人手，并极具灵活性。内部
客户服务中心可以用来制定质量标准，而你的外部合作伙伴则
可以在降低成本的同时，确保效率和灵活性。供应商管理团队
将挑选这些合作伙伴，并通过实地考察和与外部客服联络中心
经理举行每日、每周、每月和每季度的绩效对话会议，来管理
他们的可用性、质量和效率。

↑ 劳动力管理

当运行一个涵盖多种语言并具有一定专业性的服务团队时
（例如，交易与技术咨询），需要有足够的受过正规培训的专业
人员，他们在整个服务时段内通过聊天工具、电话、电子邮件
等回答客户的咨询。为了管理这种复杂性，劳动力管理部门应
该把增长预测（营销驱动）变成一个滚动的 3 个月客户联系计
划，其中应该包括计划和排班表。他们还应该在渠道之间调动
日内服务专员，以平衡任何不可预见的联系高峰。在初创阶
段，劳动力管理团队往往被忽视，但有和没有这个团队，结果
可能是每次联系 3~5 美元的最佳成本和两倍的成本之间的区别。

↑ 后台

客户服务后台应该专门处理那些需要更长时间和需要更
深入知识的任务。例如，核查退款请求，解决信用卡欺诈请
求，以及向客户索取未支付的费用是金融科技公司客户服务后
台的常见任务。理想情况下，这个团队应该围绕着专注于关键
客户旅程的卓越中心来构建（见做法 11、做法 83）。让前台

和后台团队共享一个（虚拟）房间是有好处的，因为这提供了一致的客户沟通，并避免了移交问题时产生的摩擦。

↑ 运营智能和客户之声

他们是公司的数据专家。这个小团队（2~3 个全职雇员）通过监测可用性、互动质量、生产力、客户满意度和员工幸福感，为每个市场和每个客户旅程创建实时性能仪表盘。运营智能团队应该与公司的中央数据团队和每个运营部门的业务分析员合作。运营智能应该对最主要的联系原因进行定量分析，作为客户服务和产品团队之间的客户反馈程序的一部分。他们还应该把每天的联系高峰分析作为一个运营风险的早期预警系统。如果监控到一个联系高峰正在发生（例如，西班牙的 ATM 机问题），这个系统会提醒主要领导，以便能够快速解决。

↑ 卓越运营

卓越运营团队保持流程的优化、良好的记录并遵循标准。虽然他们在公司规模扩张过程中常常被引入得太晚，但这个团队对于提高客户满意度和效率指标十分重要。他们通常是精益六西格玛的流程优化专家，可以处理 ISO 9001 认证以及监督关键流程的地图（见做法 80）。

↑ 运营准备

在新市场推出产品需要一个小团队（2~3 个全职雇员），作为运营、产品和营销之间的"先锋"协调运营准备工作。如果公司想要在法国推出金融科技服务，运营准备团队的员工将是确保所有法国客户服务专员得到良好培训的人。此外他们还要确保网站上的常见问题得到更新，所有相关团队的内部沟通是准确的，所有的发布是及时的等。他们通常会组织与所有重要的利益相关者的每日或每周会议，并在一个新的国家或新产品推出后的头 8~12 周内支持运营。之后，他们会将其移交给"日常运营"团队，这样他们就可以专注于下一次新品发布。

↑ 内容、质量、培训和辅导

该团队负责持续更新公司的知识库、面向客户的用语、书面交流的文本、常见问题支持中心、视频教程、聊天工具和应用内交流。他们也负责制定质量标准（例如，客户验证，遵守流程），组织新产品的熟悉和复习培训，并准备定期的知识测验。教练团队应该为每个服务团队部署一名教练，每月为每个服务专员提供 1~5 次辅导课程（视绩效水平而定）。

↑ 项目管理办公室（PMO）和业务连续性

如果公司考虑新建一个新的客服联络中心，重新启动一个内部知识库或推出一个信使渠道，那么他们需要建立一个拥有 2~3 名全职员工的项目管理团队。这个联络点可以帮助协调关键举措，促进决策。

注：采购团队通常也与服务运营部门密切协作，并经常由首席运营官监督。

做法 75：适时扩展服务运营部门的职责

公司初创阶段，服务运营可以交给一个由多面手组成的小型运营团队负责，但是到了早期增长阶段，运营团队需要专业化。

- 第一，特定的市场和语言应该由**专门的客户服务团队**负责。这包括第 2 级团队、专门负责复杂问题的 VIP 团队，以及专门为不同复杂程度的客户旅程组工作的服务专员。

- 第二，需要组建一个准备团队，以协调围绕产品和市场启动的运营。他们是市场扩张的业务骨干。

- 第三，需要建立一个劳动力管理团队，负责计划和安排前台工作。他们还负责定期增加新的语言和专业。

- 第四，在早期增长阶段，应该为运营智能团队配备充足的人手。他们将提供实时性能仪表盘，并帮助持续跟踪关键指标。

- 第五，在后期增长阶段，可以通过扩大外部客服联络中心和后台服务提供者来进行规模化阶段公司服务能力的投资。这是供应商管理团队的任务，他们应该与质量保证团队合作，建立一个外部合作伙伴的网络。

- 第六，发展后期也是投资卓越运营的最晚时间点（见做法 80），以便简化所有流程并建立一个项目管理办公室来协调任何升级举措（例如，整合新工具、增加合作伙伴），以减轻专家团队的负担。

在组织结构搭建好后，是时候审视服务运营了。在规模扩张阶段，有 3 种做法特别重要：**防止（交易性）联系，将客户请求转为**自助服务，以及使在线服务团队能够**解决客户问题**，同时创造服务愉悦时刻（见图 75）。

预防	转移	解决
你是否提前预防了（产品引发的）客户问题？	你是否将客户转移给了自助服务？	在线服务是否可以解决客户的问题，同时为他们创造服务的愉悦时刻？

图 75　服务运营实践

防止不必要的联系

做法 76：首先要防止不必要的客户联系

　　你会经常给奈飞、亚马逊或谷歌打电话吗？优秀的客户体验是由一个好产品推动的，不需要客户联系公司。因此，在问题发生之前就将其消除是行业领先的客户体验的基石。客户需要联系公司的次数越多，其净推荐值就越低。大约 80% 的联系与服务机构本身没有关系。它们通常是基于以下 3 个不同的问题的混合：产品问题（例如，云服务提供商的故障和应用程序掉线），流程问题（例如，客户在网上更改地址时遇到困难），沟通问题（例如，营销团队发布了一个让人困惑的电子邮件或运营团队的沟通前后不一）。通过跨部门合作来防止这些问题，可以减少客户流失率，提高净推荐值。这也能为公司节省成本。

　　实现尽可能少的不必要联系，可以采取以下措施：

↑ 定期和准确地报告客户联系的原因

这包括整体的客户联系排名前 10 位的原因，满意和不满意的客户最常见的说法。最好每个月对具体的子问题进行"定性"的深入研究。在这里，将客户联系细分为由流程、产品和沟通引发的问题是推荐的做法。

↑ 尽早将客户体验和产品维护嵌入产品开发

产品部门需要快速、持续地推出新功能，同时在维护方面加大投入；产品路线图的 10%~20% 应该保留给产品维护和客户问题解决方面的投资。一些初创公司还有一个共同特点，都有一个"故障排除小组"，即由一个技术团队负责滚动解决客户发现的产品问题。

↑ 实行"问题责任制"

客户联系应分配给管理层中的负责人（例如，交付问题的客户联系的增加，将由首席运营官或副总裁处理）。产品问题的客户联系应添加到特定产品负责人负责的产品损益表中。这种做法可以鼓励利益相关者及时解决问题，避免问题再次出现。

↑ 实时监控技术事故

这包括对"正常运行时间"关键绩效指标的监控。正常运行时间指的是你的网站或应用程序在没有技术问题的情况下向客户提供的时间。如果客户由于可溯源的技术错误，而无法登录他们的网上银行账户，这些非正常运行时间与"正常运行时间"无关。正常运行时间通常应该包含许多个数字 9（例如，99.99999%）。采用事故管理机制（事故检测、调查、优先级分类和升级）是一种有效的做法。

转移客户联系

做法 77：将与交易有关的客户联系转移到自助系统

投资于自动化或自助服务选项，同时拥有在线协助的"突围"选项，可以大大减少常规问题的客户联系量。例如，通信初创公司 Doodle 在 2018 年对自动化和自助服务进行了大量投资，整合了一个基于机器学习的用于自动编辑票据的应答机器人，并添加进了他们基于机器学习和自助指南的关键客户旅程，专注于自动化的一键式票据（即一次联系就可以解决的咨询）。这一做法将响应时间从 2018 年的 17 小时提高到了 6.5 小时，同时也将顾客满意度（CSAT）从 90 提升到 95。另一个例子：金融科技公司外旋金融（Revolut）部署了聊天机器人 Ritato 来解决交易任务，如下载银行报表或重新申请借记卡，从而减少了大量不必要的联系。金融科技公司 N26 注意到许多客户要求将他们的钱转回给他们，例如未经授权的交易，于是，他们开发了一个应用程序内的功能，使客户能够通过一次点击发起退款请求。这些类型的自助服务功能在降低成本的同时，提升了客户体验。对于快速发展的公司而言，如果想要提供良好的客户体验，并保持成本可控，就应该为客户提供自助服务的渠道。自助服务演示视频和交互式语音识别（IVR）是很好的选择，它们可以解决 3%~7% 的客户联系。根据关键的客户事件来构建这些渠道，让客户可以在网上轻松找到它们，并将容易识别的路径选项添加到在线渠道，是做到这一点的一个方法。一家主要接收简单交易请求的公司，如果使用聊天机器人、网站或应用程序内的自助服务功能，可能解决高达60%的（常规）客户联系。如果一家公司认为聊天机器人可以带来竞争优势，并让客户满意，那么利用开源软件自己开发一个聊天机器人，可能会成为一个优势。如果用户意图（即不同类型的客户要求）的数量超过 50 个，那么基于机器学习的聊天机器人就非常重要了。应该避免选择纯粹的基于规则的聊天机器人，因为随着产品组合的增长，底层的决策树将不断需要调整。

解决客户联系问题

做法 78：投资于混合运营模式和专业化，以确保可用性

客户希望能够在他们需要的时候联系到一个能帮上忙的服务人员。为了能够提供这样的服务，需要两个要素：

↑ 建立混合运营模式，有效确保客户服务的可用性

需要内部和外部客服联络中心相结合的混合运营模式来

应对高峰期。内部客户服务中心可以作为一个质量基准并承担更复杂的问题，而外部合作伙伴可以提供成本效益和灵活性。对于一个 1000 人的客服运营团队来说，好的标准是 3 个合作伙伴（1 个合作伙伴会让你过于依赖，而 5 个合作伙伴可能会让管理过于复杂）。建议选择全球客服联络中心的组合，并拥有一些专门针对你所在的特定行业的客服联络中心。

✦ 建立以市场、技能和升级为重点的专业化服务

通过专业化，客服联络中心团队可以提高客户满意度，将首次联系解决率提高 3%~5%。专业化应该考虑到目标市场、语言和具体任务（例如，技术上的复杂查询）。帕累托法则是一个很好的经验法则，公司的客服代表在 80% 的时间里应用他们的专长，而在其余 20% 的时间里处理其他客户的咨询。通过这种分工，客服人员可以根据需要保持对所有类型的客户联系的灵活性，而他们也将在专业化过程中成为专家。在处理"边缘案例"或落在已建立的数字路径之外的客户（例如，一个持有印度护照的英国客户在美国丢失了手机）时，专业化的升级团队也很重要。这样的客户有可能造成冗长的"联系链"，这就是为什么专业团队应该迅速处理这类问题。一些规模较大的公司也储备有额外的"特警队"，客户可以通过专门的电子邮件地址直接联系他们，同时利用好公司的回访政策。

做法 79：用自我管理团队和严谨的绩效管理提升服务质量

一个现场服务团队的质量是由其客户体验得分和它在首次联系时解决问题的概率来衡量的。提高这些质量分数需要最大限度地团队自主权，同时遵循严格的绩效管理制度，包括以下两个要素：

↑ 利用团队自我管理的力量

当服务团队将正确的专业知识、信息、流程和权力结合在一起时，他们可以在不需要干预的情况下为客户提供异常出色的服务。在专家团队模式下，T-Mobile[①] 在 3 年内降低了 13% 的服务成本，将其净推荐值提高了 50%，将减员和缺勤率降低了50%。其由约 50 名员工组成的自我管理团队为特定区域的客户提供服务，团队工作的重心是提高客户忠诚度和加强关系，而不是减少客户联系的时间。这些团队像小型公司一样运作，在一个地方合署办公，并被鼓励以他们认为合适的方式合作和解决客户问题。这些跨部门的团队包括客服代表、团队领导、专门的教练、负责更复杂咨询的技术专家和负责劳动力规划的人力资源经理。

↑ 实行严谨的绩效管理

这有助于及早发现那些没有达到客户期望的团队。客户

[①] T-Mobile 是一家跨国移动电话运营商。它是德国电信的子公司，属于 Freemove 联盟。——编者注

服务绩效的关键指标包括数量（如每个客户旅程的工单）、稳定性（如事件）、可用性（如平均回答速度）、互动质量（如首次联系解决率、客户满意度、净推荐值）、生产力（如平均处理时间、利用率、每次联系的成本）、后台绩效（如积压）和员工幸福感（如生病、减员）。所有的数据都应该按照每个市场和客户旅程来审视。应该将服务运营管理部门的每周绩效审查和首席高管的每月绩效审查结合起来。

做法 80：投资于精益六西格玛流程，同时给团队足够的空间来创造服务愉悦时刻

杰出的服务体验需要建立在严谨的流程和足够的空间上，客户服务人员才能打破常规，让顾客满意。

作为第一个要素，通常应该从熟练掌握精益六西格玛流程入手。精益六西格玛的本质是定义和流程管理，因此无论服务代表是谁，客户都能以最小的偏差获得高质量的答案。为了实施精益六西格玛，首先应该不断更新面向客户的流程图。同时还应该从管理团队中指定"流程负责人"。他们应该得到基层"流程拥护者"的支持，共同负责保持关键流程的更新。如果公司推出了一个新的客户验证方法，流程负责人和流程拥护者将检查所有和客户验证相关的新的可能性，并为"边缘案例"（例如，一个居住在美国的持有英国护照的客户）开发验证选项。他们还需要把这些新的流程存入知识库，以便前台同

事能够轻松地处理所有类型的客户验证问题。卓越运营团队负责实施和辅导培训流程负责人和拥护者绘制、优化和完善流程的方法。最后，这个团队应该部署一个简单的基于决策树的工作流程工具，以指导前台和后台的同事解决客户问题。

虽然精益六西格玛的"流程熟练度"对于良好的服务体验是必要的，但公司需要允许他们的前台和后台员工偶尔打破常规，以创造客户服务愉悦时刻。巴西金融科技公司 Nubank 支持其客户服务代表（或被称为 Xpeers）不拘泥于常规，无论是给客户发送手写便条、礼盒，还是一顶平檐帽。处于规模扩张期的 Dollar Shave Club 为客户服务人员提供预算，让他们去做一些令客户惊喜的事情：当一位新客户向服务团队开玩笑说，Dollar Shave Club 就像一个家庭时，该团队为客户赠送了一套电影《教父》的 DVD。7 岁的卢卡·阿普斯（Luka Apps）在超市丢失了他的幻影忍者玩具，他给丹麦的乐高集团写信诉说了自己的经历，于是乐高集团给他寄来了幻影忍者模型和故事书。很有必要拨出额外的预算和时间，让客户服务代表即兴发挥，去实现这样的客户体验。虽然要大规模地这样做成本会上升，但在社交媒体上意外走红将提高初创公司在卓越客户体验方面的声誉。

做法 81：投资于松散耦合但高度集成的服务工具套件

让客服人员在没有有效工具的情况下工作，就像让他们穿着滑雪服去月球旅行。关于服务工具，大多数公司面临以下选择：他们可以购买一个已经配备了工具的平台（"大爆炸"的方法），或者主动挑选工具，并将它们整合到一个微服务架构中。后者通常是规模扩张期公司更好的选择，因为它使初创公司能够从市场上挑选工具，而不依赖一个供应商。一些工具可以帮助将客户联系通过多种渠道传送给客服人员。至少有 6 种"客户服务支持工具"能够快速可靠地解决问题：连接到内部数据库的客户关系管理软件；基于规则的路由工具，将来自不同渠道的客户联系重定向到专门的队列——有时是 CRM 的一部分；促进外部沟通一致性的内部知识库；用于调度、轮班计划和日内管理的劳动力管理工具；方便定期培训和测验的学习管理系统；建议下一步最佳行动（NBA）的实时推荐引擎（见图 76）。

图 76　客户服务工具概览

做法 82：引导外部合作伙伴共同推动业务目标的实现

迅速扩大服务规模往往只有在外部合作伙伴的支持下才能实现。为什么？如果一家初创公司处于增长模式，他们往往无法在一个地方找到足够的客户服务员工。对于这个问题，外部客服联络中心可以提供一个解决方案。有效地管理这些合作伙伴是一门科学，需要做到以下几点：

✦ 保持在合作伙伴心中的重要地位

规模不大的合作伙伴会优先考虑初创公司的需求，但他们可能会有服务供应的问题，并缺乏全球网络。规模较大的合作伙伴将能够使初创公司迅速扩大规模，但他们可能不一定会将初创公司放在首要位置。理想的目标是为外部合作伙伴在其所在地区提供 15%~25% 的收入，因为这既使公司变成其重要的客户，但又不至于过于依赖其服务。有多个合作伙伴可以提高初创公司的谈判地位，并且在需要迅速更换合作伙伴时，不会危及其服务。规模化公司的经验法则是：合作伙伴的成立时间应该至少是创业公司的两倍。如果他们成立的时间和初创公司差不多，那么初创公司可能无法从他们身上学到东西。

✦ 调整关键绩效指标以满足总体业务目标的要求

假设一家初创公司聘用了一个外部合作伙伴，来进行基于视频的数字客户验证，其目标是确保高转化率（除了预防欺诈以外）。该合作伙伴将推动对快速应答时间的激励，这是一个他们可以直接改变的指标。通过为转化率（创业公司的最终商业目标）支付奖金，将鼓励合作伙伴努力提高这一指标（例如，通过向其提供建议）。与初创公司总体目标无关的关键绩效指标不建议作为绩效支付的指标。

↑ **保持与合作伙伴的互动**

在创建一个高绩效的合作伙伴网络方面，当甩手掌柜并不是一个好办法。外部合作伙伴可以通过共同分享的实时绩效仪表盘，与公司在运营层面上进行日常互动，至少应该每月与高级管理层关于绩效是否存在风险进行一次通报。

做法 83：通过绩效管理、自动化和卓越中心提高后台处理能力

优秀的前端客户体验需要一个运转良好的后台系统来为其搭建舞台，在这个舞台上，客户服务团队可以施展它的魔法。一个高绩效的后台通常基于以下模块构建：

↑ **在围绕客户旅程的卓越中心中组织你的后台服务**

由相同的员工重复操作可以提高效率，减少错误。让客户服务和后台服务作为一个联合单位来运作，可以进一步提高绩效，其职责包括自主优化知识库，纠正有问题的子流程，并保证在出现不可预见的数量高峰时转移能力。我们发现，以责任制为基础的卓越中心的设置，在整个客户旅程中，可以使首次解决问题时间和客户体验得分至少提高 20%。重要的是要

记住卓越中心的工作焦点应该是优化客户旅程的关键绩效指标（例如，解决率、净推荐值等），而不仅仅是效率目标。

↑ 确保工单流量和相应处理能力的绩效透明度

衡量服务效率的一个有效方法是使用仪表盘，它可以按时间（1~6 天，7~14 天，14 天以上）显示每个流程的开放工单的概况。服务效率的其他关键绩效指标，包括首次响应时间和每个工单的解决时间。扩大规模需要使工单处理能力与初创公司的需求保持一致。例如，初创公司最好每月重新预测工单量，并将对新的全职员工的需求提交给内部招聘团队。将相对难以自动化、耗时的简单任务（例如，邮件的数字化和分类）外包，可以进一步帮助减轻处理能力的限制。

↑ 通过自助服务和端到端流程自动化，减少工单流入量

有两类流程适合自动化：在降低成本的同时提高客户满意度的自助服务功能（例如，金融科技公司的应用内收费）和"纯粹"的内部流程自动化（例如，催款和发票收款服务）。在这两方面的投资可以防止在扩大客户群时后端运营成本的膨胀。公司如何知道要关注哪些后端运营流程呢？可以根据花费的时间、（直接）节省的资金和（如果适用）政府部门要求的监管对流程进行排序。从一开始就启动全面的自动化或许不太现实，例如将管理未付客户账单的谷歌电子表格升级为完全自动化的"催款周期"。然而，即使是"一次性"的解决方案，比如在实施完全自动化的解决方案之前，让后台一键发送批量邮件，也能将一个流程的平均响应时间从两周缩短到两天。作为第一步，这可能已经足够了。最后，应该通过自动化和完善后台和客户界面的流程（例如，使用光学字符识别从客户信件中提取关键数据）来减轻运营压力。

做法 84：加强迅速从需求和供应冲击中恢复的弹性

金融科技公司 N26 和许多初创公司一样，在早期增长阶段，其增长速度超过了它建立的服务流程和能力。意外事故，如由于应用程序中的错误或非常成功的营销活动导致的客户联系高峰，偶尔会使运营团队不堪重负，导致视频验证或客户服务电话的长时间等待。解决方案是什么？在弹性方面进行大量投资。做到这一点的一个方法是在初创公司的运营中迅速建立以下 3 个弹性支柱：

↑ 多源设计

要做到这一点，可以通过建立一些系统来分散风险，这些系统可以一起工作，但在其中一个系统出现故障时，也可以独立运作（例如，视频通话、基于证件照片和邮局身份认证的选项可以相互补充）。把初创公司的运营看作是一场轮盘赌游戏——不要把所有鸡蛋都放在同一个篮子里。在运营中，如果一个系统暂时出现故障，客户仍然能够使用另外两个系统。

↑ 建立冗余机制

这意味着建立一个在危机时可以使用的冗余，例如可以被分配到不同领域的多技能员工，或者在需要时可以迅速增加额外人手的外部供应商。一般来说，在努力实现弹性时，初创公司需要准备高于历史记录的容量，并预计更长的实施时间。一个经验法则是，在任何时候都要准备比实际需要多 20% 的资源。另外，外部合作伙伴网络（如客服联络中心）的冗余可以在保持低成本的同时保证竞争力。

↑ **在招聘计划中设置一个缓冲区**

要让一个新员工进入状态，需要几个月的时间。这是初创公司在迅速扩大规模时无法承受的时间。因此，招聘缓冲区应达到 10%~20%，以确保根据客户需求预测，不断有新的人员加入。由于大多数规模扩张期的公司都有充足的资金，因此可以承受由于人员增加而造成的低效，以换取公司的弹性和保证客户的体验。

定义

● **平均应答速度**（average speed to answer，ASA）：衡量客户服务团队接听和回应客户联系所需的时间。

● **积压任务**（backlog）：超过当前能力、待解决的工作积累。在客户服务方面，积压任务描述了那些在一定时间范围内仍未解决的客户服务工单（请求）。

● **联系**（contacts）：客户和客户服务代表之间的互动；客户

的联系次数少通常被认为是良性的，因为它表明客户没有遇到问题，或能够自己解决问题。

● 首次联系解决率（first contact resolution rate）：在首次联系（即一个电话、一封电子邮件、一个即时聊天会话）中解决的联系人或工单的百分比。首次联系便能解决客户的问题，消除了与客户进一步互动的需要。

● ISO 9001 证书（ISO 9001 certificate）：一个专业认证，证明一个公司已经满足与他们的产品或服务质量有关的法定和监管要求。

● 精益六西格玛（lean six sigma）：一种以数据为主导、以团队为基础的管理方法，旨在通过消除任何无助于为客户创造价值的流程或资源的使用，最大限度地提高客户满意度。

● 在线服务（live service）：提供实时客户服务，通常通过电话、聊天工具或即时通信实现。

● 占用率（occupancy rate）：客户服务团队成员直接服务客户或可以服务客户的"登录时间"的百分比。理想的占用率通常是80%左右，多了会导致团队的倦怠和人员流失，少了则会变得低效。占用率不包括培训时间和会议等因素。

● 服务水平协议（service level agreement，SLA）：公司

与客户之间的合同，规定了客户可望获得的最低服务水平以及未达到该水平时的处罚，例如，在 24 小时或更短时间内提供支持团队响应的协议。

● **工单**（tickets）：一个记录客户和客户服务团队之间发生的互动的系统。工单记录了各方之间的沟通过程，并让服务团队可以监测客户联系的进展。

● **利用率**（utilization rate）：客户服务团队成员花在联系相关活动上的所有可用时间的百分比。如果有大量的培训课程、会议和其他非面向客户的活动，利用率就会降低。

● **供应商管理**（vendor management）：组织外部服务供应商的过程，以确保成本效益、高水平的服务和风险化解。

第 10 章

卓越供应链

始终如一地为客户带来快乐

合著者：马赛亚斯·威尔里奇（Matthias Wilrich）

！ 规模化发展阶段的主要误区

● **供应链孤岛化，没有将供应链视为一种产品对其进行优化**

与流行的看法正好相反，总结果的最大化并不能简单地通过优化各个部分而实现。一个方面的改进可能会损害另一个方面，供应链的关键在于平衡。在对整个链条进行持续平衡的同时，应该始终支持和关注最薄弱的环节。重要的是，不要从孤岛的角度思考问题，而是要努力建立"供应链作为产品"的意识，然后在其各种乘数之间找到最佳平衡。

● **没有采取细化的方法来优化订单的经济性**

供应链的领导者如果对节约不够重视，不对每分钱精打细算，就无法在成本效率方面达到一流水平。实时跟踪、分析和正确的基准在这里是必不可少的。大多数 B2C 公司会发现，最大的成本份额在于配送业务（无

论是包裹、司机还是服务人员，即"最后一公里"）。他
们应该专注于优化这一环节的成本，而不是优化其他不
重要的环节，如分拣、库存保管，以及包装而导致的质
量、速度或可靠性问题（见做法 85）。

● **迟迟没有聘请供应链专家**

供应链团队没有及时聘请供应商和供应商管理方面的专
家。专家们有规模扩张的经验，知道有助于快速扩大规
模的"技巧"。他们包括熟悉有利的合同条款和价格基
准的采购专家，或深入了解仓库运作和人员管理的高级
仓库经理（见做法 86、做法 87 和做法 88）。

● **对供应链弹性的投资太晚**

如果供应链缺乏弹性，那么从需求和供应的冲击中恢复就
会变得昂贵而缓慢。关键的组成部分包括：对供应商网络
弹性的投资（例如，多个地点、转换能力、低供应商集中
度），运输弹性（例如，多种运输模式），交付网络弹性
（例如，多个承运人）和健康缓冲存货（见做法 89）。

● **没有在合同中确保充分的灵活性**

一些规模化公司没有在其供应商和物流合作伙伴的合同
中争取足够的灵活性。这种灵活性应该包括早期截单时
间、小的精确预测通道、最大数量的承诺，而不是高峰

期的附加费、缺乏扩展空间的选择，或较长的产能提升公告时间。在扩大供应链规模时，灵活性必不可少，需要在不受高承诺或高成本影响的情况下进行谈判。

● 在合同中没有充分规定绩效条款

一些规模化公司在供应商和物流合作伙伴的合同中没有对高绩效进行足够的激励。这可能包括额外的收益或亏损，这取决于绩效水平（例如，预计交货时间、生产准备时间、生产能力、库存精确度、拣选精确度、交货精确度、产品质量标准）（见做法90）。

● 对供应链技术的投资不足

在扩大规模阶段，一些公司没有对供应链技术的深度定制或内部开发进行足够的投资。例如，汇总的企业资源计划（ERP）、仓库管理系统、订单管理系统（OMS）、路线规划和优化工具、运输管理系统（TMS）、类别管理工具。开发还是购买这些工具取决于一个关键原则：是否能够满足客户的需求，以及初创公司是否能够通过内部开发的技术创造真正的竞争优势。如果答案是肯定的，那么就有充分的理由进行内部开发。如果不能做到这一点，购买现成的解决方案可能更好。

虽然我们生活在数字时代，但移动的电子不是唯一重要的东西，移动的原子对许多规模化公司来说仍然重要。从 HelloFresh 和 Blue Apron 这样的半成品食材公司，到 Drizly 和 LoveCrafs 这样的大规模电子商务公司，运送实物商品的公司都明白，良好的供应链很重要——特别是对于希望成长为独角兽的初创公司而言。

一个强大的供应链运营部门可以在哪些方面进行优化？考虑到可用于最大化交付的资源，优化的重点是保证每个订单低成本下的净推荐值。这需要关注至少 3 个关键领域：交付体验、每个订单低成本和现金效率。一家初创公司应该努力在这些方面都取得优异成绩，但是当他们必须做出权衡时，以每笔订单的平均成本提供世界一流的交付体验，几乎总是比在扩大规模的过程中过早地成为成本管理的世界冠军要好。同样重要的是要记住，虽然现金效率和供应链弹性在公司创业和早期增长阶段似乎并不太重要，但在后期增长阶段却很关键，因为货物的价值和与仓库绑定的资本，以及供应链中断带来的潜在风险都在增加（见图 77）。

这个公式可以转化为一组目标和关键成果，根据规模化公司的不同而有所不同，如全方位的供应商（如亚马逊、Otto、Allegro），或专注于一个电子商务垂直领域的公司（如生存家、Warby Parker、家居营）。下面做法中关于目标和关键成果的一些例子可供参考（见图 78）。

图 77　供应链主导的增长方式

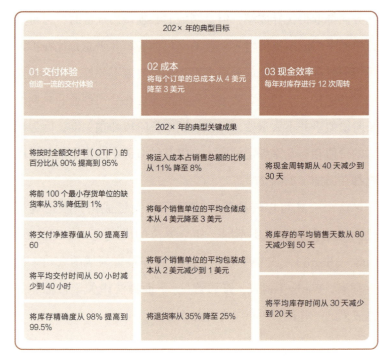

图 78　电子商务企业供应链部门运营目标和关键成果

目标和关键成果

做法 85：制定正确的供应链目标和关键成果

电子商务规模化公司的典型供应链部门目标和关键成果

为了建立一个真正有弹性的供应链，初创公司应该首先针对他们的每个目标问自己以下问题，并相应地调整他们的运营。

1. 交付体验：你的交付体验是否能推动增长？

屏幕保护膜高级品牌 Paperlike 遵循了史蒂夫·乔布斯对奇妙开箱体验的突出关注。产品被装在一个精美的信封里，里面有一张定制的明信片，上面有创始人的感谢信和一位 Paperlike 客户的插图。尽管产品很简单，但这家公司做到了让客户在拆开 Paperlike 的包装时感到陶醉。其他交付的最佳做法可以参考食品交付创业公司，如 Gorillas、Flink 或 Fancy。例如，Gorillas 承诺送货时间低至 10 分钟，这是因为他们每个仓库的服务半径只有 10 分钟的电动自行车车程。这种超快的送货速度为交付体验增加了惊艳的感觉，这对客户和投资者都有巨大的影响。交付可以被认为是冰山的一角。这只是客户能够看到的部分，但在交付的背后还有很多事情要做。

组成优秀交付体验的因素可以分为 3 类：**可靠性、便利性和体验**。首先，可靠性的核心关键成果是按时全额交付率。违背交付承诺，不管是在哪里，显然都是对交付净推荐值的最大损害。其次，在优化便利性时，你可以实施不同的交付模式（例如，增加从固定地点取放包裹的可能性——最好是全天候服务）。此外，为了方便，交付过程的灵活性也很重要。例如，重新安排"投递中"的货物，允许邻居收货，或者无人在家时进行第二次送货尝试，或者让客户可以设定更精确的送货时间（如 2~4 点钟）来接收他们的包裹。最后，快递员的着装、令人惊叹的送货速度和良好的包装都可以改善客户的交付体验。

典型的关键成果：实现"按时全额交付率"是首要任务。按时全额交付率是指在指定的时间窗口内送达的预期产品数量的比例（95% 即为优秀，超过这个比例往往导致成本飙升）。其他关键指标包括客户的交付净推荐值，平均和中位绝对交付时间，需求满足率和库存精确度。库存精确度指的是你向客户展示的库存是否与你的真实仓库库存相符。

2. 成本：你是否在不断降低每个订单的总成本？

降低每个订单的总成本通常有助于改善规模化公司"单位经济性"。每个订单的总成本通常由直接成本驱动，如入库和出库物流成本、仓库成本、包装成本和退货率。公司同时也应关注间接成本。一个更便宜的物流合作伙伴可能看起来很有吸引力，但一家初创公司可能会因为较低的交付净推荐值而失去回头客，因为准时交付的减少而导致客户服务请求的增加，并因为交付时的问题而导致较高的退货率。同样，通过降低硬性成本和降低交付体验来优化单位经济效益或许很诱人，但对于大多数成长型公司来说，以平均交付成本获得世界级的交付体验是更应该去追求的。供应链课程可以在不降低客户体验的情况下降低成本，有时甚至可以改善客户体验（例如，通过更直接的运输设置）。网络设计中有许多可以使用的调整杠杆，流程改进中也是一样。通过与合作伙伴的合同重新谈判，也可以实现扩大交易量的潜力。

典型的关键成果：入库和出库成本应计入销售总额的百分比、每单位的仓库成本和每个订单的包装成本。此外，还必须注意退货率。

3. 资本效率：你是否能在整条供应链上节省现金?

谈到资本效率，电子商务的代表亚马逊是一个闪亮的例子。该公司出色的资本效率让它的现金周转期为负值，这意味着它在向供应商付款之前就已经得到了客户的付款。亚马逊有很强的谈判能力，其 2020 年的现金周转期为-33。这是亚马逊惊人增长的一个关键动力，因为它使公司能够利用现金大力投资于服务，而不需要昂贵的贷款或发行股票。对于规模化公司来说，在早期增长阶段通常有足够的资本来资助增长。虽然这一阶段速度是最重要的，但实现资本效率也是一种有效方式，可以节省现金，并让创业公司的增长之路一直延续下去。

资本效率的**典型关键成果**包括现金周转期，它衡量企业从向供应商付款到收到客户付款的天数。为了尽快从客户那里收到钱，有必要尝试发票保理方案，它可以预付发票金额的85%~90%，并在客户付款时结算其余的发票（减去发票总额的 0.5%~5% 的费用）。这对 B2B 和 B2C 的规模公司特别有用，因为这些公司的客户需要很长时间才能付款。其他关键成果包括库存周转率。对于大多数行业的规模化公司来说，5%~10% 是理想的。高端商品的卖家（例如，许多垂直品牌）需要较低的库存周转率，以尽量减少任何产品的缺货。另一方面，售卖易腐烂商品的商家通常会追求较高的库存周转率。公司也可以把订单周期时间和生产周期时间作为重要的关键绩效指标加以考量。

组织结构图和角色

做法 86：定义供应链运营部门的角色和责任

在扩大规模时，供应链团队负责保持流程和系统的无缝连接，以确保产品和服务从公司流向客户群。一个典型的供应链运营通常由以下部分组成：

- **一个采购团队**负责谈判合同和管理供应商；
- **一个运输物流团队**负责管理通过空运、海运、公路和铁路的入库（货运代理）物流，一个出库物流团队负责向客户提供最后一公里的服务；
- **一个履单团队**来管理仓库；

- **几个赋能团队**，如品类和库存管理团队、准备团队和卓越运营团队，以及商业智能团队。

这些单位由客户服务团队支持（详见服务运营部分）。图79 是一个典型的供应链运营部门的组织结构。

图 79　供应链运营部门组织结构

现在让我们仔细了解每个团队的职责。需要注意的是，该结构是一个早期成长型电子商务公司管理外包供应链的例子。具体的设置取决于公司的成长阶段和产品范围的广度，例如，全方位的电子商务供应商（专注于一个垂直领域的电子商务供应商）。

↑ 采购

首要责任：合同谈判和采购货物。这包括确定供应商、进行谈判、竞争性招标和合同管理。他们需要在供应商和内部利益相关者之间不断沟通，评估供应商的绩效，管理供应商风险和产品、材料及运输的波动成本。如果团队的工作有成效的话，可以改善成本管理，降低风险，刺激供应商创新，从而获得竞争优势。采购团队通常根据其采购的类别（如电子、食品、时装）或供应商的关键客户来组织。如果初创公司的规模较大，可以在品类团队中设置地区分类（如华南地区的电子产品、印度的电子产品）。建议设置一个独立的质量控制团队，确保采购的产品符合公司的产品标准。这不应该由采购团队来做，因为他们有时会"爱上"他们购买的产品。按照类似的思路，关于购买哪些产品、购买数量和购买时间的决定，可以交给品类和库存管理团队。

↑ 运输物流

首要责任：入库和出库运输。入库物流包括选择和管理货运代理，重点是通过空运、海运、公路和铁路的托盘运输。出库物流的重点是最后一公里交付的第三方管理，包括包裹和托盘的跟踪和追踪。运输物流团队还需确保公司各仓库之间的库存尽可能保持平衡。

✦ 履单

首要责任：仓库中心管理。这个团队通常按照不同的仓库来组织，包括仓库管理负责人（每个仓库），不同产品类型的订单拣选小组和一个退货经理小组。在仓库内，一个典型的流程是从文件（入库单/收货单）、入库质量检查、放行和库存控制开始，然后才是产品订单的执行。整个过程包括产品查询、订单确认、订单核算到订单变更、拣选、分拣、集货准备（称重、贴标签和包装）和集货（装货和提单）。在将货物交给运输物流之前，还要进行一轮最后的光学质量控制。在每个环节都有一个"问题解决"小组，可以立即解决难题，减轻普通工作人员的压力，提高仓库的运营效率。

✦ 供应链赋能

首要责任：帮助其他供应链团队高效完成任务。一家公司通常至少需要 4 个赋能团队。第一个是品类和库存管理团队。在接下来的几个月中，公司每周将销售多少特定的最小存货单位？这个计划问题是这个团队的核心任务。良好的基准目标是 70%的需求预测准确率。作为库存管理的一部分，他们要发现那些销售速度不够快的库存，并确保新的订单能够尽早下达。第二个是拥有 2~3 名全职员工的商业智能团队，他们与中央数据团队携手合作，建立供应链仪表盘，并确保能够实时提供供应链部门的关键绩效指标。第三个是扩张准备团队。他们专注于为新产品和市场的发布及时做好准备。他们与其他部门和项目管理部门相协调。第四个团队是一个结合了卓越运营和项目管理的部门。这可以在"日常运营"的参数之外运行流程改进措施。

↑ **客户服务**

客户服务团队通常是典型的供应链运营部门的一部分。更多详情，请参见服务运营部分。

做法 87：适时扩展供应链运营部门的职责

当初创公司专注于通过任何必要的手段将产品推向市场时，每一个增长阶段都需要增加供应链的弹性和卓越性。以下是不同阶段的典型做法：

- **初创阶段**：这一阶段，往往选择依靠内部订单履行作为最便宜和最高效的方式。在这个阶段，初创公司可以完全控制其品牌（例如，亚马逊的创始人杰夫·贝佐斯，在他创办公司时，在自己的车库里储存和包装书籍，并自己开车送货）。另一个选择是在公司总部旁边找一家小型的快速发展的第三方公司，以学习履单的基本知识。
- **早期增长阶段**：通常应该将部分或全部的订单履行工作外包。外包订单履行为初创公司提供了业务增长所需的灵活度，还可以让他们从物流伙伴那里学习卓越的流程管理。
- **后期增长阶段**：将订单履行流程的要素转移回公司，往往能加强对客户数据的控制，同时节约成本。

在安排好组织结构后，我们就可以转向建立卓越的供应链的实践了。

供应链

做法 88：尽早聘用供应链专家

行业专家可以加快推进与供应商和承运人的谈判，以及建立一个规模化的供应链。公司应该在成长的早期阶段聘用供应链专家。如何避免高峰期的交货问题？初创公司在供应商服务水平方面应该有什么样的期望？应该就哪些关键绩效指标和价格基准进行有效的谈判？哪些关键绩效指标可以用来跟踪效率？行业专家可以为加快学习曲线提供一个强大的支持网络。

需要招聘的典型专家包括：

- 如果你有利润丰厚或利润微薄的产品组合，你就需要一位**采购和谈判专家**；
- 如果"最后一公里"的客户需求很高，则需要一位"**最后一公里**"**专家**；
- 如果初创公司经营自己的车队，则需要一位**负责司机管理和路线规划的专家**；
- 如果公司的货物要长途运输，则需要一位**货运合同和运输专家**。

有些创业项目似乎需要一种多面手的人才。重要的是要意识到，在供应链中几乎总是有至少一个领域可以设定新的标准，让客户感到"喜出望外"。关键在于确保多面手能够发现这个领域，而不是仅仅建立一个普通的供应链。

做法 89：增强供应链的弹性，以迅速从需求和供应的冲击中恢复过来

Fitbakes 是一家位于英国的零食公司，在 2020 年新冠疫情封锁期间该公司遇到了供应链问题。它的一个主要的第三方物流公司因收到的订单数量过多而不堪重负，而且 Fitbakes 的几个基本供应商无法进口货物。Fitbakes 通过改用较小的本地供应商，暂时改造了自己的生产流程，才能再次向客户交付其产品。不仅仅是像新冠疫情这样的黑天鹅事件，抗冲击的供应链对于内部原因引发的冲击也非常有用。这些冲击可能来自从影响超过预期的广告活动，到仓库管理软件的错误，再到不可靠的第三方合作伙伴。规模化公司的优秀运营团队会通过采用以下一个或多个杠杆来应对冲击。

↑ **供应商网络弹性**

供应商网络的黄金标准是在不同的地区拥有大量的供应商。供应商集中度低有助于供应链更快地从冲击中恢复，但也会增加成本。在这里，一个典型的可以最小化成本的关键绩效指标，是前 5 名供应商的采购成本份额。

↑ **运输弹性**

重要的是公司拥有的运输方式的种类（例如，空运、海运、陆运），还有路线和网点的数量。

↑ **快递网络的弹性**

关键是要有多个"最后一公里"的运营商，它们可以为

每个市场迅速地相互补位。

↑ **库存缓冲**

库存缓冲提供了额外的回旋余地。一个巧妙的方法是通过所有权保留（仓储设施中的货物在售出之前仍然属于供应商）来实现这一点。

其他杠杆包括**实时物流可见性**，以及通过减少成品库存和定期对主要供应商的资产负债表进行**供应链压力测试，**来**管理现金和网络资本**。

做法 90：用智能和可扩展的合同促进与合作伙伴和供应商的关系

重要的是清楚所有尚需谈判的关键合同问题。与外部供应商谈判时，可以参考以下的关键合同问题。

↑ **承运商：**

● **送货费用**

每一量级的送货价格是多少？

● **送货服务水平**

必须在次日送达的货物百分比是多少？必须在两日送达的货物百分比又是多少？

● **截单时间**

货物需要在什么时候投放到承运人的收件中心才能算作完成？

● **预测精度**

在供应商的服务水平协议承诺不再有效之前，与预测的偏差百分比有多大？（>15% 为好）

是否需要对上门取件量设置最低参数？理想情况下，这应该是 0。

● **附加费用**

是否有任何峰值附加费或其他附加费（如燃油费）？最好是没有附加费用。

● **注射枢纽**

如果在高峰期出现拥堵，可以使用什么收件中心，是否有后备方案？

↑ **供应商：**

● **基本价格**

每投递一件产品需要支付的价格是多少？每量级的折扣是多少？

● **最低订货量**

每批需要采购的货物的最低数量是多少？

● **交付时间**

供应商最多需要花多少天时间来交付货物？

● **运输物流模式**

谁支付运输物流费用？协议是基于出厂价（买方支付运输费用）还是"全额交付"（供应商承担货物运输中的所有风险和费用）？

● **采购类型**

你是否选择经典的库存模式？包括越库配送（运输过程中没有存储，这意味着配送对客户来说通常比较慢）、转运配送（供应商直接将产品运送给客户，供应链的复杂性降低，但质量风险较高）、寄售（所有权由供应商保留，产品售出后付款），或"准寄售"（账单时间为 90 天，买方可以选择退货）。

↑ **履单 / 仓库：**

● **基本价格**

储存、运送、拣选一件商品的价格是多少？

● **绩效奖金**

不同的服务或质量水平（例如，按时全额交付率，每百万次的错误 / 事故）对应的奖金是多少？

● **履单时间保证**

承诺的履单水平是什么（例如，在 24 小时内完成多达 × 个包裹或项目）？

● **业绩股票**

如果合作伙伴想要投资，可以分享多大比例的（以百分比计）储蓄？

● **新工作站的设置时间**

合作伙伴需要在多少天来升级新的工作站？

● **预测准确性和产能规划**

一般来说，初创公司的灵活性越大越好。合作伙伴的痛苦在于，当他们为初创公司提供的高峰期的产能，在淡季时可能会利用不足。因此，初创公司有必要找到一个健康的折中办法，根据公司的扩展情况不断进行再预测。然而，初创公司需要精确预测而不是信口开河。如果公司预测每月有 40000 个包裹，结果只达到了 10000 个，那么他们需要为合作伙伴过剩的产能付费。公平协议通常要求作为客户的你提供的供货量至少要达到预测量的 60%~75%。

● 库存的精确度

全年保证的精确度是多少？（不仅仅是在年度盘点期间，对于一个年轻的公司来说 >99% 是很好的指标）

在与供应链伙伴签订合同时，提升客户满意度和增长是关键。无论是在与合作伙伴的合同中，还是在员工的关键绩效指标中，公司都需要在要实现的目标方面优先考虑客户满意度和增长。这里的典型误区包括：

● 单方面的优化目标

与你的合作伙伴达成一致是很重要的。例如，在没有任何关键绩效指标的情况下，达成关于流程成本的协议，会导致合作伙伴以牺牲绩效为代价来节省成本。

● 错位的激励措施

一个公司应该对结果而不是产出进行激励。例如，他们应该避免对未完成的订单进行激励，而是对按时完成的订单进行激励。

● 导致合作伙伴的利润不足或过高的奖惩机制

理想情况下，一个公司应该对其商业案例进行建模，并估算其利润率。例如，在中欧的仓储业，良好的利润率是 10%。第三方物流合作伙伴只有在每天处理的时间或数量方面表现优异，而不是通过最大限度地降低投入成本才能实现这一目标。

● **客户关键绩效指标的评估和沟通不足**

员工不会因为老板的紧逼而对重复性高或困难的工作保持积极性。公司可以在仓库中实施团队关键绩效指标考核法，并在屏幕或壁纸上显示积极的客户反馈和关键绩效指标（评估）。让供应链团队能感受到客户的幸福感是很有必要的。

做法 91：熟练掌握供应链卓越运营，保持实干态度

运营、供应链和物流是一个主要需要身体力行的领域。在优化过程中，它可能看起来像搭乐高积木，但细微的调整可能会对全局产生影响。所以，理解以下内容非常重要。

↑ **建立一个精益的协调团队**

如果运输工作需要 10 个人来管理，要么是有很多货物需要运输，要么是缺少一个高效的 IT 系统。这也可能是一个公司还在使用 Excel 表格的标志。这两种情况都应该避免。虽然努力工作很重要，但成功来自聪明地工作。

↑ **在入职培训中加入"生活中的一天"**

新加入的员工应该花一天甚至一周的时间，来熟悉他们所分配的领域和其他关键领域。这可以让新员工了解他们正在努力

优化的东西，同时鼓励老员工打破他们的传统观念，赢得仓库或现场同事的尊重。无论资历如何，他们都应该带着如何使流程更顺畅、更快速、更降低成本或更高效的理念回到自己的岗位。如果员工没有这样的意识，表明公司可能聘用了不合适的人。

↑ **在扩大规模时，供应链需要加强分析能力**

这支"任务小分队"中最好能尽早加入喜欢数据分析的聪明的思考者，因为他们可以创造奇迹，不断使用更多的优化杠杆，如智能拣选算法、库存订单匹配、补货算法、货架上的存储逻辑（从入库开始的最短路线）等。

↑ **避免过多的流程特殊化**

将包装尺寸从 6 种增加到 8 种，这种小优化可能会节省运输成本，但也会因为流程变得更加复杂而降低灵活性（例如，工作台需要更频繁地重新补充包装，或者包装工犯更多的错误）。过度特殊化会妨碍供应链的扩展，同时也会使公司无法产生规模经济。

↑ **重要的是人**

扩大供应链的规模——无论是外包还是内部——都会增加运营人员。他们是确保机器持续运转的人。他们可能与客户有间接（分拣、包装）或直接（送货）的接触点，这是数字公司可能缺乏的东西。如果运营团队是快乐和积极的，公司将蓬勃发展。公司最好能与运营人员保持密切联系（例如，让他们参与优化工作，奖励他们提出的改进建议）。公司还可以在社交媒体上表彰蓝领员工，让他们得到公众的认可，致力于提升员工忠诚度和打造雇主品牌。最后，公司应该努力确保员工们得到应有的积极反馈：来自主管、总部团队（甚至来自分析部的同事）和满意的客户。

定义

- **现金周转期（cash-conversion cycle）：** 一个跟踪将库存支出转化为现金的效率的指标；该指标越低，说明公司在将营运资金投入到产品或服务的库存中，并将这些产品或服务卖出换取现金方面越有效率。

- **寄售（consignment）：** 一个公司（代销人）代表另一个公司（委托人）销售产品的商业模式，寄售人从中获得一定比例的报酬。

- **越库配送（cross-docking）：** 产品进入配送中心，并立即转入出库运输的技术（在配送过程中消除对存储的需求）。

- **截单时间（cut-off time）：** 在一个工作日内，必须收到订单的最晚时间，以便能够在同一天处理并转给承运人（用于交付）。

- **生活中的一天（day in the life of, DILO）：** 一种评估工作开展效率的观察技术。它可以通过识别和消除不必要的任务来帮助提高工作效率。

- **转运配送（dropshipping）：** 一种零售履单模式，公司不直接处理货物，而是接受客户的订单，通过第三方生产和运送货物给客户来履单。这种模式降低了供应链的复杂程度，但在产品质量保证方面确实构成了较高的风险。

- **库存周转率（inventory turnover）：** 整个库存完全售出（"周转"）的天数——它是衡量一个公司将库存转化为销售的程度。

- **库存精确度（inventory accuracy）：** 记录的库存和实际库存之间的任何差异。

- **按时全额交付率（on-time、in-full，OTIF）：** 衡量供应链效率的一个标准。按时全额交付率根据客户订单中规定的交货数量、时间和目的地来计算交货绩效。

- **拣选（picking）：** 从配送中心拣选商品以完成客户订单的过程。

- **包装（packing）：** 将订单商品送到包装站，进行安全包装、密封，并打上运输标签的过程。

- **退货率（return rate）：** 衡量商品被客户退回的概率的指标（已发货商品中被退回的百分比）。

- **最小存货单位（stock keeping unit，SKU）：** 一种管理

和跟踪库存的系统。它包含数字和字母，它们共同组成一个代码，表示一个产品的重要特征。

● **缺货（stockout）**：当客户对某一产品的订单超过仓库的库存量时。

● **供应链（supply chain）**：由组织、资源、信息、活动和人员组成的网络，原材料和部件通过该网络转化为产品和服务，并反过来交付给最终消费者。

● **每个订单的总履行成本（total fulfillment cost per order）**：每笔订单的平均仓库成本（包括分拣、包装、运输、储存和退货物流）的指标。

第四篇

增长资本

第 11 章

每个成长阶段的投资者都要问的 6 个问题

合著者：瓦妮萨·平特（Vanessa Pinter）

> **！ 规模化发展阶段的主要误区**

● **只根据品牌而不是附加值来选择风险投资伙伴**

在选择风险投资公司时，一个典型的误区是偏向于选择光鲜靓丽的投资者。虽然有几家顶级风险投资公司的投资有助于吸引人才和其他投资者，但让高级合伙人加入也是有好处的，他们在高管招聘、销售引荐和基于相关网络的战略咨询等方面能够有效运作。

● **未能及早为下一轮融资寻找投资者**

有些创业者开始筹款的时间太晚，这导致他们在完成一轮融资时受到压力，在谈判中处于不利地位。在此，建立一个意向投资者关系流程，以建立一个潜在的投资者库，并在资金耗尽前至少 6 个月开始筹集资金，往往是有帮助的（见做法 93）。

- **在向投资者推介时缺乏清晰的思路**

  当涉及融资目标时，冗长和结构混乱的推介 PPT 注定会失败。在为增长型资本进行推介时，对可提供服务的市场、品类领导力和长期赢利的途径进行清晰的介绍是关键（见做法 92）。

- **早期回合中同意的部分投资条款使后期回合的谈判变得困难**

  向早期风险投资公司让步的特殊条款往往会在后来的几轮投资中引发不良后果。后期投资者会要求享受与早期投资者议定的相同条款。早期投资谈判中，不能让步的典型议题包括：超过 1 倍的清算倍数、投资者对股份的自由出售权，以及董事会对工资或投资决定的低于行业标准的批准门槛。最好的建议是尽早获得一份"平平无奇"的条款清单，并坚持执行。

- **同意过于激进的估值**

  创业者们有时会接受投资者提出的"必须要实现"的估值，这会增加其下跌的概率。条款清单谈判中的一个主要误区是为了更高的估值而做出让步，而这些问题在达到预期后会产生负面影响（例如，对投资者有利的反稀释保护或好高骛远的认股权证）。

为规模扩张公司寻找增长资本是一项真正的对比研究。虽然公司在创业阶段可能已经找到了投资者，这要归功于其强大的愿景和优秀的团队，但在将一个规模化企业推向独角兽地位的道路上，这已经不够了。

对于后期的投资人来说，规模化公司必须在 6 个基本领域提供答案：未来愿景、明星团队、风险规模市场、领先类别的产品、商业模式和资金匹配。虽然一个令人信服的故事仍然是重要的，但现在的关键是要表明该公司已经准备好成为一个类别的领导者，业务指标显示了通往赢利公司的道路，以及拥有懂得规模扩张的管理团队。本章旨在帮助初创公司提高对成长型投资者的推销能力——你会发现各种要素对早期筹资阶段也有帮助。

↟ 有哪些增长资本来源

成长资本通常是指投资给估值超过 1 亿美元的公司的 2000 万美元以上的 B/C/D/E 轮融资。在成长阶段的融资回合中，可以联系 4 种类型的投资者进行领投：

- 以成长阶段为重点的风险投资（例如，HV Capital、Atomico、Lakestar、Sequoia、Accel）。
- "成长型股权"公司（例如，General Atlantic、Vitruvian Partners）。
- 私募股权公司（例如，KKR 集团、凯雷集团）。
- 企业风险投资（如谷歌风险投资、联合利华风险投资）。

私募股权公司通常只有在企业拥有健康的息税前利润率

时才有兴趣投资。即使初创公司目前还无法赢利，风险投资和成长型股权公司也愿意进行投资。

一个公司的整体价值会随着公司的发展而增长。随着这种情况的发生，创始人和员工的所有权股份将逐渐减少（或"稀释"）。保留足够的创始人和员工的股份，有助于保持集体的主人翁意识和动力。为了激励员工，投资者通常会确保未分配的员工股票期权池在 8%~15% 之间。作为经验法则，创始人的股份不应稀释得太快，创始人在将员工持股计划分配给员工之前，每轮应该放弃大约 20% 的股份。这根据行业和最初的创始动态有很大不同，但作为指导原则，创始人在种子轮融资前仍应持有 80% 的股份，在种子轮融资后约持有 65%，在 A 轮融资后约持有 50%；不过，这些股份中应该包括了员工持股计划的股份池。科技公司的首次公开募股创始人股份规模的中位数为 15%，平均为 21%，对于早期赢利的公司这个比例会更高。

↑ **成长阶段的投资者是根据什么决定投资的**

图 80 中描述了在成长阶段需要解决的 6 个重要问题。

让我们更仔细地研究每一项标准。

未来愿景

做法 92：你是否抓住了下一个拐点？

你渴望在 20 年后看到什么样的未来——你的公司如何能

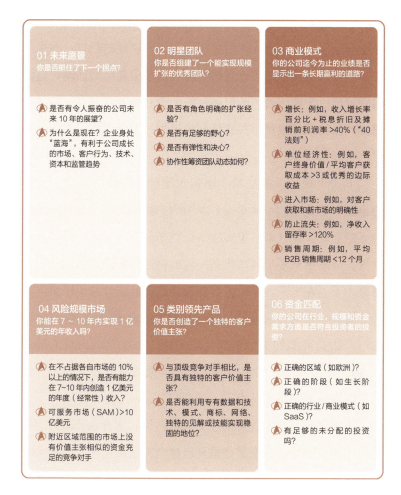

图 80　成长阶段的 6 个投资标准

让它成为现实？在筹集资金时，创业者最好能尽可能清晰地阐明公司的下一个拐点，同时展示他们的商业模式将如何从中受益。把它想象成为推介 PPT 中一个故事的起点。

举个例子，拐点是人类想要实现净零排放经济的需求。在此背景下，一个规模化的公司可以提出这样的观点：在未来几年，每一个离开超市或餐馆的顾客都希望在结账前确定自己的碳足迹。为此，公司的产品将使消费者能够看到自己购买的每件产品的碳排放量，并让他们可以用一个应用程序来辅助消除这些碳排放量。

下一个观点可能是基于虚拟现实的元宇宙的想法。如科幻小说《雪崩》（Snow Crash）中所描述的那样，人类在虚拟世界中互动。在这里，投资故事可能是创造一个沉浸式的虚拟世界，从其用户那里释放出新一轮的创造力和经济活动。或者想象一下，在未来，每个人都拥有自己的数据，并可以决定是否要将其出售给广告公司以获取利润。这是 Brave 浏览器的理念，广告商需要购买他们的注意力币（Basic Attention Token，BAT），才能向用户展示广告，用户如果看到或观看广告，就可以赚取注意力币（其中有一部分归 Brave 公司）。

正在寻找下一个拐点的投资者经常问"为什么是现在？"。他们想知道的是，现在是否是开启这个特定商业模式的正确时机。这是美国风险投资家马克·安德烈森（Marc Andreessen）与他的团队讨论投资的框架。让投资者清楚地了解为什么现在投资一个公司肯定会有回报。如果市场、客户行为、技术、资本和监管趋势都有利于公司的发展，这意味着它赶上了新一波的浪潮——所以时机是完美的。投资者想要的是一个在"蓝海"市场（创造新需求的地方）发展的企业，而不是一个必须在利润不断缩小的市场中与竞争对手拼个你死我活的企业。

还有很多生不逢时的例子，IBM 在 1994 年推出了世界上第一台智能手机"西蒙"，比苹果公司永久改变了电信业的 iPhone 的推出整整早了 13 年，然而 IBM 失败的原因是当时还没有无处不在的移动宽带技术。再如，1964 年世界博览会推出的视频会议技术，直到 21 世纪头 10 年才开始声名大噪。还有一个例子是虽然美国国家航空航天局在记录 1969 年登月的电视摄像机中就使用了光纤，但直到 20 世纪 90 年代，光纤网络才被广泛应用。

明星团队

做法 93：你是否组建了一支懂得规模扩张的优秀团队？

团队决定一切：伟大的公司都是由 3A 级的员工建立的（见"卓越人才"章节）。阿里·塔马塞布（Ali Tamaseb）的《超级创始人》（*Super Founders*）一书对此有透彻的分析，该书详细研究了众多独角兽公司的创始人。例如，创始人的年龄与建立独角兽公司的成功并不紧密相关，有一半人在创立公司时年龄超过了 34 岁。行业经验也是如此：大约 70% 的独角兽公司的首席高管的相关工作经验不足一年，生物技术或医疗技术公司除外。而 40% 的独角兽公司的创始人只有学士学位或大学辍学。因此，如果年龄、行业经验和教育都不重要，那么什么才重要呢？

在评估规模化公司的领导团队时，投资者通常使用以下标准。

- **规模扩张的经验和角色的明确性**：超过 60% 的独角兽公司的创始人曾经扩大过创业公司的规模。如果他们退出创业公司时的公司估值大于 1000 万美元，那么他们创立独角兽公司的可能性比随机对照组高 3 倍。这就是为什么投资者要检查管理层的关键角色是否具有规模扩张经验——不是作为亚马逊或谷歌的高管，而是作为共同创始人（或早期雇员）。此外，技能的互补性和角色的明确性很重要。首席执行官是否聪明、有干劲，并能推销其愿景？是否有一位曾经扩大过技术部门规模的首席技术官？首席产品官能否制定一个有吸引力的、可行的产品愿景？首席营销官能否管理获客成本并协调产品进入市场的过程？是否有一个首席人事官来建立一个大规模的人才招聘机器？首席运营官能否在保持有竞争力的服务成本的同时创造出色的客户体验？管理层在性别、年龄和种族背景方面是否足够多样化？

- **宏伟目标**：公司的目标是成为全球领先的提供加密货币押注和交易的公司吗？该团队的目标是使每个购物者在所有电子商务交易后都能抵消碳排放吗？这是投资者希

望看到的未来。建议对未来 1~2 年的目标设定保持现实的态度，但是对未来 10 年的目标设定不妨大胆一点。

- **弹性和决心**：该团队是否有雄心勃勃的职业成就记录，表明其能够克服一切障碍？他们是否有动力在世界范围内留下自己的印记，或者给客户体验带来极大的改善？拥有明确的目的和商业雄心，在公司陷入绝境的情况下（例如，当破产迫在眉睫或需要解决重大危机时）是非常有用的。需要注意的是当被问及如果公司失败他们会怎么做时，创始人要有明确的备份计划。

- **协作的创始团队动态**：创始团队是一个关系稳定的优秀团队吗？他们是否是校友或前公司的同事？大多数投资者只投资于那些成员相互认识多年的创始团队。有证据表明，先前的职业关系（如同事）与先前的社会关系（如朋友或家人）一样，可以降低联合创始人退出的可能性。创始团队中的股份分配非常不平等，也可能是投资人特别关注的地方。

商业模式

做法 94：公司的历史业绩是否显示出一条长期赢利的道路？

增长型投资者希望看到一条从长远来看能够实现赢利的

道路，他们根据一个规模化的公司迄今为止的业绩来评估这一点。增长型投资者希望看到一家公司历史上在至少 5 个方面实现成就：

↑ 快速增长

在 A 轮和 B 轮融资中，初创公司的收入指标每年至少要增长 2 倍。对于后期融资，投资者通常会采用"40 法则"：将年度经常性收入增长率百分比和息税折旧摊销前利润率百分比相加，应能达到 40% 的目标。换句话说，年收入增长 40% 而没有利润是可以接受的，年收入只增长 20% 但能实现 20% 的息税折旧摊销前利润率也是可以接受的。增长的关键绩效指标根据商业模式的不同而不同。例如，销售公司会关注预订量、客户总数和收入，而 SaaS 企业会关注每月和每年的经常性收入，电子商务公司会把目光放在每月收入和每月复合增长率上。

↑ 优秀的单位经济性

增长型投资者希望看到通往优秀的"单位经济性"的道路，即有能力在不增加客户获取成本的前提下扩大客户的终身价值。许多风险投资公司的标准是投资于客户终身价值至少是平均客户获取成本 3 倍的公司。举个例子，为了获得一个新客户，一家新银行在网络营销、品牌活动以及营销和销售团队的工资方面投资了 100 美元，那么客户的终身价值至少应该超过 300 美元。在风险投资方面，投资者倾向于使用由净现值（NPV）驱动的 5 年期（最多）的财务模型。另一种方法是衡量回收获客成本所需的时间，最好少于 12 个月。请注意，毛利率会影响到客户的终身价值，这就是为什么许多成长型投资者寻求由轻资产和人员的商业模式驱动的高毛利率。对于上市 SaaS 公司而言，良好的毛利率在 50%~75% 之间，上市超过 10 年的 SaaS 公司则应该在 75% 左右。

↑　清晰的进入市场策略

规模扩张通常只适用于沿地理区域、客户群或渠道的扩张（见做法 24）。因此，投资者通常从不同的维度来评估一家公司进入市场的能力，如不同市场的启动计划，以及基于新市场的签证、税务、银行、营销和品牌推广的运营能力。

↑　防止客户流失（"无泄漏"）

成长阶段的投资者不喜欢用他们的钱来获取了客户后又流失的企业。这就是为什么必须在客户群的基础上关注客户净留存率。简而言之，净留存率是指公司在考虑了追加销售、降级和流失的因素后，从留存的客户中获得的收入与前一时期（通常是前 12 个月）相比的百分比。120% 以上的净留存率是健康的，因为这意味着在现有客户群的身上比前一年多赚了 20%。

↑　销售周期短

销售周期对 B2B 公司很重要。它们指的是获得签署合同所需的平均时间，最好保持在 6 个月以下。有志于成为独角兽的公司应该避免只关注那些合同量大、销售周期长达一年的大企业客户。高速度的销售模式对许多成长型投资者更有吸引力，因为它本身的风险较小。不过，这种模式的合同量较小，完成周期所需的时间较短。总的来说，让大客户和小客户各占一半相平衡，往往对创业公司是有利的。

风险规模市场

做法 95：你能在 7~10 年内实现 1 亿美元的年收入吗？

增长型投资者寻找"风险规模市场"中的公司。对投资者有吸引力的是那些对进入大型、稳定的市场有颠覆性方法的公司，这些公司将能够迅速占领市场份额。你最好能证明你的公司能在一个风险规模市场中，以自下而上和自上而下的方式运作。

许多成长型投资者会问这个问题：在相应的市场份额不超过 10% 的情况下，你能否在 7~10 年内建立一家每年产生 1 亿美元（经常性）收入的企业？通常这意味着创建一个"**自下而上**"的模型，显示出你每年想要获得的新客户数量，模拟出你每年失去的客户数量（即客户流失）以及你估计每个客户每年创造的收入。为什么这是一个与许多增长型投资者有关的关键问题呢？因为他们的目标是投资于下一个独角兽，即估值超过 10 亿美元的公司。这个估值通常是通过将年收入乘以 3~10 的系数来计算的。假设系数为 10，你需要获得 1 亿美元的年收入。虽然为了实现这一目标而占据 50% 的市场，通常很难让人相信，但如果你需要占有的市场份额少于 10%，你就变得非常可信。

　　用**自上而下的市场潜力评估**来补充这种"自下而上"的方法通常是个好办法。能打动投资者的神奇词汇是潜在市场规模（TAM）、可服务潜在市场（SAM）、可获得市场（SOM）（见图 81）。潜在市场规模指的是一个产品可能获得的最大收入规模——通常是在全球范围内。假设一个金融科技公司专门为中小企业提供银行账户和簿记服务：潜在市场规模指的是目前全球所有中小企业为这种服务支付的金额，例如 50 亿美元。可服务潜在市场是指一家初创公司根据其商业模式在未来几年内实际能够占领的潜在市场份额，这通常仅限于一个地理区域。要计算这一点，需要将预计的每用户平均收入乘以相关市场的潜在客户数量。如果我们的金融科技公司在法国，可服务潜在市场可能指的是欧洲市场。最后，可获得市场表达了初创公司实际能够获得的可服务潜在市场的百分比——通常为 10% 及以下。在刚才的例子中，可获得市场是 1 亿美元——10 亿美元可服务潜在市场的 10%。作为一条经验法则，初创公司的可服务潜在市场应该（通常）被估价在 10 亿美元以上。因此，根据获得可观的市场份额的困难程度，建议最好以 50 亿美元以上的市场为目标。理想情况下，自上而下和自下而上的方法都应该得出大致相似的结果。

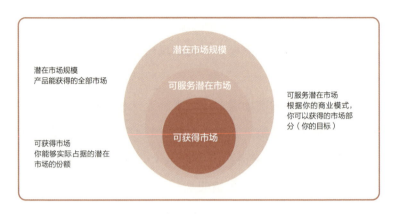

潜在市场规模
产品能获得的全部市场

潜在市场规模

可服务潜在市场

可服务潜在市场
根据你的商业模式，
你可以获得的市场部
分（你的目标）

可获得市场

可获得市场
你能够实际占据的潜在
市场的份额

图 81　市场规模框架

资料来源：Hubspot。

　　如果市场存在潜力，就不会是一个拥挤的红海。这方面
的一个早期预警信号是市场驱动的获客成本上升。如果获客成
本越来越高，那么利润池就会缩小。虽然在哪里都至少会有几
个竞争对手是很正常的，但如果初创公司的竞争对手在地理位
置上临近、资金充裕、增长快速、客户价值主张类似，那么它
很难获得投资者的青睐。

类别领先的产品

做法 96：你是否创造了一个独特的客户价值主张，比该市场上的任何其他价值主张都好？

　　增长型投资者对投资一家中等规模的普通公司不感兴趣。

他们想投资的是新类别的领导者。典型的类别领导者（"价格制定者"）包括苹果的 iPhone、赛富时的客户关系管理系统以及亚马逊的云服务。要成为投资者心目中的品类领导者，规模扩张期的公司必须要证明两件事。第一，它需要证明其产品和服务有可能比现有解决方案更有效地解决客户的问题。这里的基准是行业领先的净推荐值，并随着客户"群组"的增加而增加。这很重要，因为拥有最高净推荐值的公司与拥有行业标准水平的竞争对手相比，平均增长 2 倍以上。通常情况下，这与独特的客户价值主张（客户应该从该公司购买产品或服务的主要原因）的清晰观点相辅相成。在做法 5 中，我们概述了如何提出这样一个有深度的客户价值主张。

第二，规模扩张期的公司要树立一个牢固的地位。通过利用专有数据和技术、专利、商标、网络、供应商、独特的见解和技能，来树立牢不可破的地位，防止竞争对手聘请优秀的团队、调整现有的价值主张以及构成对公司的竞争威胁，所有这些将使一个规模化公司保持其未来的竞争优势。

资金匹配

做法 97：你的公司在行业、规模和资金需求方面是否与投资者的资金匹配？

这是所有问题中最简单的一个。增长型投资者只有在规模达到最低年收入（如 5000 万美元）和接受大额支票（如 1000 万美元以上）时才会投资。直接找出这些门槛对双方都有好处。地域、行业、商业模式和成长阶段也需要匹配。公共资源，如数据分析公司 Crunchbase，会列出某个特定投资者的所有成交的投资，这可能是发现他们是否适合的一个好方法——没有查看两年以前的记录，因为许多基金的投资重点是不断变化的。

许多增长型投资者的目标是获得 3~5 倍的增长率回报，并愿意参与后续的融资回合。如果投资基金已经花费了超过 60% 的投资份额，那它可能没有资源进行重大的新投资，所以需要尽快收集这方面的信息。另外，必须要记住的一点是，大多数基金对单个公司的最大投资额为基金总规模的 10%~15%。

定义

- **息税折旧摊销前利润**（earnings before interest, taxes, depreciation, and amortization，EBITDA）：衡量一家公司财务业绩的指标，通常用来替代其他财务指标（如收入、净利润）。

- **成长型资本**（growth capital）：对价值超过 1 亿美元的公司的一种投资，通常为超过 2000 万美元的 B/C/D/E 轮投资。

- **净收入留存率**（net revenue retention，NRR）：衡量一段时期内经常性收入变化的指标，包括扩张、取消、降级和到期。

- **40 法则**（rule of 40，RO40）：衡量 SaaS 公司业绩的一个指标。40 法则意为，如果一个公司要在增长目标和赢利能力之间取得平衡，那么它的收入增长率和利润率相加应该超过 40%。

- **销售周期**（sales cycle）：将获取的客户转化为付费客户所需的销售过程。

- **可服务潜在市场**（serviceable addressable market，SAM）：可服务潜在市场反映了一家初创公司基于目前的商业模式实际可以占据的总的可服务市场的份额，通常限于一个地域（例如，美国的素食快餐总销售额）。

- **可获得市场**（serviceable obtainable market，SOM）：这表达了初创公司实际能够获得的可服务潜在市场的百分比，通常不高于 10%。

- **潜在市场规模**（total addressable market，TAM）：作为市场规模分析的一个关键指标，其评估了市场的总规模，计算方法是将一个产品或服务的总销售额相加或估算，通常是在全球范围内（例如，全球快餐总销售额）。

第 12 章
增长条款清单的
15 个关键问题

合著者：瓦妮萨・平特（Vanessa Pinter）

！　规模化发展阶段的主要误区

● **未选择你能找到的最好的律师**

在条款清单谈判时错过有经验的律师，就是在不该省钱的地方省钱。为了在谈判中获得良好的法律建议和帮助，公司最好选择在为初创公司谈判风险投资交易方面有多年经验的专业律师。最好的律师不会告诉公司某件事情是不可能的，而是会就需要采取的步骤提出建议。选择大律师事务所也是非常值得的，因为他们有足够的资源和影响力来为公司的发展服务。

● **忽视了获得成长阶段资本的关键谈判准则**

错误可能包括公布任何内部估值目标以及在条款清单中轻易让步，这将使后期阶段的投资者失去兴趣。同样，同意过于乐观的估值也会给未来埋下隐患。一般来说，与风险投资伙伴的谈判不应该仓促进行，而应该尽早谋划并建立相互信任的关系（见做法 98 ）。

- **未能深入了解增长型资本关于条款清单的 15 个问题**

不利的条款会在短期和长期内产生严重的后果。了解条款清单的主要条款和选项是创始人确保公司发展的必要条件。这包括了解投资者权利、员工股票期权、股息、行权、反稀释条款和董事会组成，以及了解投资者和创始人通常希望得到什么（见做法 99 ）。

一家初创公司可能已经准备好进入规模扩张的平流层，但他们仍然需要燃料来推动他们的发展。通过条款清单和可转换债务的有效谈判，可以获得公司规模扩张所需的投资，以下是公司成长阶段的多轮融资中的谈判指南。虽然这里的内容不是法律、税务或财务建议，但对于一家初创公司来说，了解所有关键的条款清单和可转换债务选项以达成交易是重中之重，这可以使他们走上成为独角兽的道路。

条款清单谈判指南（见做法 98 ）和关于 15 个最重要的条款清单问题的观点（见做法 99 ）反映了我们对当前市场标准的最佳认识，并得到了 10 多名风险投资专家和律师的肯定。除此之外，初创公司还有必要向特定地区和行业的专业律师咨询以获得其他观点。

谈判准则

做法 98：遵循条款清单谈判的主要准则

从条款清单谈判中获得最大利益的有用准则通常包括：

- **尽可能找到最好的律师。**这些律师应该具有丰富的参与风险投资初创公司的项目（最好是同一行业）经验，最好有在顶级法律事务所的工作经验。应该拥有其他创业者对他们的良好评价。

- **获得竞争优势。**在寻找新的主要投资者时，一家公司的理想目标是有 3~4 家风险投资公司可供选择。

- **优化品牌和附加值。**你会放心让未来的董事会成员在你无暇的时候照顾你的孩子吗？这就是在选择董事会成员时需要的信任程度。虽然有几家顶级风险投资公司投资于一家公司有助于吸引人才和其他投资者，但在董事会中有一位在高管招聘、销售介绍和战略建议方面非常有效的高级合伙人，并有强大网络的支持，会有极大的好处。董事会的构成可以既有大人物也有小人物，但从长远来看，对运营有帮助的风险投资公司会更有用。

- **尽早获得一份"平平无奇"的条款清单并坚持执行。**重要的是要记住，后期阶段的投资者至少会要求与早期阶段的投资者达成相同的条款。初创公司在早期可能不想让步的典型议题包括超过 1 倍的清算倍数、投资者对股份的自由销售权，以及低于市场标准的董事会批准门槛。这在新员工的工资和投资方面尤其如此。德国风险投资公司 Point Nine 发布了一份**"平平无奇"**的早期阶段条款清单，可作为很好的参考。

- **避免过于激进的估值和过于有利于投资者的条款。**一个"必须实现"的估值会增加其下跌的概率。公司在为更高的估值让步时可能要非常小心，因为一旦他们没有达到这些预期，就会对他们产生负面影响（例如，对有利于投资者的反稀释保护或好高骛远的认股权证）。避免非常有利于投资者的条款，如优先清算权的"双重分配权"或投资者股权的利息，也很重要。

- **避免完成交易时的时间压力。**通常需要建立一个意向投资者关系流程，以建立一个潜在的投资者库（例如，潜在投资者的专门联系人、不断更新的投资材料、在达到创始人级别之前过滤投资意向的标准），并在公司即将耗尽资金之前至少 6 个月开始筹集资金。

- **书面沟通融资或估值目标。**如果一家公司的目标是3000 万美元的单轮融资规模和 2 亿美元的估值，而他们只实现了两者的 90%，这仍然算是一个对他们非常有利的结果。如果他们事先透露了自己的意图，这有可能被理解为一种失败。

- **尽早进入增长型投资者的视野。**最好的企业家会在 A轮融资后直接编制一份首选增长型投资者的名单，并开始联系他们。增长型投资者更喜欢在一轮融资的相关尽职调查开始前很久就建立起关系。即使他们还没有投资，他们也往往愿意介绍潜在的投资人、客户等给需要融资的公司。

● **尽可能高效地寻找投资**。当投资者接触一家公司时，该公司可以询问投资者在 3 个方面的最低要求：最低年收入、最低增长率和所需的最低投资金额。如果公司的条件不能与这些要求匹配，他们需要将此告诉投资者。有效的做法是让投资者在第一次联系时，就弄清楚投资的门槛。

图 82 列出了增长轮融资中需要谈判的 15 个重要的条款清单问题。

关键的条款清单问题

做法 99：增长轮融资谈判中 15 个重要的条款清单问题

让我们深入了解每个条款。

1. 估值

估值指的是公司的价值，以"投资前"和"投资后"的估值来表示。投资前指的是在新的投资进来之前，公司的价值

01 估值与股价	⚑ 拟投资的金额 ⚑ 投资前估值 ⚑ 向投资者增发的股票数量 ⚑ "完全稀释"的定义
02 员工股票期权池	⚑ 未分配的股票期权池的百分比
03 优先清算权和参与分配权	⚑ 优先权计算 ⚑ 参与分配类型 ⚑ 利息 ⚑ 流动性优先分配顺序
04 反稀释保护	⚑ 反稀释保护的类型 ⚑ 时间限制 ⚑ 例外情况
05 "继续参与"	⚑ 投资者在折价融资中的义务类型
06 创始人和管理层行权	⚑ 行权的时间框架 ⚑ 行权股票的比例 ⚑ 行权价 ⚑ 锁定期 ⚑ 线性行权与"前重后轻"行权 ⚑ 加速行权条款 ⚑ 恶意离职者条款
07 股票转让限制 （二级股票出售机会）	⚑ 可能出售的普通股的百分比
08 认股权证	⚑ "比重" ⚑ 股票的价格 ⚑ 时间限制
09 股息	⚑ 每年股息的百分比 ⚑ 股息条款类型
10 董事会的组成和投票权	⚑ 席位数和任命权 ⚑ 投票权
11 保护性条款	⚑ 需要董事会许可的决定 ⚑ 表决门槛
12 领售权	⚑ 创始人的否决权
13 （共同）出售权	⚑ 跟售权 ⚑ 出售条款
14 优先购买权（普通股的出售）	⚑ 延伸 ⚑ 批准权
15 优先认购权（"同比例"投资权）	⚑ 按比例分配的权利类型

图 82　增长条款清单谈判问题

是多少；投资后是指新的资本注入后公司的价值是多少。为了计算投资后的估值，投资金额可以除以出售给投资者的股份比例（例如，4000 万欧元 ÷25%=1.6 亿欧元）。在成长阶段，估值在很大程度上受到 5 个因素的影响：公司所处的市场、成为类别定义公司的能力、迄今为止的业务表现、团队、潜在交易的竞争力（如果许多投资者竞争投资）。

有待谈判的问题：

- 拟投资的金额（例如，1000 万欧元）

- 投资前的估值（例如，4000 万欧元）

- 向投资者增发的股票数量

- "完全稀释"的定义

"完全稀释"是仅次于投资前估值对所有权股权最有影响的驱动因素。定义越宽泛，新投资者支付的股价就越小。股价的计算方法是用投资前的估值除以"完全稀释"的股份数。通常计入"完全稀释"的 3 个要素是：未偿还的债务（例如，可转换债、认股权证或未来股权简单协议），现有员工股票期权股份和新员工的股票期权。在注入新资本之前将这些期权包括在内，会降低新投资者的股价，而现有投资者（包括创始人和雇员）拥有的公司相对股票份额也会下降一些。增长轮融资中的一个常见因素是，在任何新的投资者进来之前，员工股票期权池被分割出来，从而"稀释"了现有股东的股票，如创始人和员工。

什么对创业者有利？除了公平的估值，创业者可以在新资本注入后寻求转换未偿还的债务，如可转债、认股权证、未来股权简单协议和新的雇员股票期权池（如果有高估值的谈判，新的投资者会极力反对这一点）。

2.员工股票期权池

投资者会坚持为未来的员工（即非创始人和非投资者）保留一定比例的公司股份作为未分配的股票期权。

待谈判的问题：为员工保留的股份数量。对于早期阶段的公司来说，这通常是 10%~20%。然而，当处于增长期时，如果未分配的员工股票期权池变得太小，则应该分配8%~15%。

什么对创业者有利？一个公司只有给员工股票期权池留出足够的空间时才能吸引 3A 级团队。因此，商定一个更慷慨的员工股票期权池往往是正确的做法。

3.清算优先权和参与分配权

这包括在公司被出售的情况下，投资者有权优先于其他投资者、创始人和员工获得回报。通常情况下，它代表了对投资者的"下行"保护，只有在投资者退出时支付给公司的数额小于所有清算优先权的总和时才有意义（例如，如果一家公司以 3 亿欧元出售，但他们获得了 4 亿欧元的投资）。

有待谈判的问题：

● 优先权计算

如果假设一个投资者向一家公司投资 1000 万美元，那么优先权的计算是指在退出的情况下，投资者在"普通股东"（创始人和员工）之前收回投资的倍数。常见的计算倍数是1倍，这意味着投资者将获得1000万美元。对于那些业务形势严峻的公司，投资者可能会要求高达3倍的倍数，这能让他们获得高达3000万美元的资金。投资者总是可以选择获得清算的倍数，或者出售他们在公司退出时的股票，如果这样做可以获得更高的估值。

● 参与类型

如果投资者获得了投资资本的倍数，并能按比例参与剩余的出售收益，他们就有了"参与分配权"。有3种方式可供协商：非参与式优先权（常见的选择）——投资者在行使清算优先权后，将不参与剩余的出售收益；参与式优先权（"双重分配"）——投资者获得清算倍数，并可以与所有其他股东一起出售股票；有上限的参与式优先权——投资者只能出售一定数量的股票。

● 利息

投资者在退出时获得的资本利息金额。

● 流动性优先分配顺序

投资者首先得到报酬，其次是所有其他股东（如员工、创始人）。这是一个非常常见的条款，所有投资者都会要求这样做。然而，在协商退出时向投资者分配现金方面有两种选择：谁最后投资谁先得到支付（"瀑布式"）或者资本可以以混合（"同等权益"）的方式支付，这意味着所有投资者都按

"比例"得到支付，与他们何时投资无关。

怎样做对创业者有利？理想的结果是一次性清算优先权、无利息的非参与式优先权和混合清算优先权的组合。如果公司必须接受参与优先权，可以设置一个上限，所以如果清算优先权选项被撤销，投资者只能参与一定的金额。

4. 反稀释保护

如果一个公司需要以低于上一轮估值的股价（"下跌轮"）接受风险资金，公司的整体价值将下降。在这种情况下，反稀释保护条款使现有投资者有权获得更多的股份，而牺牲创始人和员工的利益。

有待谈判的问题：

● 反稀释保护的类型

有 4 种类型可供选择：第一种是完全棘轮降价融资保护。这在下跌轮中提供了完全的投资者保护，并使投资者处于类似于他们根据下跌轮估值进行投资的地位（他们最终将持有与他们在下跌轮估值时投资一样多的股份）。第二种是狭义的加权平均。这里，只使用最近一轮的新股作为计算基础（不包括普通股、员工股票期权池和认股权证）。创始人和员工在公司中的股份在下跌轮的情况下会下降，尽管下降度比完全棘轮的情况下要小。第三种是广义的加权平均数。最近一轮的新股被用作计算的基础，并包括所有的期权和认股权。这意味着创始人和员工的股权被稀释的程度更低。第四种是无稀释保护。这个选项不提供投资者保护，下一轮的稀释效应由所有投资者、创始人和员工平均承担。

● 时间限制

这允许在一定的月数内或在下一轮融资前对反稀释保护进行限制。

● 例外情况

公司可以排除老股东融资轮的反稀释保护，并包括仅有折扣的可转换债券。

怎样做对创业者有利？无稀释保护是创业者及其团队的最佳选择。然而，这并不是一种常见的模式。商定一个广义的加权平均数，时间限制为一年，这是老股东融资轮的例外情况下的一个办法。

5. "继续参与"（Pay to play）

这是指投资者有义务在降价融资轮中按其股份价值的比例进行投资。如果他们不这样做，将失去他们的一些特殊权利。

有待谈判的问题：

● 不继续参与

投资者不需要在降价融资轮投资（常见）。

● 将优先股转换为"影子优先"股

没有在降价融资轮中投资的投资者会按比例失去反稀释保护。

● 强制将优先股转换为普通股

没有在降价融资轮中"按比例"投资的投资者的股份被转换为普通股。

怎样做对创业者有利？如果就投资者的反稀释保护达成协议，理想的结果是影子优先的选择。

6. 创始人和管理层的行权

股份行权的逻辑：某人为公司工作的时间越长，"有效"股份的数量就越多。这种安排是为了防止创始人或高管带着许多股份提前退出公司，而让其他创始人和高管在没有贡献的情况下提高他们的股份价值。

有待谈判的问题：

● 行权时间期限

获得所有股份的全部经济价值（"行权"）的时间期限。常见的行权时间期限是 4 年，如果创始人或员工有很好的业绩或经验，有时也可能在 2~3 年内实现。

● 行权价

如果一个管理层成员在创业初期就加入了一家公司，那么他的奖励应该比后加入的人的奖励更有价值。这就是行权价格存在的原因。它可以防止后来者因他人创造的价值而获得回报。假设在签署合同时，每股股票的价格是 1000 美元，如果 4 年后公司被收购，价格上升到每股 20000 美元，那么这个员工总共创造的价值是 19000 美元（即目前的股价 20000 美元减去行权价格 1000 美元）。如果员工退出，每股的支付额将是

19000 美元。这才是公平的逻辑。

● 行权股票的比例

在一个固定的时间段内行权是很常见的。然而，在有些情况下，有人可以主张将一小部分股份直接分配给他们而无须行权（例如，创始人非常有经验，公司是在没有风险资本的情况下完全靠"自有"的资金建立的）。

● 锁定期

行业标准是创始人和经理人要在任何股份的行权前需要至少工作一年（"一年锁定期"）。在未满一年时退出，通常意味着他们将失去所有的股份。

● 线性行权与"前重后轻"或"前轻后重"行权

如果行权时间较长，可以提前分配较大数量的股份（例如，75% 的股份在前两年行权，最后两年为 25%）。然而，让更多的股份在后几年归属的计划，有时也被用来激励团队尽可能地留下来（例如，第 1 年行权 10%，第 2 年行权 20%，第 3 年行权 30%，第 4 年行权 40%）。

● 加速行权条款

在退出或所有权改变的情况下，所有"未行权"的股份都会立即行权。

● 恶意离职者条款

如果创始人或员工违法（即欺诈），常见的做法是必须退还其所有已行权和未行权的股份。股份所有者在行权期内自愿离开公司的情况下，需要他们退还其未行权的股份也很常见。

如果有人因非法律问题被辞退，他们可以保留他们的既得股份——少数情况下，他们可能会通过谈判来留住未行权的股份。

怎样做对创业者有利？对创业者来说，理想的结果是：3年的行权方案，1年的锁定期，前重后轻的行权，加速行权条款和被辞退员工可以保留股份的恶意离职者条款。

7. 股票的转让限制（二级股出售机会）

一般来说，人们不能在退出前出售股份。然而，在有些情况下，创始人或高级雇员可以在退出前出售小比例的二级股份。

有待谈判的问题：在"锁定"股份之外，可以出售给其他投资者的股份的百分比。

怎样做对创业者有利？这在早期阶段是不常见的，但如果企业业绩良好，在增长轮中是可以实现的。

8. 认股权证

这是投资者的选择，如果价格有利，他们通常可以在一定的时间窗口内投资更多的资本。

有待谈判的问题：

● "比重"

可供投资者购买的股票数量。

● 股票价格

通常，这是本轮投资或未来一轮投资的股票价格。

● 时间限制

认股权证的有效月数。

怎样做对创业者有利？如果必须向投资者让步，认股权证的有效时长是一个可以让步的选择。然而，在本轮投资价格的基础上再投资，会降低所有其他投资者的股份价值，所以在做出让步时要慎重。

9. 股息

这是在退出的情况下对投资者的资金支付的百分比金额。在风险投资交易中，在退出前不支付股息。

有待谈判的问题：

● 每年股息的百分比

● 股息条款类型

这里有 3 种选择：对投资者的股票支付股息，在退出的情况下支付非累积股息以及对投资者的股票"累积"股息（在第一年年底支付的股息计入投资金额，第二年的红利根据增加后的投资额支付）。

怎样做对创业者有利？避免就股息达成协议通常是很好的建议，因为风险投资交易应该只由公司估值的增加来推动。如果不得不让步，最好得到董事会绝对多数的同意。

10. 董事会的组成和投票权

投资者会要求获得通过董事会行使的控制权。

有待谈判的问题：

- 席位数和任命权

常见的席位数是 A 轮 3~5 名成员，B 轮 5~7 名成员，C 轮 7~9 名成员。尽量保持董事会的精简，因为较大的董事会往往效率更低。如果（小型）投资者要求获得董事会的席位，为他们提供观察员的角色也是一种解决办法。最好是就由谁负责选择独立的董事会成员（如果有的话）达成一致意见：只由投资者选择或投资者与创业者共同选择。

- 投票权数

这些是每个董事会成员所拥有的投票数。创始人有时会被授予超级投票权，他们的票数以特定倍数计算。不过，这并不常见。

怎样做对创业者有利？理想的结果是，创业者在关键决策上获得否决权。举个例子，在对总经理的免职问题上，创业者和投资者可以共同任命独立的董事会成员，并拥有一个小规模的董事会，董事会成员人数为奇数，以避免平票。

11. 保护性条款

该条款为投资者提供了否决可能影响其投资的行动的权利。其理由是为了保护少数利益相关者。

有待谈判的问题：

- 需要董事会批准的决定

董事会通常需要投票表决的决定包括：变更投资者股票

的权利、数量、优先权或特权，筹集额外资本，出售公司，创建新的股票类别，改变董事会的规模，支付或宣布分派股息。可能不需要董事会批准的决定包括：雇用或解雇执行官员或调整他们的薪水，超预算的开支限制，改变业务重心或推出新的业务线，购买另一实体的资产。

● 投票门槛

协商成长阶段的投资者是否有单独的投票权，以及某些决策所需的投资者投票比例是多少（例如，60%），这一点十分重要。

怎样做对创业者有利？所有决策的投票通过比例最好低于66%，因为较高的门槛有可能使小股东获得事实上的否决权。

12. 领投权

这个常见的条款赋予大多数投资者以权利，他们可以强制普通股东（创始人和员工）和少数投资者出售创业公司并退出。领投权的合理性在于它可以防止小股东在退出时获得不公平的议价能力。

怎样做对创业者有利？如果遇到这种情况，就最低退出估值进行谈判是一个理想的结果。

13.（共同）出售权

该条款定义了股东可以出售的公司股份的数量，只要这些股份是私人持有而不是公开交易的。

有待谈判的问题：

- "跟投权"

如果大股东想在不完全退出的情况下出售股票，这一条款赋予小股东在相同条件下出售股票的权利。跟投模式至少有 3 种：只有投资者有跟投权（常见的选择）；投资者和创始人都有跟投权，但有上限；投资者和创始人都有跟投权，但对创始人来说没有上限（例如，他们最多可以出售所持股票的 2%）。总出售期权有时也很常见：它使创始人和所有股东在控制权改变或向竞争对手出售股份的情况下，可以出售他们的所有股份。这样做的目的是防止向竞争对手出售股票。

- 出售条款

期权：投资者可以自由出售股票，或者需要董事会的多数批准才能出售。

怎样做对创业者有利？ 有必要争取获得跟投权，因为这可能会在一些人想提前离开公司时，为投资者提供筹码。此外，投资者在出售他们的股份时，应始终需要获得董事会批准。

14. 优先购买权（关于普通股或优先股的出售）。

投资者可以从股东那里按比例购买他们想要出售的股份。

有待谈判的问题：

- 延伸

有两种非常常见的选择：要么只有投资者可以购买，要么投资者和创始人都可以购买股票。

● 批准权

这里有两种形式："优先要约权"，即现有投资者可以在普通股股东与外部投资者接触之前，决定自己是否要购买股票；或"最终看价权"，在这种情况下，现有投资者需要在与成长阶段的投资者谈判后，决定是否批准出售，并可以比新的投资者优先交易。

怎样做对创业者有利？最好尽量避免"最终看价权"。早期投资者可能会坚持这样做，但它会对与成长阶段投资者的谈判造成障碍（因为这个阶段的尽职调查成本昂贵，而且交易不成功的风险会增加）。

15. 优先认购权（"按比例"投资权）

优先认购权允许投资者在后续的融资回合中，按他们的所有权百分比投资。例如，如果他们在 A 轮融资后拥有一家初创公司 10% 的股权，他们将有权按照本轮融资的约定价格，购买 10% 的 B 轮融资中发行的优先股的股份。

怎样做对创业者有利？优先认购权是一个常见的合理条款。然而，千万不要同意超比例优先认购权，因为这会让现有投资者在下一轮增加他们在公司的股份，这可能会打消成长阶段的投资者的投资兴趣。

关于条款清单的其他问题：

还有一些其他的条款问题需要注意，但一流的律师会帮你处理它们。这些问题包括：在首次公开募股的情况下，优先股转换为普通股、回购权、期权池、登记权和登记税、报告和信息权、竞业禁止条款、禁止招揽义务、"同等权益"、排他协议、专利信息和发明协议、赔偿、转让和赎回。

那些在下一轮融资中尚未处于有利谈判地位的公司，经常使用可转债来获得中间融资。从本质上讲，这是指公司从投资者那里获得贷款，公司要么偿还贷款，要么将债务转换成股权（例如，在下一轮融资中）。可转债可以推迟将新的价格归于股票（"定价轮"），为实现主要的里程碑争取时间，并在此期间推高估值。现有的投资者经常采用可转债，因为它不光可以快速成交，而且法律成本较低。

有待谈判的问题：

● 可转债金额（"面值"）

公司收到的可转债金额从不到几十万美元到几百万美元不等。

● 利率

要支付的可转债的年利息。一个常见的数字是 6%~8%，因为这通常是风险投资公司向其投资者支付的最低利息。通常情况下，利息会累积起来并转化为股权。

● 到期日

这是可转债转化为股权或必须偿还的时间期限。一个常见的时间期限是 9~18 个月，并约定如果创始轮融资提前结束，债务将转换为股权。

● 债务转换和偿还期权

债务到期后会发生什么？通常情况下，要么债务和利息被转换为股权，要么投资者收回本金和利息。现有投资者要求偿还可转换债的情况并不常见，因为这表明现有投资者对公司的不信任，他可能会劝退新的投资者。

● 股价折扣

由于可转债的投资者为额外的时间提供了资金，用于提高公司的估值，因此在债务转换为股权时，给予股价折扣是公平的。市场标准的折扣在 10%~30% 之间，20% 是最常见的。在某些情况下，可以使用上一轮和下一轮融资之间的平均股价。提高折扣水平也很常见。例如，如果在 8~10 周内进行转换，折扣为 10%，超过这个时间折扣为 20%。

● 估值上限

常见的做法是，在转换债务时，商定投资者在下一轮融资时支付的最高价格。例如，新股价 20% 的折扣将等同于不高于 100 美元，即使估值减去折扣后的价格更高。同意相对较低的上限时需要十分慎重，因为它们可以被新的投资者视为下一轮融资中股价的锚点。

怎样做对创业者有利？一个理想的结果是，期限为 12 个月、利息为 6% 的可转换债，约定债务金额和利息转换为股权，股价折扣为 10%~20%。最好不要商定一个估值上限，以避免为下一轮融资创造股价上限——即便要设上限，也要尽量设定高一点。特别是在成长阶段，律师可以帮助解决更多问题，如转换触发条件和转换证券。

定义

- **条款清单**（term sheets）：一种无法律约束力的文件，规定了投资一家公司的条款和条件，通常包含与公司估值和股份结构有关的信息。

- **定价投资轮**（priced investment round）：基于对初创公司的协商估值进行的股权投资。初创公司有时会使用可转债替代定价投资轮，将股票的定价推迟到下一轮。

- **估值**（valuation）：评估公司当前价值的分析过程，通常通过分析公司的管理、资产、资本结构和未来赢利潜力来实现——初创公司经营者的谈判技巧和竞争投资的风险投资公司的数量也是主要影响因素。

本书合作伙伴

感谢以下合作伙伴提供的宝贵支持和帮助。如果没有他们抽出时间来分享自己的知识、贡献力量，本书便无缘与广大读者见面。

《制造独角兽：初创公司如何指数式增长》的合作伙伴们

章节合著者

- 约翰尼斯·伦哈德、汉娜·利奇——《环境、社会和治理的标准是企业成功的驱动力》

- 康斯坦泽·布克海姆、曼朱里·辛哈、克里斯·贝尔——《卓越人才（人力资源）》

- 约翰尼斯·伦哈德——《规模化公司的思维模式》

- 约翰尼·奎奇、斯文·格拉杰茨基——《卓越产品管理》

- 克里斯托夫·里希特博士——《卓越技术》

- 凯莉·福特——《B2C 卓越营销》

- 卡兰·科尔帕尔·夏尔马——《B2B 卓越销售》

- 尼古拉·格鲁萨克博士——《卓越服务运营》

- 马赛亚斯·威尔里奇——《卓越供应链》

- 瓦妮萨·平特——《增长资本》